郑州大学厚山人文社科文库
ZHENGZHOU UNIVERSITY HOUSHAN
HUMANITIES&SOCIAL SCIENCES LIBRARY

种植业保险保费补贴的
绩效评价与政策优化研究

李琴英 ◎ 著

中国财经出版传媒集团
经济科学出版社
Economic Science Press

图书在版编目（CIP）数据

种植业保险保费补贴的绩效评价与政策优化研究 /
李琴英著 . —北京：经济科学出版社，2021.8
（郑州大学厚山人文社科文库）
ISBN 978 - 7 - 5218 - 2817 - 7

Ⅰ.①种…　Ⅱ.①李…　Ⅲ.①种植业 - 农业保险 - 补
贴 - 财政政策 - 经济绩效 - 研究 - 中国　Ⅳ.①F842.66

中国版本图书馆 CIP 数据核字（2021）第 174097 号

责任编辑：张　蕾
责任校对：易　超
责任印制：王世伟

种植业保险保费补贴的绩效评价与政策优化研究
ZHONGZHIYE BAOXIAN BAOFEI BUTIE DE
JIXIAO PINGJIA YU ZHENGCE YOUHUA YANJIU
李琴英　著
经济科学出版社出版、发行　新华书店经销
社址：北京市海淀区阜成路甲 28 号　邮编：100142
编辑工作室电话：010 - 88191375　发行部电话：010 - 88191522
网址：www. esp. com. cn
电子邮箱：esp@ esp. com. cn
天猫网店：经济科学出版社旗舰店
网址：http://jjkxcbs. tmall. com
北京季蜂印刷有限公司印装
710 × 1000　16 开　14.75 印张　240000 字
2021 年 11 月第 1 版　2021 年 11 月第 1 次印刷
ISBN 978 - 7 - 5218 - 2817 - 7　定价：95.00 元
（图书出现印装问题，本社负责调换。电话：010 - 88191510）
（版权所有　侵权必究　打击盗版　举报热线：010 - 88191661
QQ：2242791300　营销中心电话：010 - 88191537
电子邮箱：dbts@ esp. com. cn）

郑州大学厚山人文社科文库
编委会

主　　任：宋争辉　刘炯天

副 主 任：屈凌波

委　　员：（以姓氏笔画为序）

　　　　　方若虹　孔金生　刘春太　李旭东

　　　　　李建平　张玉安　和俊民　周　倩

　　　　　徐　伟　樊红敏　戴国立

丛书主编：周　倩

总　序

　　哲学社会科学是人们认识世界、改造世界的重要工具，是推动历史发展和社会进步的重要力量。习近平总书记在哲学社会科学工作座谈会上深刻指出："一个没有发达的自然科学的国家不可能走在世界前列，一个没有繁荣的哲学社会科学的国家也不可能走在世界前列。"郑州大学哲学社会科学研究工作面临重大机遇。

　　一是构建中国特色哲学社会科学的机遇。历史表明，社会大变革的时代，一定是哲学社会科学大发展的时代。党的十八大以来，以习近平同志为核心的党中央高度重视哲学社会科学。习近平总书记在全国哲学社会科学工作座谈会上的重要讲话为推动哲学社会科学研究工作提供了根本遵循。《关于加快构建中国特色哲学社会科学的意见》为繁荣哲学社会科学研究工作指明了方向。进入新时代，我国将加快向创新型国家前列迈进。站在新的历史起点上，更好进行具有许多新的历史特点的伟大斗争、推进中国特色社会主义伟大事业，需要充分发挥哲学社会科学的作用，需要哲学社会科学工作者立时代潮头、发思想先声，积极为党和人民述学立论、建言献策。

　　二是新时代推进中原更加出彩的机遇。推进中原更加出彩，需要围绕深入实施粮食生产核心区、中原经济区、郑州航空港经济综合实验区、郑洛新国家自主创新示范区、中国（河南）自贸区、中国（郑州）跨境电子商务综合试验区、黄河流域生态保护和高质量发展等重大国家战略，为加快中原城市群建设、高水平推进郑州国家中心城市建设出谋划策，为融入"一带一路"国际合作和推进乡村振兴、推动河南实现改革开放、创新发展，提供智力支持，需要注重成果转化和智库建设，使智库真正成为党委、政府工作的"思想库"和"智囊团"。因此，站在中原现实发展的土壤之上，我校哲学社会科学研究必须立足河南实际、面向全国、放眼世界，弘扬中原文化的优秀传统，建设具有中原特色的学科体系、学术体系，构建具有中原特色的话语体系，为经济社会发展提供理论支撑。

三是加快世界一流大学建设的机遇。学校完成了综合性大学布局，确立了综合性研究型世界一流大学的办学定位，明确了建设一流大学的发展目标，世界一流大学建设取得阶段性、标志性成效，正处于转型发展的关键时期。建设研究型大学，哲学社会科学研究承担着重要使命，发挥着关键作用。为此，需要进一步提升哲学社会科学研究解决国家和区域重大战略需求、科学前沿问题的能力；需要进一步提升哲学社会科学原创性、标志性成果的产出水平；需要进一步提升社会服务能力，在创新驱动发展中提高哲学社会科学研究的介入度和贡献率。

把握新机遇，必须提高学校的哲学社会科学研究水平，树立正确的政治方向、价值取向和学术导向，坚定不移实施以育人育才为中心的哲学社会科学研究发展战略，为形成具有中国特色、中国风格、中国气派的哲学社会科学学科体系、学术体系、话语体系做出贡献。

过去五年，郑州大学科研项目数量和经费总量稳步增长，走在全国高校前列。高水平研究成果数量持续攀升，多部作品入选《国家哲学社会科学成果文库》。社会科学研究成果奖不断取得突破，获得教育部第八届高等学校科学研究优秀成果奖（人文社会科学类）一等奖1项，二等奖2项，三等奖1项。科研机构和智库建设不断加强，布局建设14个部委级科研基地。科研管理制度体系逐步形成，科研管理的制度化、规范化、科学化进一步加强。哲学社会科学团队建设不断加强，涌现了一批优秀的哲学社会科学创新群体。

从时间和空间上看，哲学社会科学面临的形势更加复杂严峻。我国已经进入中国特色社会主义新时代，开始迈向全面建设社会主义现代化国家新征程，逐步跨入高质量发展新阶段；技术变革上，信息化进入新一轮革命期，云计算、大数据、移动通信、物联网、人工智能日新月异。放眼国际，世界进入到全球治理的大变革时期，面临百年未有之大变局。

从哲学社会科学研究本身看，无论是重视程度、发展速度等面临的任务依然十分艰巨。改革开放 40 多年来，我国已经积累了丰厚的创新基础，在许多领域实现了从"追赶者"向"同行者""领跑者"的转变。然而，我国哲学社会科学创新能力不足的问题并没有从根本上改变，为世界和人类贡献的哲学社会科学理论、思想还很有限，制度性话语权还很有限，中国声音的传播力、影响力还很有限。国家和区域重大发展战略和经济社会发展对哲学社会科学研究提出了更加迫切的需求，人民对美好生活的向往寄予哲学社会科学研究以更高期待。

从高水平基金项目立项、高级别成果奖励、国家级研究机构建设上看，各个学校都高度重视，立项、获奖单位更加分散，机构评估要求更高，竞争越来越激烈。在这样的背景下如何深化我校哲学社会科学研究体制机制改革，培育发展新活力；如何汇聚众智众力，扩大社科研究资源供给，提高社科成果质量；如何推进社科研究开放和合作，打造成为全国高校的创新高地，是我们面临的重大课题。

为深入贯彻习近平新时代中国特色社会主义思想和习近平总书记关于哲学社会科学工作重要论述以及《中共中央关于加快构建中国特色哲学社会科学的意见》等文件精神，充分发挥哲学社会科学"思想库""智囊团"作用，更好地服务国家和地方经济社会发展，推动学校哲学社会科学研究的繁荣与发展,郑州大学于2020年度首次设立人文社会科学标志性学术著作出版资助专项资金,资助出版一批高水平学术著作,即"厚山文库"系列图书。

厚山是郑州大学著名的文化地标,秉承"笃信仁厚、慎思勤勉"校风,取"厚德载物""厚积薄发"之意。"郑州大学厚山人文社科文库"旨在打造郑州大学学术品牌,集中资助国家社科基金项目、教育部人文社会科学研究项目等高层次项目以专著形式结项的优秀成果,充分发挥哲学社会科学优秀成果的示范引领作用,推进学科体系、学术体系、话语体系创新,鼓励学校广大哲学社会科学专家学者以优良学风打造更多精品力作,增强竞争力和影响力,促进学校哲学社会科学高质量发展,为国家和河南经济社会发展贡献郑州大学的智慧和力量,助推学校一流大学建设。

2020年,郑州大学正式启动"厚山文库"出版资助计划,经学院推荐、社会科学处初审、专家评审等环节,对最终入选的高水平研究成果进行资助出版。

郑州大学党委书记宋争辉教授,河南省政协副主席、郑州大学校长刘炯天院士,郑州大学副校长屈凌波教授等对"厚山文库"建设十分关心,进行了具体指导。学科与重点建设处、高层次人才工作办公室、研究生院、发展规划处、学术委员会办公室、人事处、财务处等单位给予了大力支持。国内多家知名出版机构提出了许多建设性的意见和建议。在这里一并表示衷心感谢。我校哲学社会科学研究工作处于一流建设的机遇期、制度转型的突破期、追求卓越的攻坚期和风险挑战的凸显期。面向未来,形势逼人,使命催人,需要我们把握科研规律,逆势而上,固根本、扬优势、补短板、强弱项,努力开创学校哲学社会科学研究新局面。

周 倩

2021年5月17日

前　言

　　农业保险是世界各国普遍采用的一项支农、惠农、富农的重要政策工具。随着农业支持保护政策的调整，农业保险在农业政策框架中的地位和作用日益凸显。财政补贴是政策性农业保险可持续发展的充分和必要条件。我国自 2004 年启动农业保险试点，2007 年开始实施中央财政种植业保险保费补贴政策并逐步完备。得益于政府政策支持和保费补贴，我国种植业保险保费收入增长较快，保险经济补偿功能和保费补贴资金的杠杆效应逐步发挥。截至 2020 年，农业保险业务覆盖全国，参保农户增长到 1.89 亿户次；水稻、小麦、玉米三大主粮作物承保覆盖率超过 60%，保费收入达 814.93 亿元，提供风险保障资金 4.13 万亿元，占农业 GDP 的 54.4%。全国各级财政保费补贴 603.50 亿元，其中中央财政保费补贴金额 285.39 亿元，撬动风险保障 4.13 万亿元，财政补贴资金使用效果放大 145 倍。为提高财政资金使用效益，2011 年财政部选择四川、内蒙古开展农业保险保费补贴绩效评估试点工作，2013 年试点省份扩大至 10 个，但至今尚未出台统一的保费补贴政策绩效评估方案。农户作为保费补贴政策作用的微观主体之一，保费补贴能否对其种植规模、种植方式以及生产要素投入量等生产行为产生影响，进而促进农业生产现代化发展和农业生态环境改善，与保费补贴的政策设计及其实施效果密切相关。因此，迫切需要基于农户生产行为的角度完善种植业保险保费补贴绩效评估体系，进而对保费补贴绩效进行合理有效的评估，不仅有利于促进财政补贴资金的规模最优化、配置合理化、效用最大化，而且通过推动种植业保险高质量发展进而实现维护国家粮食安全、促进农业现代化进程等政策目标。

随着保费补贴政策在世界范围内的推行，种植业保险保费补贴政策绩效研究愈加受到国内外学者的重视，相关研究成果为种植业保险保费补贴政策绩效评估提供了有益借鉴。但是，现有评估指标较单一，整体性和动态性评估不足；而且，现有研究成果多集中于种植业保险保费补贴的经济效益，忽略了保费补贴对种植业结构调整及国家粮食供给等方面的社会效益。种植业保险保费补贴的绩效评估是系统的综合过程，既要关注经济效益，更要关注社会效益和环境效益，尤其要考虑现行种植业保险保费补贴政策对农户生产行为的影响，比如对促进种植业生产规模扩大、结构调整和要素投入以及农民增收的效果，进而在此基础上探究种植业保险保费补贴政策的绩效水平。对这些问题的探讨不仅丰富和拓展了种植业保险保费补贴的研究内容和视角，而且有助于构建科学合理的绩效评估指标体系，客观审视和有效评估种植业保险保费补贴政策绩效，进而深入探索优化我国种植业保险保费补贴政策的现实路径和合理选择，为政策制定者调整和完善种植业保险保费补贴政策提供科学的理论基础和决策依据。有鉴于此，本书立足于我国落实粮食安全战略、推进农业现代化、深化农业供给侧结构性改革和实施乡村振兴的时代背景，基于保险学、公共财政学、行为经济学、制度经济学等相关理论，从农户生产行为的视角出发，运用理论推导和实证分析相结合的方法，对种植业保险保费补贴政策对农户生产行为的影响及其绩效水平进行了研究。

首先，本书对国内外关于农业保险财政补贴的研究进行了全面、系统梳理，简要述评了现有研究的贡献和不足，进而明确研究目标、重点及方法。其次，回顾 1982 年至今我国种植业保险的发展变迁，重点剖析 2004 年新一轮农业保险试点以来我国种植业保险保费补贴政策出台的背景、内容和政策体系，探究保费补贴政策在变迁中反映出的特点与趋势，在此基础上对种植业保险保费补贴政策绩效进行定性分析。再次，通过构建适合农户特点的生产行为理论模型，并采集了全国粮食生产大省、重要的粮食生产核心区河南省的农户调查数据，基于情景模拟组间实验法和 Ordered Probit 模型，从种植规模、人力资本投入、农用化学要素投入等方面分析保费补贴政策对农户生产行为的影响；在此基础上基于农户生产行为的视角，以河南省为例，将种植规模、参保情况等纳入评价体系，通过 SE-DEA 模型和 Malmquist 指数分析模型测算和评价种植业保险保费补贴政策的绩效水平。最后，总结研究结论并剖析问题原因，进而提出调整优化我国种植业保险保费补贴政策的建议。

研究发现：（1）我国初步建立了相对完善的种植业保险保费补贴政策体系。种植业保险的政策法规与其市场实践两者相互伴随、互相促进。在坚持"政府引导、市场运作、自主自愿、协同推进"的总体原则下，我国种植业保险保费补贴的政策法规逐步健全，保费补贴结构不断优化，相关配套措施愈加完备。然而，保费补贴的区域和主体差异化程度不高，所出台的政策法规均未上升至法律层面，相关部门规章、规范性文件效力级次较低从而影响其实施效果，种植业保险保费补贴政策体系亟须进一步完善。（2）保费补贴政策显著激励农户改变生产行为。情景模拟的组间实验结果表明，在提供80%的种植业保险保费补贴的情景下，由于保费补贴能够提高农户的单位面积种植收益，在既定的要素资源约束下，为追求收益最大化，农户倾向于扩大种植作物的种植规模、增加补贴品种的人力资本投入。此外，在政策凸显性较低情景下，农户参保行为对化学要素投入倾向的影响不显著，而在政策凸显性较高情景下，农户参保行为会显著负向地影响化学要素投入倾向。造成这种差别的主要原因在于：较高的政策凸显性矫正了农户的参保动机，同时化肥和农药的投入会产生较高的劳动成本和要素成本，为了使自身预期收益最大化，参保农户会倾向于减少化肥和农药的投入。（3）保费补贴政策绩效水平已进入增长瓶颈期。对 2018 年河南省保费补贴绩效水平的横向分析发现：各地市的纯技术效率相差不大，而规模效率有显著差异。从侧面说明河南省各地市种植业保险保费补贴政策从内容到运作管理较为相似，保费补贴政策存在进一步细化的空间。随着近年来保费补贴规模的不断增大，河南省大多数地市保费补贴进入规模报酬递减阶段，这成为补贴政策绩效降低的重要原因。对 2012～2018 年河南省保费补贴绩效水平的纵向分析显示：总体绩效处于中等偏上水平，年均增长速度较慢，并在波动中逐步呈稳定趋势。说明保费补贴政策对提高种植业保险保障水平、深化种植业保险市场发展、激励农户扩大种植面积和积极参与种植业保险均有一定的积极效应，但近年来积极效应随着补贴规模的扩大而逐渐减弱。结合实证研究结果与种植业保险推行中虚假投保、承保等违规操作问题，本书认为种植业保险保障水平不高、保费补贴政策差异化不明显、保费补贴政策的执行和管理水平较低等制度设计和实际操作问题，是阻碍我国种植业保险保费补贴政策绩效水平进一步提高的重要原因。

当前，我国农业生产基础还不牢固，保障粮食和重要农产品供给任务仍然艰巨。为更好地服务于推进农业现代化建设和实现乡村振兴的战略目标，种植业保险保费补贴政策调整应根据事权与财权相结合的原则，以深入推进保费补贴结构性调整为主线，以引导农户生产行为调整为着力点，以粮食生产功能区和重要农产品生产保护区的区划为依托，以绿色农业和新型农业经营主体为导向，实行补贴结构差异化、补贴资金精准化管理，切实提升保费补贴绩效水平。具体政策建议如下：

（1）优化险种间保费补贴结构。为了提高种植业保险总体保障水平及承保面积，对不同险种进行差异化补贴，以引导农户种植结构调整，提升质量效益和农产品竞争力。建议：①扩大种植业保险保费补贴范围。在保持对口粮等基本粮食作物的保障水平持续提高的同时，逐步将更多经济作物纳入中央补贴品种。②根据市场状况调整不同险种的补贴比例。提高对高质量中高端绿色、有机农产品保险的补贴力度，适当降低对玉米等阶段性过剩的农产品保险保费补贴比例。③提供高保障型种植业保险和农业机械设备保险保费补贴，加快推进指数类保险、收入保险等，以加大对新型农业经营主体的补贴力度。

（2）优化区域间保费补贴结构。为了优化种植业保险保费补贴资金投放结构，提高粮食生产功能区和重要农产品保护区农户的参保积极性，从而激励其扩大口粮作物和地方特色农产品的种植面积，确保国家粮食安全并优化我国农产品供应结构，应针对不同种植业产区合理分配补贴资金。建议：①提高粮食生产功能区的保险保障水平。提高全国商品粮基地种植业保险的保险金额，逐渐将价格风险、土地成本、人力成本等因素考虑在内。②强化区域间补贴政策差异化程度。针对重要农产品保护区和特色农产品优势区的不同发展重点和模式，按照"中央保基本，地方保特色"的原则，支持地方政府根据自身财力状况，有选择地扩大种植业保险保费补贴品种，并争取中央财政补贴或"以奖代补"。

（3）实行补贴比例与保险费率挂钩的制度。为了提高补贴资金配置和使用效率，真正发挥补贴资金支持灾后恢复生产、促进农户收入增长效用。建议：①调整不同险种间的保险费率结构。各地保险机构可以根据当地种植情况和自身经营状况，建立分级费率，调整险种间的保费结构从而优化产品结构。②实行补贴比例和保险费率挂钩的补贴制度。通过构建"保成本"的基本补贴和"保收入"的附加补贴两种保费补贴方式，将补贴比例与保障水平、保险费率相挂钩。

（4）建立和推广绿色补贴模式。为了合理利用种植业保险及保费补贴政策对农户种植行为的引导作用，发挥保费补贴政策对发展"绿色农业"的促进作用。建议：①提高对绿色农业的识别度，为绿色农业生产技术提供保费补贴。将种植业保险保障额度与自然方法防治病虫害和杂草管理、利用有机肥料等绿色农业耕作技术相关联。②对采用绿色发展技术和良种的新型农业经营主体给予合理的"以奖代补"奖励。基于绿色发展导向，加强金融政策、财政政策以及产业政策之间的衔接和协同联动作用，建立保费补贴、税收优惠、信贷担保等一系列奖励制度，充分发挥新型农业经营主体的绿色技术推广的示范和带动作用。

（5）建立合理的种植业保险事权分担机制。为了改善现行"层层补贴，倒补联动"的资金划拨机制对补贴资金周转时间和效率的负面影响，同时提高财政补贴的公平性、减轻基层政府财政压力。建议：①合理划分中央和省市县级政府在种植业保险中承担的事权。对粮食作物和重要经济作物等影响国计民生险种的保费补贴上，中央以及省级政府理应承担更多责任。对于地方特色农产品保险，以及尚在试点和推广阶段的指数保险等创新型险种，应由省级、市级政府在财政能力内承担相应事权，县级政府财政应着眼于对地方保费补贴政策的管理和监督。②根据财政能力调整各级政府的补贴结构。对粮食生产功能区和重要农产品生产保护区或财政负担能力不足的省份、地区，应适当提高中央财政补贴比例，并根据区域内财政收支情况酌情减轻省、市级财政负担，取消县级政府的财政补贴。

（6）提高保费补贴政策执行和管理水平。为了提高种植业保险保费补贴资金的使用效率，需要进一步加强保费补贴的规范化管理，建立完善的资金监督机制和科学的绩效评级制度。建议：①制定全面的保费补贴资金管理办法和规章制度，建立健全资金监督和管理体系。各级地方财政部门应根据本地情况制定科学、详细的保费补贴资金管理办法和规章制度，并在实践中照章行事严格要求。建立双向监督机制包括对保险公司收取保费、补贴资金使用、定损赔付等进行监督。设立独立核算的种植业保险保费补贴资金专款账户，加强对专项账户的核算和审查，并实行监管人员轮换制。②建立开放、透明的数据信息平台。坚持公开、公正的原则，专项资金接受社会各界监督。③构建合理的绩效评价指标体系，健全科学有效的绩效评价制度。加强对种植业保险可持续发展和环境效应的评价，强化绩效评价结果对各级政府部门和各家经办机构的激励和惩戒作用，引领各相关责任方明确和重视应承担的责任，切实提升保费补贴资金的管理水平和使用效率。

（7）加强保险政策宣传和技术咨询指导。为了提高农户的保险素养和技术素养，使农户树立风险防范意识和生态环保意识，促进种植业保险保障功能的发挥和种植业可持续发展。建议：①加强补贴政策宣传和推广工作。基层保险公司与当地政府开展合作组成宣传小组，以村为单位，通过广播电视宣传、开办乡村讲座、发放宣传手册等方式加强宣传教育，同时有效利用微信、手机等互联网传播载体，提高农户对种植业保险和保费补贴政策的认可度。②强化农业信息咨询等技术指导。保险公司应增强与农业、气象、财政以及保险监管部门间的信息沟通和技术合作，搭建灾害预测预警、勘察定损、种植技术、农产品价格行情等保险综合服务平台，为农户提供种植技术和农用化学品咨询、灾害防护指导等种植业保险配套服务，引导农户科学种田，助推农业增收增效。

目　录
Contents

第一章

引 言

一、研究背景及研究意义

（一）研究背景

种植业是人类生存和社会发展的基础。[1] 作为农业大国，种植业在我国农业中甚至在整个国家经济体系中具有不可动摇的基础性地位。种植业保险作为一种重要的农业生产保障工具，在分散种植业风险中发挥了积极作用。[2] 种植业保险市场的顺利运转离不开财政支持，对种植业保险给予保费补贴已成为世界大多数国家支持种植业保险的普遍做法。自 2004 年起我国开展种植业保险以来，随着国家农业发展战略的不断调整，种植业保险逐渐承担起多重政策目标：保障农业可持续发展，维护国家粮食安全；促进农业现代化进程，保障农户收入稳定增长；控制农产品质量，保障国民廉价安全的食物供给；降低农业生产成本，增强中国农产品的国际竞争力等。[3]

种植业保险保费补贴政策是我国财政促进金融支农的一项重大制度创新。2007 年，我国首次选定内蒙古、吉林、江苏、湖南、新疆和四川六个省（区），投入 22.5 亿元资金开展种植业保险保费补贴的试点工作，2008 年财政部正式出台《中央财政种植业保险保费补贴管理办法》，将保费补贴试点区域推广至全国。在各级政府的高度重视和强力推动下，截至 2020 年，农业

---

[1] 本书所探讨的"种植业"是按照农作物产品的用途和特点，主要指粮食作物和经济作物。

[2] 本书所探讨的"种植业保险"是政府提供保费补贴的政策性种植业保险。据庹国柱（2018）和李士森（2019）统计，种植业保险保费收入占农业保险保费收入超过 70%，2015 年占比近 90%，由此可见，种植业保险在农业保险中占绝对优势。由于种植业保险数据难以获取，有时用农业保险数据反映种植业保险的情况。

[3] 庹国柱，张峭. 论我国农业保险的政策目标 [J]. 保险研究，2018（07）：7 – 15.

保险业务覆盖全国，保费收入 814.93 亿元，占财产保险保费收入的 6.83%，为 1.89 亿户次农户提供风险保障 4.13 万亿元，保险赔款为 592.52 亿元。[①] 政府农业保险保费补贴资金为 603.5 亿元，中央财政拨付补贴资金达 285.39 亿元，相比风险保障补贴的 4.13 万亿元，中央财政补贴资金使用效果放大 145 倍。[②] 为提高财政资金使用效益，2011 年财政部选择四川、内蒙古开展农业保险保费补贴绩效评估试点工作，2013 年试点省份扩大至 10 个，但至今尚未出台统一的保费补贴政策绩效评估方案。农户作为保费补贴政策作用的微观主体之一，保费补贴能否对其种植规模、种植方式以及生产要素投入量等生产行为产生影响，进而促进农业生产现代化经济发展和农业生态环境改善，与保费补贴政策实施效果密切相关。因此，迫切需要基于农户生产行为的角度构建种植业保险保费补贴绩效评估体系，进而对保费补贴绩效进行合理有效的评估，不仅有利于促进财政补贴资金的规模最优化、配置合理化、效用最大化，还可以通过推动种植业保险高质量发展进而实现维护国家粮食安全、促进农业现代化进程等政策目标。

（二）研究意义

1. 理论意义

首先，在深入剖析我国种植业保险保费补贴政策出台和调整背景的基础上，系统梳理了种植业保险保费补贴政策的演变过程，总结归纳了保费补贴政策及相关配套政策法规在变迁中反映出的特点与趋势；其次，通过构建适合农户特点的生产行为理论模型，并基于河南省农户实地调研数据，运用 Order Probit 模型模拟和检验保费补贴政策对农户种植业生产行为的影响并验证相关理论假设，在此基础上结合 SE-DEA 模型及 Malmquist 指数分析模型，从横向和纵向两个方面客观评价现行种植业保险保费补贴政策的实施绩效。对保费补贴政策特点和趋势的归纳总结、种植业保险保费补贴政策对农户生产行为的影响机制、保费补贴政策绩效评价指标构建和衡量等方面的研究极

---

① 朱俊生. 农业保险助力乡村振兴 [J]. 经济, 2021 (04): 94 - 96.
② 中华人民共和国新闻办公室: 财政部有关负责人就扩大三大粮食作物完全成本保险和种植收入保险实施范围答记者问, http://www.scio.gov.cn/32344/32345/44688/46139/46144/Document/1707836/1707836.htm, 2021 年 7 月 6 日.

具创新。不仅拓展了财政支农资金绩效评价理论研究，对创新财政支农方式、提高保费补贴资金的使用效率具有重要的理论意义，而且为种植业保费补贴政策调整提供理论依据，丰富了种植业保险保费补贴的研究内容和视角，对后续研究具有较强的理论参考价值。

2. 现实意义

本书结合我国种植业保险保费补贴政策设计和实践操作，揭示制约种植业保险绩效提高的症结所在，在此基础上，根据农业现代化、乡村振兴战略发展的目标要求，结合种植业生产实际状况和各级政府的财政负担能力，提出优化种植业保险保费补贴的政策建议。不仅为种植业保费补贴政策的完善提供科学的现实指导和决策依据，而且提出种植业保险政策目标实现和绩效提升的合理路径和现实选择，从而有助于破解阻碍我国种植业保险发展的难题，切实通过保费补贴引导农户生产行为进而实现种植业保险的政策目标。

二、研究内容和方法

（一）研究内容

本书在全面系统梳理已有研究成果、解析我国种植业保险保费补贴政策历史演变和实施效果的基础上，首先建立理论模型阐述了种植业保险保费补贴政策对农户生产行为的影响机制，其次基于实地调研数据和2012～2018年河南省种植业保险经营数据，分别构建 Ordered Probit 模型、SE-DEA 模型和 Malmquist 指数分析模型，实证研究种植业保险保费补贴政策对农户生产行为的影响，并进一步分析和评价种植业保费补贴政策的绩效水平（见图1-1）。本书具体内容分为六个章节：

第一章，引言。该部分主要阐述本书的研究背景及研究意义，并简要介绍各章节内容、采用的研究方法及本书在视角和方法上的创新之处。

第二章，农业保险财政补贴研究文献综述。该部分对国内外关于农业保险财政补贴的研究，从农业保险财政补贴的原因、补贴的方式、补贴存在的问题和补贴的效率等四个方面进行系统梳理和评述，在此基础上明确本书的研究目标、重点及方法。

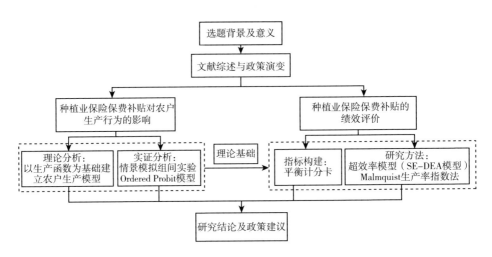

图 1-1 研究思路框架

第三章，我国种植业保险保费补贴政策的演变及绩效的定性分析。该部分首先对种植业保险的发展进行阶段性分析，结合历史状况分析了种植业保险保费补贴政策的出台背景和改革背景，并从补贴范围、补贴机制、补贴比例和配套政策法规等方面系统地阐述了我国种植业保险保费补贴政策的具体内容，概括了保费补贴政策在变迁中反映出的特点与趋势，在此基础上对种植业保险保费补贴政策绩效进行定性分析。

第四章，种植业保险保费补贴对农户生产行为的影响——基于情景模拟的实证研究。该部分首先构建了保费补贴政策对农户生产行为影响机制的数学模型并提出相关假设。其次，基于河南省农户调研数据，通过情景模拟的组间实验和 Ordered Probit 模型，实证分析了种植业保险保费补贴政策对种植业规模、人力资本投入的影响，以及不同政策凸显性情景下参保行为对化学要素投入行为的影响。

第五章，种植业保险保费补贴政策绩效的定量分析——以河南省为例。该部分基于平衡计分卡原理构建种植业保险保费补贴政策的绩效评价框架，在第四章实证结果的基础上加入播种面积、参保户次等指标，利用2012 ~ 2018 年河南省 18 个地市的种植业保险相关数据，构建 SE-DEA 模型和 Malmquist 指数分析模型，从横向和纵向角度测算河南省种植业保险补贴政策的绩效水平。

第六章，结论及政策建议。该部分对本书的研究结论进行了提炼和总结，并结合现实情况剖析内在原因，在此基础上针对如何引导农户调整生产行为提出种植业保险保费补贴政策的优化和调整建议，以提高种植业保险保费补贴政策的绩效水平，实现保障国家粮食安全、促进种植业结构性调整等政策目标。

（二）研究方法

本书遵循"实践→理论→实践"的基本逻辑方法，采用以下方法研究现行种植业保险保费补贴政策对农户生产行为的影响及种植业保险保费补贴政策的绩效水平。

1. 文献研究法

本书系统梳理了 20 世纪 90 年代以来与农业保险财政补贴相关的文献，并对 2004 年以来的农业保险保费补贴政策的出台背景、历史演变进行归纳整理。

2. 组间模拟和比较分析法

通过构建适合农户特点的生产行为理论模型，模拟种植业保险保费补贴在不同情景下对农户种植规模、人力资本投入、农用化学要素投入等生产行为的影响。采用组间模拟方法，探究和比较不同情景中农户的生产行为决策差异。

3. 实证分析法

结合农户生产理论模型，采用 Ordered Probit 模型实证分析保费补贴政策对农户生产行为的影响。在此基础上构建保费补贴政策的绩效评价体系，采用 SE-DEA 模型及 Malmquist 指数分析模型，测算和评价种植业保险保费补贴政策的绩效水平。

三、创新点

（一）视角独特

首先，本书对种植业保险保费补贴政策的演变进行梳理，对我国种植业保险财政补贴的政策体系进行总结，以此为本书的研究奠定理论基石；其次，本书从种植规模、人力资本投入、农用化学要素投入等方面考察了种植业保险保费补贴政策对农户生产行为的影响，扩展了现有研究侧重于保费补贴对农户参加种植业保险决策影响的研究视角；最后，本书基于农户生产行为的视角，将播种面积、参保情况等纳入评价体系，考察种植业保险保费补贴政策的绩效水平，对现有保费补贴政策绩效水平的评价框架有一定补充和创新。

（二）方法科学

本书基于行为经济学理论，以是否存在保费补贴政策为前提分别构建农户生产决策行为理论模型，并采用全国粮食生产大省、重要的粮食生产核心区河南省的农户调查数据，基于情景模拟的组间实验方法和 Ordered Probit 模型，实证检验种植业保险保费补贴政策对农户种植规模、农业生产要素投入分配决策的影响，以及政策凸显性对参保农户化学要素投入行为的影响。以此为基础，采用 SE-DEA 模型和 Malmquist 指数分析模型，从横向和纵向两个维度对河南省种植业保险保费补贴政策的绩效水平进行实证测算和评价。

| 第二章 |
农业保险财政补贴研究文献综述

随着种植业保险财政补贴相关政策的广泛实施及补贴力度的不断提高，对财政补贴绩效进行研究的重要性愈加凸显。尤其是近年来，种植业发展面临的问题以及保费补贴政策实施中出现的问题越发复杂，对种植业保险财政补贴绩效进行研究对于完善种植业保险补贴政策，进一步发挥补贴政策的积极作用具有重要理论意义和实践价值。种植业保险是农业保险下的重要子类，研究者对于种植业保险的研究通常包含在农业保险的相关研究中，因此本章对国内外关于农业保险财政补贴的研究，从补贴的原因、方式、制度和实践中存在的问题以及补贴政策的效率和绩效等四个方面进行系统梳理，并作了简要归纳与评述。

一、农业保险财政补贴的原因

政策性农业保险是保险标的对国计民生具有重要战略意义，对农林牧渔民的生产和生活保障具有重要影响，保险风险广泛或巨大，而按照商业经营规则无法由市场提供的农林牧渔产品生产的保险、渔船保险和渔民人身伤害保险（庹国柱和朱俊生，2007）。[①] 国际经验表明，农业保险的成功开展离不开政府的财政支持。而在为何对农业保险进行财政补贴这一问题上，相关研究从市场失灵、国家宏观战略、福利经济学和博弈论等角度展开了分析。

（一）市场失灵角度

赖特和休伊特（Wright & Hewitt，1990）通过对美国等国家农业保险模式进行研究，发现每个一切险或多重险保险项目都是政府经营的，私人保险

[①] 庹国柱，朱俊生 . 关于农业保险立法几个重要问题的探讨［J］. 中国农村经济，2007（02）：55 – 63.

经营者提供多重险保险的尝试均以失败告终。即商业性质的农业保险难以持续经营，政府的参与和支持在一定程度上可以改善农业保险市场失灵。[①] 格劳伯和柯林斯（Glauber & Collins，2002）也认为，私人农业保险市场的失灵是政府干预的最主要原因。[②]

关于市场失灵原因的探究，奈特和科布尔（Knight & Coble，1997）认为主要在于农业市场上的系统性风险和信息不对称，信息不对称将导致逆向选择和道德风险。[③] 冯文丽（2004）则认为供给和需求的正外部性也是导致市场失灵的原因之一。进一步提出市场失灵的深层次原因则在于制度性供给缺乏，认为纠正市场失灵应当增加制度性供给，建立完善的保险体系。[④] 欧阳青东（2008）认为，缺乏保证保险交易成本承担机制的必要制度安排是造成农业保险市场"供给不足，需求有限"的重要原因。[⑤] 夏益国等（2015）认为市场失灵主要原因是农业风险的弱可保性以及信息不对称风险，两者表现为农业保险的赔付率较高。对比提供农业保险补贴前后中美两国体现出的赔付率差异后，得出结论认为政府提供补贴可以降低赔付率，进而改善市场失灵现象。[⑥] 刘从敏等（2016）认为农业风险的自然和社会两方面的特殊属性以及农业保险的农业再生产保障、收入再分配、农村社会管理三方面的特殊功能和农业保险的双重外部经济特征会造成农业保险市场的失灵。[⑦] 邱鹏（2017）认为需求不足、供给不足和政府扶持力度不足导致了市场失灵，其中农业保险需求不足主要由农户生产资料不足、文化程度不高、农业收入较

---

① Wright, B. D, and Hewitt, J. A, All Risk Crop Insurance：Lessons From Theory and Experience. [M]. Springer Netherlands, 1994：74 – 76.

② Joseph W. Glauber, Keith J. Collins. Crop Insurance, Disaster Assistance, and the Role of The Federal Government in Providing Catastrophic Risk Protection [J]. Agricultural Finance Review, Fall 2002：81 – 101.

③ Thomas O. Knight and Keith H. Coble. Survey of U. S. Multiple Peril Crop Insurance Literature Since 1980 [J]. Review of Agricultural Economics, Vol 19, No. 1（Spring-Summer, 1997：128 – 156）.

④ 冯文丽. 我国农业保险市场失灵与制度供给 [J]. 金融研究，2004（04）：124 – 129.

⑤ 欧阳青东，王聪. 农业保险供给与制度创新：以交易成本为视角 [J]. 南方金融，2008（07）：41 – 43 + 46.

⑥ 夏益国，孙群，盛新新. 以财政补贴校正农业保险市场失灵 [J]. 经济纵横，2015（05）：75 – 78.

⑦ 刘从敏，张祖荣，李丹. 农业保险财政补贴动因与补贴模式的创新 [J]. 甘肃社会科学，2016（01）：94 – 98.

低以及采用农业新技术的进度慢等原因造成；供给不足主要由于农业保险公司经营农业保险的成本和风险较高，导致经营积极性降低；而政府支持方面，实践中常出现虚假承保、伪造险情骗保等骗取补贴资金的现象，加剧了农业保险市场失灵现象。[①] 季司晨（2018）认为弱可保性和高赔付率是我国农业保险市场失灵的两种表现，并试图将不完备法律理论应用于解释与解决农业保险的市场失灵问题。[②]

1. 农业保险市场的信息不对称

始于 20 世纪 70 年代的农业保险经济理论，把关注点聚焦在信息不对称所引起的逆向选择和道德风险，并认为这两种市场失灵现象可能是造成私人农业保险无法存在的原因。奈特和科布尔（Knight & Coble，1997）通过对农业多重险与一切险的市场失灵现象的分析，指出农业保险公司与参保农户间存在信息不对称，由此导致的道德风险和逆向选择造成了市场失灵。[③]

国内学者中，冯文丽（2004）认为信息不对称是指双方了解的信息数量、质量不同，例如其中一方掌握的信息更多或信息质量高，而另一方了解的信息较少，或信息质量较差。信息不对称可能导致逆向选择和道德风险两种结果。其中逆向选择表现为容易遭受农业风险的人有更强的倾向购买农业保险。在逆向选择的影响下，农业风险将无法在参保农户中充分分散，从而降低了农业保险的功能发挥。农业保险经营机构在逆向选择与道德风险的作用下，其监督支出和赔付支出将有所提高，导致经营成本上升，降低保险机构的经营积极性，最终减少市场上的农业保险产品供给。[④]

（1）道德风险问题。

霍洛维茨和利希滕贝格（Horowitz & Lichtenberg，1993）回归分析的结果显示，购买农业保险的玉米生产者比没有购买的农民使用更多的氮肥、除草剂和杀虫剂。比如，投保农民比没有投保农民平均每英亩多使用 18.4 磅的化

---

① 邱鹏. 内蒙古政策性农业保险财政补贴问题研究 ［D］. 呼和浩特：内蒙古大学，2017：11 - 12.

② 季司晨. 我国农业保险的市场失灵现象探究——结合不完备法律理论 ［J］. 中国市场，2018 (11)：112 - 113.

③ Thomas O. Knight and Keith H. Coble, Survey of U. S. Multiple Peril Crop Insurance Literature Since 1980 ［J］. Review of Agricultural Economics，Vol 19，No. 1 （Spring-Summer，1997：128 - 156）.

④ 冯文丽. 我国农业保险市场失灵与制度供给 ［J］. 金融研究，2004 (04)：124 - 129.

肥。① 随后，史密斯和古德温（Smith & Goodwin，1996）对其研究结果提出了不同的看法，并以 235 个堪萨斯州旱地小麦生产者为样本，讨论了化学品的使用决策和农业保险购买决策之间的关系。结果表明，投保农民比未投保农民在化肥使用上平均少使用 4.23 美元，对于投保的农民，道德风险行为可能降低化学投入品的使用水平。而且，使用较少化学投入品的农民的参保可能性更大，进一步说明道德风险的存在。并由此得出，在环保视角下，农业保险的存在降低了环境污染的可能。②

曹艳秋（2011）提出了双重道德风险的观念，认为政府和保险经营机构构成委托代理，而保险经营机构和农户构成了第二层委托代理关系，在上述委托代理关系网中，保险经营机构和农户均有动机采取一定违规行为，导致补贴效率降低，影响补贴政策的功能发挥。并进一步指出，商业性质的保险公司经营农业保险的积极性可能会下降，此外还可能通过成本转移等手段违规获取更多补贴资金，而农户的道德风险包括投保农户可能降低生产积极性，导致农业产量出现人为地下降，另一方面还可能出现骗保等情况。农业保险经营机构和投保农户表现出的道德风险行为都将降低财政补贴的预期效果。③ 庹国柱（2012）认为，在政策性农业保险中，道德风险事故不仅可以发生在投保人和被保险人身上，而且在保险人以及政府部门身上也有所体现，比如保险人的虚假承保骗取财政补贴资金和费率定价的不合理，政府部门利用职权强迫保险机构签订不合规范的保单等。④ 祝仲坤（2016）认为，道德风险是农户"理性人"行为的表现，实际上是农户追求利益的结果，导致道德风险的因素包括农业保险自身的特殊性、国家不完善的法律体系以及保险公司较低的服务水平。⑤ 王国军等（2017）采用国内产险公司 2007～2014 年的

---

① Horowitz J. K. and E. Lichtenberg，Insurance，Moral Hazard，and Chemical Use in Agriculture [J]．American Journal of Agricultural Economics，75，November 1993：926－935．

② Vincent H. Smith and Barry K. Goodwin，Crop Insurance，Moral Hazard，and Agricultural Chemical Use [J]．American Journal of Agricultural Economics. 78，May 1996：428－438．

③ 曹艳秋．财政补贴农业保险的双重道德风险和激励机制设计 [J]．社会科学辑刊，2011（03）：107－110．

④ 庹国柱．有效防范道德风险方能使政策性农业保险健康发展 [N]．中国保险报，2012－02－23（007）．

⑤ 祝仲坤．农业保险中的道德风险：一个文献综述 [J]．农林经济管理报，2016（05）：613－618．

177 份地区数据，运用计量模型对我国农业保险市场的信息不对称问题进行实证分析。结果显示，被保险人在参保时期缴纳的保费越多，越有可能事后不积极防损减损，其索赔的概率就越大，存在道德风险问题。[①] 郑娜娜（2017）认为道德风险将促使投保农户改变其生产行为。由于保险公司无法实施持续监督投保人的行为，因而无从得知投保人是否参与了防御措施，投保人在得知农业保险提供了风险保障后可能会减少防御措施，即发生道德风险行为。[②]

孙威（2012）将农业保险道德风险分为事前和事后两类。事前道德风险表现为农户投保后会主观地减少施肥行为和其他风险防御措施，而保险公司无从得知农户的生产情况，导致赔付支出增加。而事后道德风险表现为风险事件发生后，农户积极施救、降低经济损失的程度降低，可能人为地扩大损失。并且认为事前农业道德风险占主要，但不管是事前还是事后道德风险，都人为地改变了投保农户的损失概率或程度，导致实际赔付支出与保险经营机构精算结果不符，增加了保险赔付支出，最终将减少农业保险供给。[③]

为了预防或减少道德风险，国内外学者提出了多方面的建议。加德纳和克莱默（Gardner & Kramer，1986）主张签订连续多年的保险合同，统计上便于发现比较一致的欺骗事实。[④] 阿佩尔等（Appel et al.，1999）提出预防逆向选择的早期方法之一是对投保人进行更精确的同质风险分类，同时强制要求农户投保。然而，进行同质风险分类的成本较高，而强制要求农户投保虽然可以使投保意愿较低的低风险者购买保险，但会降低整体投保者的福利。[⑤] 钱伯斯（Chambers et al.，2001）建议在合同中明确共保条款、免赔额或建立

---

①　王国军，王冬妮，陈璨．我国农业保险不对称信息实证研究［J］．保险研究，2017（01）：91 - 100.

②　郑娜娜．政策性农业保险对内蒙古粮食生产的影响研究［D］．呼和浩特：内蒙古农业大学，2017：16 - 17.

③　孙威．我国农业保险补贴问题研究［D］．长沙：中南林业科技大学，2012：14 - 15.

④　Gardner, B. L., and R. A. Kramer, Experience with Crop Insurance Programs in the United States. ［J］Crop Insurance for Agricultural Development：Issues and Experience, eds., P. Hazell, C. Pomerada, and A. Valdez, Johns Hopkins University Press, Baltimore, 1986：215 - 217.

⑤　Appel, Lord, Harrington. The Agricultural Research, Extension and Education Reform Act of 1998 ［J］. Crop insurance study, section 535.

由被保险人和保险人共担风险的机制，以降低市场失灵、预防道德风险，但在实践中，以上措施在减少信息不对称风险行为中表现不佳。[1] 国内学者伍中信和张娅（2008）认为，在不完全信息条件下，为减少政府与保险公司委托代理关系中后者的道德风险，政府可以将天气等变量纳入财政补贴的考量因素，与农业保险的经营业绩一起用于考察财政补贴，由此提高对农业保险财政补贴的效率。[2] 曹艳秋（2011）提出的治理道德风险的措施包括：投保前对农户严格审查、签单后随时掌握农户风险状况和加大惩罚力度。[3] 祝仲坤（2016）分析得出，要从强化产品创新、优化保险合同、加强保险监管、加快农业保险立法、提升保险机构经营管理水平等多个层面入手应对道德风险。[4] 王国军等（2017）提出探索开展互助农业保险，农户之间相互了解，会对彼此的农业生产活动进行一定的技术沟通和帮扶，在一定程度上减弱道德风险。[5]

（2）逆向选择问题。

奎金（Quiggin，1993）的研究发现，投保农户的逆向选择有两种表现：投保人在清楚土地潜在肥力等信息的情况下，更倾向于为风险较大的土地投保。此外，当农户预期产量存在差异时，预期损失较大的农户投保的积极性更高。[6]

史密斯和古德温（Smith & Goodwin，1996）认为，逆向选择问题会影响农业保险市场的运行，主要表现在保险经营机构对投保农作物的潜在风险和预期损失情况不了解，农户对土地状况更加清楚，因此产量较低、土地肥力不足的高风险农户有更强的意愿投保，而产量较高、土地肥力较高的低风险

---

① Chambers, Robert G, and John Quiggin. "Decomposing Input Adjustments under Price and Production Uncertainty." American Journal of Agricultural Economics 83. 1 (2001): 20 – 34. Web.

② 伍中信，张娅. 政策性农业保险中的内生最优财政补贴规模研究 [J]. 中南财经政法大学学报，2008（02）：72 – 76.

③ 曹艳秋. 财政补贴农业保险的双重道德风险和激励机制设计 [J]. 社会科学辑刊，2011（03）：107 – 110.

④ 祝仲坤. 农业保险中的道德风险：一个文献综述 [J]. 农林经济管理学报，2016（05）：613 – 618.

⑤ 王国军，王冬妮，陈璨. 我国农业保险不对称信息实证研究 [J]. 保险研究，2017（01）：91 – 100.

⑥ Quiggin J. Testing between Alternative Models of Choice under Uncertainty—Comment [J]. Journal of Risk & Uncertainty, 1993, 6 (2): 3 – 4.

农户参保意愿较低，甚至退出保险市场，最终导致农业保险经营无法满足大数法则的要求，失去市场运行的基础。① 格劳斯和柯林斯（Glauber & Collins，2002）从保险公司成本角度分析，规避道德风险、逆向选择和农民之间损失的相关性需要更高的准备金，也即机会成本很高，所以认为单独依靠市场化运作的农业保险会产生较高的成本，只有由政府以保费和经营费用补贴的形式提高扶持才能顺利经营。② 周建涛等（2015）将农业保险的逆向选择分为空间和跨期两种形式：由于不同地区风险情况的不同，存在空间逆向选择问题；跨期逆向选择则指农户对每年可能遭受的风险有一定的预测能力，从而选择在风险较高的年份参保，风险较低的年份则不参保。对此提出可以推行政策性和商业性农业保险并行的形式，由政策性保险保障系统性风险，广覆盖、低保障；商业保险专营非系统性风险，采用个人保险项目形式，保险费率体现农户个体风险差异。此外，续期保费应与上期索赔行为挂钩，对上期未受损失或风险损失较小的农户给予一定程度的折扣，激励农户采取较好的风险防御措施以保持历史损失经营；对上年度受损失程度较大的农户则酌情增加保费，降低出现跨期逆向选择的可能性。③ 王国军等（2017）的实证结果显示农业保险市场上赔付支出与次年的保费收入呈显著的正相关关系，即本年的风险损失较大时，次年农户投保的倾向将会增强，说明了逆向选择确实存在。但由于我国政府提供的保费补贴比例较高，逆向选择表现出的负面影响要小于道德风险造成的影响。④ 郑娜娜（2017）提出农业保险市场上的逆向选择在于参保农户利用信息不对称，以信息优势帮助自己以更低的价格取得农业保险产品。而保险公司面对农户时由于其不存在信息优势，此时只能选择采取统一的费率承保，而不能进一步区分农户的风险高低程度，这促

---

① Vincent H. Smith and Barry K. Goodwin, Crop Insurance, Moral Hazard, and Agricultural Chemical Use [J]. American Journal of Agricultural Economics. 78, May 1996：428 – 438.

② Joseph W. Glauber and Keith J. Collins, Crop Insurance, Disaster Assistance, and the Role of the Federal Government in Providing Catastrophic Risk Protection [J]. Agricultural Finance Review, Fall 2002：81 – 101.

③ 周建涛，梁欣悦，殷颖超. 国外农业保险逆向选择和道德风险研究新进展 [J]. 云南财经大学学报，2015（04）：85 – 90.

④ 王国军，王冬妮，陈璨. 我国农业保险不对称信息实证研究 [J]. 保险研究，2017（01）：91 – 100.

使了风险较高的农户投保，而抑制了风险较低的农户投保的积极性。[①]

2. 农业风险的系统性

除了信息不对称外，在探究农业保险的可保性时，钱伯斯（Chambers，1989）研究发现，即使在信息对称的条件下，如果提供保险的成本相对于提供给被保险人的风险分散的好处来说是高昂的，那么，这样的市场也可能是不可保的。[②]

米兰达和格劳伯（Miranda & Glauber，1997）以新的视角看待农业保险市场为何失灵，提出系统性风险在阻碍独立私人农业保险产业的经营上信息不对称更为严重。农业的系统性风险主要源于地理上大量的不利天气事件的影响，例如干旱或极端气候，这些在单个农场产出水平之间引起显著的相关性。不同农民的产出之间缺乏随机不相关，使保险人不能够在农场之间分散农作物损失风险，造成农业保险人承受比其他商业保险者每单位保费上更高的风险。在没有足够再保险或政府补贴的情况下，农业保险将会把承担额外风险的成本转移到农户那里，致使个人农业保险保费极其昂贵。同时通过统计模型，对美国一般性的商业保险公司及排名前十位的农险公司赔付额的变异系数进行比较，对比发现前者加权平均的变异系数为 8.6%，而后者的加权平均变异系数为 84%，显然农业保险公司的系统性风险远大于其他商业性保险公司，提高了 10 倍左右，并认为农业生产具有极大的系统性、不可分散的风险，并对私人部门农业保险的提供提出了普遍的要求：保持充足的准备金以应对与广泛的自然灾害有关的灾难损失，但这极大地增加了农业保险的经营成本。[③] 格劳伯和柯林斯（Glauber & Collins，2002）的研究表明，在农业保险多重险或一切险的供给上，私营保险人由于系统性风险导致成本过高，以致难以承受而理性退出市场。[④]

---

① 郑娜娜. 政策性农业保险对内蒙古粮食生产的影响研究 ［D］. 呼和浩特：内蒙古农业大学，2017：16 – 17.

② Chambers，R. G. Insurability and Moral Hazard in Agricultural Insurance Markets. American Journal of Agricultural Economics 71. 3 (1989)：604 – 16. Web.

③ Miranda，M. J. and J. W. Glauber，Systemic Risk，Reinsurance，and the Failure of Crop Insurance Markets ［J］. American Journal of Agricultural Economics. 79，February 1997：206 – 215.

④ Joseph W. Glauber and Keith J. Collins，Crop Insurance，Disaster Assistance，and the Role of the Federal Government in Providing Catastrophic Risk Protection ［J］. Agricultural Finance Review，Fall 2002：81 – 101.

国内学者孙香玉（2008）认为，在农业保险的经营过程中，系统风险相较于逆向选择和道德风险，是造成农业保险成本过高的重要因素，使得农业保险难以完全市场化运行。[①] 庹国柱（2011）认为，一方面，农业受频繁自然灾害影响，导致经济损失率较高，农业生产存在系统性风险；另一方面，农业保险的标的即农产品分布范围较分散，且单位价值不高，导致参保农户在地域上不集中，因此保险经营机构的管理成本较高，降低了其经营积极性，也不利于建立全面、完善的农业保险市场。在此情况下，政府补贴已经成为必然，也是推动农业保险市场发展的推动力。[②] 张祖荣（2013）认为，农业生产风险与自然灾害带来的风险相依存，自然灾害的特点之一是容易产生较强的次生灾害，使得农业生产受到二次损失。次生灾害的多样性也给农业保险的勘察定损带来一定困难，实践中保险经营机构难以区别导致农业经济损失的直接和主要原因，因而不易判断保险责任；尤其是保险责任仅包括单一风险时，保险经营机构的勘察、定损、理赔都需要投入大量人力物力，推高了农业保险的经营成本。以上种种技术上的困难，加剧了农业保险市场的失灵程度，也是纯商业性农业保险难以开展的原因之一。[③]

农业具有系统性风险的特质使得农业自然灾害风险具有不可保风险的特征，也导致纯商业性质的农业保险经营难以成功。但在实践探索中，随着财政补贴农业保险工作的开展，商业性与政策性相结合的农业保险经营模式成功在全球范围内推广开来。[④]

3. 农业保险的准公共物品属性

国内外学者对农业保险的性质已有了较统一的认识，均认为农业保险具有准公共物品的属性。在分析农业保险的正外部性时，黑泽尔（Hazell，1981，1991）认为农业保险对农业生产的保障功能可以提高农产品产量，同时提高消费者和生产者的福利，即具有一定的溢出效应。黑泽尔等（Hazell

---

① 孙香玉. 农业保险补贴的福利研究及参保方式的选择 [D]. 南京：南京农业大学，2008：1-2.
② 庹国柱. 略论农业保险的财政补贴 [J]. 经济与管理研究，2011（04）：80-85.
③ 张祖荣. 农业保险的保费分解与政府财政补贴方式选择 [J]. 财经科学，2013（05）：18-25.
④ 王克，张峭，肖宇谷，汪必旺，赵思健，赵俊晔. 农产品价格指数保险的可行性 [J]. 保险研究，2014（01）：40-45.

et al.，1986）分析认为，农业保险可以同时提高消费者和生产者的福利，而农产品的需求曲线通常是缺乏弹性的，在此情况下，生产者的农业收入降低时，也不会影响消费者能获得的福利，即农业保险具有一定的正外部性。[①] 米什拉等（Mishra et al.，2005）的研究表明，农业保险的正外部性还表现在对生态系统的改善上。[②] 张宏浩和米什拉（Hung-Hao Chang & Mishra，2012）通过实证分析得出，农业保险的推行可以显著降低化学肥料的施用量。[③]

国内学者从不同方面分析了农业保险准公共物品属性。李军（1996）指出农业保险呈现出显著的公益性特征，经营农业保险带来的社会效应大于经济效应，以及农业保险本身的排他性，所以农业保险具有准公共产品的性质。[④] 庹国柱和王国军（2002）指出农业保险产品具备公共物品的大部分特征，但在直接消费上具有排他性，因而更趋于公共物品。[⑤] 庹国柱和王德宝（2010）以农业风险损失的属性界定为着力点，认为农业风险既不属于私人风险范畴，也不属于公共风险范畴，主要原因是，如果农业风险损失完全由私人承担，可能导致私人无法独立承担巨额损失，而由社会承担的话，会导致资源配置效率低下，因此，农业风险属于"准公共风险"，分散农业风险的农业保险具有准公共物品的特性。[⑥] 朱甜甜（2015）认为农业保险的社会效益较大，具有公益性的同时又体现出排他性，同时具有公共物品与私人物品的某些特性，因此应当归为准公共物品。[⑦]

也有部分学者以农业保险的双重正外部性为切入点，从生产和消费的角

---

① Hazell，P.，C. Pomerada，and A. Valdez，eds. Crop Insurance for Agricultural Development：Issues and Experience ［M］. Baltimore：Johns Hopkins University. 1986：401–406.

② Mishra，Ashok K，R. Wesley Nimon，and Hisham S El-Osta. "Is Moral Hazard Good for the Environment? Revenue Insurance and Chemical Input Use." Journal of Environmental Management 74. 1 （2005）：11–20. Web.

③ Chang，Hung-Hao，and Ashok K Mishra. "Chemical Usage in Production Agriculture：Do Crop Insurance and Off-farm Work Play a Part?" Journal of Environmental Management 105 （2012）：76–82. Web.

④ 李军. 农业保险的性质、立法原则及发展思路 ［J］. 中国农村经济，1996（01）：55–59+41.

⑤ 庹国柱，王国军. 中国农业保险与农村社会保障制度研究 ［M］. 北京：首都经贸大学出版社，2002：102–106.

⑥ 庹国柱，王德宝. 我国农业巨灾风险损失补偿机制研究 ［J］. 农村金融研究，2010（06）：13–18.

⑦ 朱甜甜. 农业保险财政补贴效率评价研究 ［D］. 蚌埠：安徽财经大学，2015：11–12.

度分析农业保险的属性。冯文丽等（2003）提出农户对农业保险的需求具有正外部性，同时保险经营机构的供给也呈现出正外部性，因此可以说农业保险有双重正外部性。[1] 张祖荣（2009）也认为，农业保险在供给和需求两方面都呈现出正外部性，同时在一定程度上具有竞争性及排他性，实际上同时具有私人和公共物品的部分特性，属于准公共物品。而供给与需求的正外部性正是导致市场失灵的深层次原因。[2] 范玲（2018）在相关研究中指出，考虑到农业保险的正外部性，我国从 2006 年起试点了包括成立专业农险公司、政企联办或险企代办等多种方式，在部分地区开展政策性农险的试点工作，同时由原保监会联合相关部门出台《政策性农业保险试点方案》，提高对农业保险的扶持力度。[3]

周建波和刘源（2010）从"成本—收益"分析法的角度分析了无政府扶持的情况下农业保险的经营状况，同样认为农业保险在某些方面具有准公共物品的属性。同时由于农业生产风险比较特殊，纯商业化的农业保险经营成功率较低。农业保险通过保障农业生产，激励了参保农户增加种植面积、采用更新的技术和手段，而农业生产进步带来的社会效益如农产品供给和社会经济稳定等，可以提高社会总体的福利，即具有正外部性，因此农业保险的社会效益有非排他性，具有一定的公共物品特征。[4]

张跃华等（2004）将农业保险与其他农业扶持政策相对比，举例提到保险经营机构为了预防冰雹气象灾害，采取了炮轰云层的措施，而这一措施对标的物附近那些没有投保的土地也产生了作用，以实例证明了农业保险的需求具有一定的正外部性，认为农业保险具有准公共物品的属性。[5] 陈璐（2004）基于公共经济学的理论分析，认为农业保险的效益将外溢至消费者

---

① 冯文丽，林宝清. 我国农业保险短缺的经济分析 [J]. 福建论坛（经济社会版），2003（06）：17 - 20.

② 张祖荣. 农业保险补贴问题的经济学分析 [J]. 江西财经大学学报，2009（02）：42 - 46.

③ 范玲. 供给侧结构性改革背景下的农业保险发展对策研究 [J]. 求是学刊，2018（03）：64 - 73.

④ 周建波，刘源. 农业保险市场中政府责任定位的经济学分析 [J]. 农业经济问题，2010（12）：65 - 70.

⑤ 张跃华，顾海英. 准公共品、外部性与农业保险的性质——对农业保险政策性补贴理论的探讨 [J]. 中国软科学，2004（09）：10 - 15.

及整个社会，使得农业保险同时具有一定的排他性和社会性，应当视为混合产品的一种。[1] 邱鹏（2017）指出，一方面农业保险的保费对于农户来说负担较重，农户参保积极性不高或保费负担能力不足；另一方面，农业风险特性决定了农业保险赔付支出较高，而以营利为目的的商业化保险公司对承保农业保险的积极性较低。此外，农业保险的正外部性即社会福利溢出效应和非排他性决定了农业保险的准公共物品属性。基于此，政策适当补贴农业保险公司和参保农户，可以在一定程度上改善农业保险市场供需不均衡的现象，促进保险市场发展，这也是政府提供财政补贴的理论依据。[2] 庹国柱（2017）认为，我国的农业保险在政府参与下形成了一个不完全的农业保险市场。政府才是需求主体，而不是参保农户。本质上来说，政策性农业保险是政府作为消费者向保险公司购买农业风险管理手段。[3]

基于以上分析，多数学者认为政府应当介入农业保险，对农业保险进行一定的扶持。冯文丽等（2003）提出农业保险在供给和需求两方面存在正外部性，其中需求方面体现在农户投保后的边际社会效益高于自身能取得的私人效益，而供给方面在于经营农业保险的风险和成本较其他保险更高，也导致赔付率高于其他险种，但是保险公司的边际收益低于边际社会收益，社会边际成本却小于保险公司的边际经营成本，两者结合抑制了农业保险的经营效率。因此政府应当出台适当的政策，通过补贴等纠正市场失灵，平衡边际社会和边际私人的成本及收益。[4] 张祖荣（2009）认为政府有必要适当地扶持农业保险，如果采取财政补贴的形式，则补贴的规模应当平衡私人成本、私人效益以及社会成本和效益，即相当于弥补农业保险的溢出部分。[5] 周建波和刘源（2010）也认为农业保险由市场自由经营的效率很低且极易失败。对于农业保险存在的供给和需求严重不均衡的问题，政府应采取"政府干预＋市场化经营"的办法。政府在农业保险市场中担负内、外两方面责任定

---

① 陈璐. 我国农业保险业务萎缩的经济学分析［J］. 农业经济问题，2004（11）：32－35＋80.

② 邱鹏. 内蒙古政策性农业保险财政补贴问题研究［D］. 呼和浩特：内蒙古大学，2018：7－13.

③ 庹国柱. 论农业保险市场的有效竞争［J］. 保险研究，2017（02）：11－16.

④ 冯文丽，林宝清. 我国农业保险短缺的经济分析［J］. 福建论坛（经济社会版），2003（06）：17－20.

⑤ 张祖荣. 农业保险补贴问题的经济学分析［J］. 江西财经大学学报，2009（02）：42－46.

位：政府作为市场内部的定位——政府作为需求方进入农业保险市场（并认为农业保险由保险公司按市场化原则经营时，需要考虑社会需求，通常由政府提供保费财政补贴）；市场外部定位——政府积极参与整个保险制度的建设以刺激农业保险的供给。① 王韧（2011）认为农业保险是准公共物品，需要对投保人或保险公司进行适当的补贴，补贴可以以间接形式或直接形式，有助于促进社会福利最大化。② 安玲（2009）研究发现，农业保险的社会效益较大，而经济效益较低，同时保险公司经营农业保险的赔付支出通常比较高，农业风险导致农业保险再保险存在一定困难。从农户角度来说，农户对保费负担能力有限，而从保险公司角度来说，很容易因为系统性的巨灾风险而产生巨额亏损，因此对于双方来说政府介入都有其必要性。③

（二）国家宏观战略角度

政府用农业保险补贴启动农业保险市场是国家宏观战略的组成部分。对于政府来说，财政补贴不是目的，而通过财政补贴调动农户参加农业保险的积极性，促使农户用现代风险管理方法管理农业，充分保障国家粮食安全才是目的。国家粮食安全是国家宏观战略的基础之一，然而随着我国经济的高速发展和工业化进程的加快，很多农户将种田看成一种负担，但是，国内市场需要粮食和农产品。加之国际农产品市场的供给有限，而且粮食贸易常常成为国际间的政治砝码，这迫使我国政府立足国内解决基本的农产品供给。解决粮食和食物安全，提高农业生产率，需要有多种举措，例如增加科技投入，给农户种粮补贴和农机补贴等，通过政府补贴建立和发展我国的农业保险制度，帮助农户积极进行防灾防损，并在遭灾受损时及时予以补偿，使农业再生产不至于因为灾害而中断或者在缩小的规模上进行，这样农业保险制度就为农业生产编织了一张安全保障网。政府绝对需要这张被很多国家证明有效的安全网（庹国柱，2011）。④

---

① 周建波，刘源. 农业保险市场中政府责任定位的经济学分析［J］. 农业经济问题，2010（12）：65 - 70.
② 王韧. 欧盟农业保险财政补贴机制及启示［J］. 求索，2011（05）：35 - 37.
③ 安玲. 我国农业保险的财政补贴问题研究［D］. 成都：西南财经大学，2010：15 - 24.
④ 庹国柱. 略论农业保险的财政补贴［J］. 经济与管理研究，2011（04）：80 - 85.

此外，我国农业直接补贴政策面临"天花板"困境。一方面，直接补贴政策面临 WTO "黄箱"政策天花板，根据我国加入 WTO 相关协议，我国按照 WTO 相应规则对我国农业进行补贴，其中所有具有扭曲贸易和生产影响的"黄箱"政策支持不超过"微量允许水平"，也即对特定农产品的"黄箱"支持不超过该产品产值的 8.5%，对非特定农产品的"黄箱"支持不超过农业总产值的 8.5%。按照 WTO 农业协定的分类标准，在我国目前的直接补贴和价格支持政策中，绝大部分都可划归到"黄箱"政策范畴。然而，一些测算表明，虽然目前我国部分农产品的"黄箱"支持政策尚有一定空间，但是现行农业支持政策突破"黄箱"天花板的风险越来越大。另一方面，国内农产品价格高于国外价格，价格支持政策面临提价的天花板。因此，将农业直补改为保险的间接补贴是非常必要的（何小伟和王克，2017）。①

另外，我国已经进入了工业反哺农业，城市反哺农村的历史阶段。反哺农业和农村的途径很多，为建立农业保险保障和农村社会保障制度，承担部分成本无疑是反哺途径之一。

（三）福利经济学角度

在社会福利领域，庇古提出了两个观点：一是要实现社会福利最大化，应当增加国民收入，使其实现最大化，资源配置达到最优状态。也可以说国民收入越高，社会福利就越大；二是社会贫富差距缩小时，即国内收入分配均等时，社会福利将增加。

根据边际效用递减的规律，相同的收入量对穷人的效用显然大于对富人的效用。因此，政府通过再分配等方式将收入向低收入人群转移后，可以实现帕累托优化。庇古提出，通过收入转移缩小贫富差或者提高国民收入整体水平，都可以使社会福利增长。因此农业保险政策从社会福利的角度来看，是国民收入再分配的手段之一，同时可以稳定农业生产收入、促进社会稳定发展，进而提高社会总福利，其中社会效益要远大于农户和农业保险公司获得的利益。

米什拉（Mishra，1996）指出农业经济并非独立于其他非农业经济，农业保险的福利也会溢出至其他非农部门，因此，提高社会整体福利水平，也

---

① 何小伟，王克. 从农业直补到保险的间接补贴 [J]. 中国保险，2017（11）：30 – 34.

是政府应当提高财政补贴的原因。古德温（Goodwin，2001）基于美国 1988～1999 年的农业保险经营数据分析得出，农户平均每支出 1 美元保费，就可以获得 1.88 美元的赔付，说明了农业保险具有转移支付的功能，同时也说明农业保险具有财富再分配效应，提高了受灾农民的收入水平，并提高了社会总福利。[1]

国内学者也从增加国民收入和国民收入合理再分配两方面分析农业保险的福利效应。冯文丽（2004）基于福利经济学理论的研究发现，农业保险具有多项功能，包括稳定农业收入、抵御自然灾害等农业风险、作为农业信贷的担保、促进农业生产规模化、缩小社会贫富差距等，多重功效使得农业保险对提高社会福利水平有积极作用。农业保险有其存在的必要性，但市场化条件下无法保证农业保险的顺利经营，常出现市场失灵现象，因此需要政府提供财政支持，在收入再分配中注重农业的弱质性特征。[2] 王成丽（2009）也对福利经济学角度进行研究，发现假设不存在供给量上限，政府财政补贴可以激励农户的投保意愿，扩大农业保险覆盖面，因此政府应当对农业保险进行补贴。[3] 李幸（2014）利用效用最大化的福利分析方法，分析了农业保险对农户福利的影响，通过对保险公司和农户之间的博弈分析，得出农业保险确实会影响农户福利，而且在信息不对称条件下影响更大。[4]

除了定性分析之外，也有学者用定量分析的方法研究农业保险的福利效应。孙香玉等（2008）通过开放的二分选择式条件估价方法，以农业保险市场为着眼点，将不同的补贴率代入计算出各情况下的社会福利，研究发现政府提高对农业保险的支持力度可以将潜在的社会福利变为现实。[5] 于晴（2018）从非均衡理论及福利经济学理论的角度出发，论证了农业保险对社会福利的影响效应以及农险市场的非均衡现象，认为由国家扶持农业保险一

---

①　Goodwin, Barry K. Problems With Market Insurance in Agriculture [J]. American Journal of Agricultural Economics, 2001, 83 (3): 643－649.

②　冯文丽. 我国农业保险市场失灵与制度供给 [J]. 金融研究, 2004, (04): 124－129.

③　王成丽. 不同补贴方式下农业保险的福利研究——湖北省兴山县烟叶保险的实证分析 [D]. 武汉: 华中农业大学, 2009: 12－16.

④　李幸. 农业保险对农户福利影响分析——基于信息不对称的视角 [J]. 西部金融, 2014 (08): 81－84.

⑤　孙香玉, 钟甫宁. 对农业保险补贴的福利经济学分析 [J]. 农业经济问题, 2008 (02): 4－11＋110.

方面提高了人民的生活水平，另一方面对农民的损失给予经济补偿，从一定程度上缓解了社会生产要素分配不均的矛盾，可以帮助市场走向均衡，使得社会福利最大化。[1] 安玲（2020）认为，农业保险的防灾防损功能能够减少农业灾害事故的发生，稳定农业生产经营。财政补贴农业保险不仅能增加农民收入，也能降低农产品的价格，使消费者从中获益，能够实现整个社会福利的增加。[2]

（四）博弈论角度

国内部分学者从博弈论角度探究农业保险补贴的原因，主要分析的是政府、保险公司和农户三者之间的博弈过程。

张世花和吴春宝（2010）认为，政策性保险存在一定的排他性，同时在一定程度上又呈现出公共物品的特征，因此容易产生"搭便车"的现象，导致农业保险公司的利益受损，成本和收益难以平衡。通过分析政府、保险公司、农民三者的行为策略模式，指出保险公司提供的保险产品不能达到帕累托最优的状态；财政补贴与农户投保意愿存在较密切的关系，而补贴规模受保险经营机构和政府之间博弈的影响，并提出从供给的角度出发，政府是农业保险市场中重要的参与者，应当为农业保险提供补贴和支持。[3] 孙威（2012）认为，农业保险是保险公司、政府和农户三方间的博弈，并据此分析出四种博弈策略。对博弈策略进行分析后发现，在政府提供补贴、由保险公司负责经营时社会福利最大。由政府提供补贴可以提高保险公司的业务积极性，同时对农户的参保意愿也有一定的激励作用，可以在三方博弈中实现共赢。可见，政府在农业保险市场中承担着重要的功能。[4] 罗向明（2012）从农业保险与利益相关者理论的交叉点出发，将农业保险视为存在对立与统一关系的利益系统，并使用博弈论和计量分析工具研究了农业保险利益相关者的利益关系。政府、农户与保险公司是农业保险市场上的利益相关者，任意两者之间都存在利益关系，然而三者的利益诉求和行为特性存在显著的差

---

① 于晴. 农业保险对农民收入的影响效应 [D]. 济南：山东大学，2018：15-18.
② 安玲. 政府补贴农业保险的必要性 [J]. 经济研究导刊，2020（03）：75-76.
③ 张世花，吴春宝. 政策性农业保险：政府、保险公司与农民的博弈分析 [J]. 重庆理工大学学报（社会科学版），2010（07）：56-59.
④ 孙威. 我国农业保险补贴问题研究 [D]. 长沙：中南林业科技大学，2012：17-23.

异，导致了农业保险市场上的利益冲突。而以博弈论为基础进行分析，研究表明政府、农户与保险公司三者间的利益相对独立，但对彼此都有一定的影响。政府是核心利益相关者，在农业保险中具有最大的利益。由政府提供农业保险补贴可以提高市场上的资源配置效率，此外政府作为市场重要的一方，对农业保险能否顺利经营并发挥功能起着至关重要的决定作用。[1] 王韧等（2008）采用博弈模型分析了农业保险市场中政府、农户与保险公司的行为，提出农业风险造成的经济损失通常较大，只有存在财政补贴的情况下才能达到均衡。而政府应当建立补贴制度，明确以何种方式实施财政补贴，并确保财政补贴的来源稳定，同时加强相关配套服务。[2]

除了以上从市场失灵、福利经济学以及博弈论的角度出发进行的分析，有学者还从其他领域着手对提供农业保险财政补贴的必要性进行了解释。如柏正杰（2012）从农业产业和国家农业保护的战略性层面给予解释，提出农业保险是国民经济的基础产业，但农业具有天然的弱质性特征，具体表现为农业生产力相对落后，在各产业中地位偏弱势以及农产品供给受气象、土地等因素影响较大，且农业发展速度显著落后于其他产业。[3] 张祖荣（2012）从农户对农业保险的弱需求的状态，研究了政府主体在农业保险市场上的需求，认为农业风险的系统性等特性提高了农业保险的费率，而农户对保费的负担能力较低，导致农业保险需求不足。同时农业保险具有显著的双重正外部性和准公共物品性质，进一步抑制了农户的投保意愿，在此情况下，政府为了提高社会福利，发挥农业保险保障灾后恢复生产、稳定农业再生产和国家粮食安全、促进农业和社会发展等方面的功效，对农业保险也有一定的消费需求，农业保险带来的社会效应强化了政府的消费需求，因此政府应当主导农业保险的推广和发展，给予多方面的支持。[4] 段胜和刘阳（2012）认为，造成农业保险的市场失灵原因是多样的，包括系统性农业风险、农业保险属

---

① 罗向明. 中国农业保险发展模式与补贴政策研究 [D]. 武汉：武汉大学，2012：19 - 47.

② 王韧，邓超. 基于我国农业保险补贴行为的博弈分析 [J]. 财经理论与实践，2008（04）：37 - 40.

③ 柏正杰. 农业保险补贴的理论支持：一个政治经济学分析 [J]. 兰州大学学报（社会科学版），2012（04）：151 - 154.

④ 张祖荣. 农业保险功用解构：由农户与政府边界 [J]. 改革，2012（05）：132 - 137.

性模糊、正向外部性、信息不对称以及农业保险公司的潜在垄断和寻租可能性等。① 余博和郭军（2014）以排斥性理论为基础分析了我国农业保险市场上为何存在供给与需求不平衡的现象，得出当前保险机构对农业保险需求有较强的排斥性，这对农业保险市场的发展产生了负面影响。② 黄亚林等（2014）的研究表明，在我国农业保险的发展过程中，政府财政补贴有力地推动了市场从混乱到有序发展，并通过理论模型证实了只有在政府参与下农业保险各主体利益才能协同实现。③ 王洪波（2016）建立联立方程分析表明保费补贴政策对农户投保意愿的提高有积极效应。从农户的角度来说，保费补贴使得农业保险的购买成本相对其他险种下降，农业保险对比其他险种将更有吸引力，产生替代效应，同时财政补贴意味着农户对农业保险的负担能力提高，即收入相对增加产生收入效应，增加了保险的有效需求。对于保险公司来说，反向替代效应会造成一定的供给挤出效应。④

综上所述，农业生产的弱质性等特征和农业保险市场失灵现象，导致在没有财政扶持的情况下，农业保险市场将难以运转，政府提高补贴是农业保险持续经营的重要前提，也是保障市场顺利运转的条件之一。

二、农业保险财政补贴的方式

（一）国外农业保险财政补贴方式

欧美等国家对农业保险财政补贴项目开展历史较长并积累了相当成功的经验，总的来说，国外对农业保险的财政补贴方式有保费补贴、给予减税或免税、再保险补贴、经营管理和教育培训费用补贴等，各国根据各自的发展

---

① 段胜，刘阳. 市场失灵、保费补贴与农业保险发展 [J]. 广西财经学院学报，2012（01）：92 - 97 +115.

② 余博，郭军. 农业保险市场供求失衡成因探析——农业保险排斥性视角 [J]. 农村经济，2014（04）：92 - 95.

③ 黄亚林，李明贤. 协同学视角下农业保险各主体利益实现的理论分析 [J]. 农村经济，2014（03）：78 - 82.

④ 王洪波. 保费补贴对农业保险需求与供给的影响研究 [J]. 科技与经济，2016（04）：41 - 45.

情况单独或组合选择了其中部分方式进行补贴。

张祖荣（2009）从举办农业保险的经济社会目标、补贴的范围及程度等方面比较分析了发达国家和发展中国家的农业保险补贴方式的差异。发达国家主要着眼于稳定农民收入、提高其福利，因此补贴涉及险种多，且总体来说补贴水平较高，例如美国、日本等国家对参保农户的保费补贴比例在50%以上，同时对保险经营机构提供管理费用补贴和再保险补贴。对比之下，菲律宾、马来西亚等发展中国家对农业保险的扶持力度相对较低，主要目的仍是保证农业的基本供应和国民的生产生活稳定，因此补贴险种主要是粮食作物和重要经济作物，政府对保费的补贴比例也大多低于50%。[1] 庹国柱（2011）也发现，对农业保险提供财政补贴已经成为开展农业保险国家的通行做法，而最常见的补贴方式是对保费进行补贴，此外美国、日本以及加拿大等国家也会酌情为保险公司提供经营管理成本补贴和再保险支持。[2] 王韧（2011）分析了欧盟及各主要国家的农业保险经营状况，发现农业保险经营较成功的案例中都由政府提供了扶持。欧盟国家在农业保险发展的各个阶段，对保险公司和农户提供一定的财政补贴，此举促进了农业保险市场的发展。政府支持农业保险的形式包括保险计划、政府部分出资建立农业保险准备基金、经营管理费用补贴、保费补贴、税收优惠以及再保险支持等，以上方式在世界范围内也已普遍开展。[3] 肖卫东等（2013）将政府对农业保险的财政补贴分类为：一是针对农户的保费补贴，旨在激励农户的投保意愿；二是针对农业保险公司的补贴，形式上包括经营成本补贴、再保险费用补贴等；三是其他补贴项目，例如对保险公司勘察定损、险种开发、人员培训以及保险产品宣传和推广等环节进行补贴。其中保费补贴是最普遍的补贴形式，纵观各国发现，除保费补贴外，收入较高的发达国家通常还采用再保险补贴的方式，而发展中国家补贴范围较少，主要是保费补贴和其他补贴。[4] 郑军和汪运娣（2016）通过研究美国农业保险补贴制度，认为美国农业保险财政补贴

---

[1] 张祖荣. 农业保险补贴问题的经济学分析 [J]. 江西财经大学学报, 2009 (02): 42-46.

[2] 庹国柱. 略论农业保险的财政补贴 [J]. 经济与管理研究, 2011 (04): 80-85.

[3] 王韧. 欧盟农业保险财政补贴机制及启示 [J]. 求索, 2011 (05): 35-37.

[4] 肖卫东, 张宝辉, 贺畅, 杜志雄. 公共财政补贴农业保险: 国际经验与中国实践 [J]. 中国农村经济, 2013 (07): 13-23.

以产量保障水平为基础，实行产量保障水平越高、补贴率越低的差异化补贴政策，2012 年美国又新设区域产量和收入保险作为补贴比例差异化的标准，补贴比例进一步细化。① 黎银霞（2017）以美国为例，认为美国政府对农业保险的支持是多方面的，包括立法、保费补贴、管理费用补贴、损失估价成本补贴、教育训练补贴、产品研究与开发补贴、再保险等，且保费补贴范围广、项目多、水平高，对不同的覆盖率水平有不同的保费补贴，美国的农业保险经营较为成功。② 江生忠和费清（2018）研究了日本的共济制农业保险制度，发现日本主要是借助国内的共济组织体系，将政府补贴层层落实至农户层面，在财政补贴的方式上，日本政府主要采取了保费补贴、管理费用补贴以及对再保险提供支持。日本政府针对保费补贴比例设置了不同的级别，补贴比例由具体险种和保险费率共同决定，如农作物共济保费的补贴比例在50% 左右，对麦类的补贴比例有 50% 和 55% 两个级别，区别在于保险费率是否超过 3%，对超出的部分将采用更高的补贴比例。③ 邵永同（2018）对美国农业保险财政补贴的实施经验进行了总结：加强财政补贴措施的差异化程度、由商业性保险公司负责农业保险的经营管理，政府主要负责实施相关政策，对农业保险及其再保险进行补贴。④

（二）国内农业保险财政补贴方式

目前，我国政策性农业保险中的财政支持政策主要包括保险费补贴、经营管理支持、风险责任分担与巨灾风险分散机制四方面内容。而关于我国应该采取何种补贴方式，不同的学者有不同的观点，但大部分还是倾向于对保费进行补贴。国内学者张晓云（2004）认为可以借鉴欧美等发达国家的农业保险补贴经验，通过保费补贴、税收减免、费用补贴和再保险补贴等方式扶持农业保险的发展。⑤ 甘亚冰（2010）指出我国农业保险试点现行财政支持政策主要内容有财政保费补贴、政府与保险公司分摊保险责任、建立巨灾风

---

① 郑军，汪运娣. 农业保险的经营模式与财政补贴政策：中美比较及启示［J］. 农村经济，2016（08）：119 - 124.
② 黎银霞. 美国农业保险财政补贴的经验及启示［J］. 环球瞭望，2017（04）：27 - 34.
③ 江生忠，费清. 日本共济制农业保险制度探析［J］. 现代日本经济. 2018（04）：23 - 34.
④ 邵永同. 美国农业保险财政补贴的经验及对我国的启示［J］. 中国财政，2018（18）：71 - 73.
⑤ 张晓云. 外国政府农业保险补贴的方式及其经验教训［J］. 财政研究，2004（09）：63 - 65.

险基金和免征营业税和印花税的税收优惠政策。[①] 王海青（2005）提出农业保险公司亏损概率较大，但表面上难以确定导致亏损的原因是政策抑或是经营问题，因此一味地提倡对保险公司提供经营费用补贴可能使保险公司放松经营，反而降低农业保险经营和补贴效率，因此政府提供补贴的主要形式仍应以保费补贴为主。[②] 罗向明（2012）认为，为推动中国农业保险的持续健康发展，政府应对补贴比例进行调整，此外还应考虑向农业保险经营机构提供一定的管理费用补贴，加大中央财政的扶持程度。[③] 张旭光等（2013）分析了典型国家和地区的农业保险发展模式后认为，政府有必要采用更丰富的补贴体系，例如从宣传和信息推广、教育培训和信息、资源体系建设等角度提高对农业保险的支持力度，而非局限于保费补贴和再保险补贴。[④] 粟芳和方蕾（2017）通过构建农业保险收入消费模型，基于"千村调查"数据进行实证分析，结果表明，家庭收入与政策性农业保险存在倒"U"形关系，而与商业保险存在正相关关系。并且进一步利用实际经营数据，设计了超率累退保费的补贴模式，认为该模式可以增加农业保险的覆盖面积，提高保险保障水平。[⑤] 谢瑞武（2018）基于成都市政策性农业保险现状，建议中央财政应提高对传统政策性农业保险品种的保额和补贴比例；中央财政应将特色农产品保险品种纳入支持范围；加快农业保险市场化进程；推动农业保险由保成本向保收入转变。[⑥] 寇晨欢等（2018）对美国和日本的农业保险经营状况进行了分析，结合我国农业保险和财政补贴现状，提出应加快农业保险法等相关法律的立法和完善、构建完整层级丰富的农业风险保障制度，提高中央财政的补贴力度并设立巨灾风险准备基金。[⑦] 邵永同（2018）认为，我国的

① 甘亚冰. 我国现行财政支持农业保险政策绩效评价 [J]. 黑龙江对外经贸, 2010 (01): 99 - 101.

② 王海青. 我国农业保险补贴初探 [J]. 山西财政税务专科学校学报, 2005 (04): 11 - 14.

③ 罗向明. 中国农业保险发展模式与补贴政策研究——基于利益相关者视角 [D]. 武汉大学, 2012: 66 - 68.

④ 张旭光, 柴智慧, 赵元凤. 典型国家和地区的农业保险发展模式概述 [J]. 世界农业, 2013 (01): 19 - 24.

⑤ 粟芳, 方蕾. 政策性农业保险补贴最优模式探析——基于"千村调查"的研究 [J]. 财经研究, 2017 (11): 140 - 153.

⑥ 谢瑞武. 农业保险助推乡村振兴 [J]. 中国金融, 2018 (06): 89 - 90.

⑦ 寇晨欢, 冷志杰, 贾晓菁. 政策性农业保险构建的国外实践及启示——基于立法—机制—补贴的路径 [J]. 世界农业, 2018 (07): 83 - 89.

农业保险财政补贴有必要将保费补贴与其他农业补贴相结合，确保必要的参保率，此外还要实行差异化的保费补贴措施。[1]

在补贴的层次化、差异化的研究方面。国内学者余洋（2013）从保障水平的角度出发提出要实行差异化的保费补贴政策，认为提高保障水平和加强补贴力度可以提高农户投保农业保险的意愿，二者有效配合有利于实现保费补贴效用最大化。按照保障水平实施保费补贴差异化，保费补贴比例应随保障水平的提高而降低。[2] 吕晓英和李先德（2013）重点分析了美国多样化的农业保险产品和分层次的保费补贴制度，认为中国的保费补贴不能充分反映保障水平。[3] 另外，张祖荣（2013）以农作物保险为例对农业保险的保费构成进行了分解，揭示了农业保险的保费构成与政府财政补贴之间的内在逻辑关系，并提出应当转变我国现有的财政补贴制度，改变保费补贴的单一比例，对不同地区和险种采取差异化的补贴比例，同时区别农业保险险种，有差异地对农业保险公司提供经营费用补贴和再保险补贴。[4] 王韧（2011）也对差异补贴政策进行了研究，认为我国各地区间的经济水平和结构、农业生产条件等存在客观差异，据此采用系统聚类分析，将各省、自治区、直辖市分为四类地区，并认为各地区在经济水平和结构、财政负担能力以及对农业的扶持程度等方面存在差异，对于各地区的财政补贴也应当因地制宜，将各地区差异纳入考量范围。[5] 兰晓红（2014）以辽宁省为例对差异性财政补贴进行了实证研究，通过 Q 型聚类分析，提出将辽宁省 14 个市分为三类地区进行差异性补贴。[6] 常伟（2018）针对我国农业保险财政补贴的地区差异，提出各地政府在提供补贴时应该充分考虑地方状况，促进地方农业保险补贴制度向多元化发展，提高农业保险的保障水平，促进农业长效发展。[7]

---

① 邵永同. 美国农业保险财政补贴的经验及对我国的启示 [J]. 中国财政, 2018 (18)：71 - 73.

② 余洋. 基于保障水平的农业保险保费补贴差异化政策研究——美国的经验与中国的选择 [J]. 农业经济问题, 2013 (10)：29 - 35 + 110.

③ 吕晓英, 李先德. 美国农业保险产品和保费补贴方式分析及其对中国的启示 [J]. 世界农业, 2013 (06)：66 - 70.

④ 张祖荣. 农业保险的保费分解与政府财政补贴方式选择 [J]. 财经科学, 2013 (05)：18 - 25.

⑤ 王韧. 欧盟农业保险财政补贴机制及启示 [J]. 求索, 2011 (05)：35 - 37.

⑥ 兰晓红. 政策性农业保险差异性财政补贴实证研究 [J]. 农业经济, 2014 (08)：89 - 91.

⑦ 常伟. 我国农业保险区域差异性财政补贴研究 [J]. 农业经济, 2018 (11)：88 - 89.

在具体的补贴实施中，有学者提到补贴公平问题，这也属于补贴地区差异化的研究，是对补贴差异化的具体分析。郭颂平等（2011）认为我国政策性农业保险财政支出存在着双重偏好，即地方财政支出的产业偏好和中央财政的地区偏好。这种补贴有失公平性，需根据地区实际情况，结合中央财政和地方财政，建立层次丰富的补贴体系，转变补贴比例固定不变的模式，考虑各级政府的财政负担能力和地方经济实力，在中央和地方间合理分配补贴比例，同时倡导中央财政加大对中西部等欠发达区域的支持力度，构建更合理的农业保险补贴模式。[①] 何小伟和庹国柱（2015）对如何划分保费补贴过程中中央与地方的事权进行了探讨，并提出中央财政和省级财政应当适当承担更多事权。目前，我国各级政府在农业保险的事权与支出责任上并不相适应，表现在：中央财政对各省的补贴力度未能充分差异化；农业大省的补贴负担过重；县级财政保费补贴的支出责任与财力严重不匹配。展望未来，我国应该合理划分各级政府的事权，适度调整各级政府的支出责任，并建立起评价和协调机制。[②]

还有学者强调了除保费补贴以外的农业保险间接补贴方式的重要意义。李晓燕（2007）将政府提供的财政补贴分为直接和间接两种，其中直接补贴表现为保费补贴，即保费中财政负担的部分由各级政府直接替参保农户缴纳；间接补贴则表现为巨灾基金、大灾风险补贴以及管理费用补贴等向保险公司补贴的方式。[③] 胡炳志和彭进（2009）认为直接补贴容易引发效率低下等问题，提出实施以再保险财政补贴为核心，将市场主体、基金管理方式、保险费率和再保险责任限制等因素考虑在内的间接补贴制度。[④]

三、农业保险财政补贴存在的问题

国外的一些农业保险开展时间较早，许多学者总结了农业保险的财政补

---

① 郭颂平，张伟，罗向明. 地区经济差距、财政公平与中国政策性农业保险补贴模式选择 [J]. 学术研究，2011（06）：84 – 89 + 160.

② 何小伟，庹国柱. 农业保险保费补贴责任分担机制的评价与优化——基于事权与支出责任相适应的视角 [J]. 保险研究，2015（08）：80 – 87.

③ 李晓燕. 政策性农业保险的发展探讨 [D]. 成都：西南财经大学，2008：53 – 54.

④ 胡炳志，彭进. 政策性农业保险补贴的最优边界与方式探讨 [J]. 保险研究，2009（10）：96 – 101.

贴在实践中反映的问题：一是农业保险的财政补贴制度存在一定缺陷；二是相关财政补贴政策对外部造成了一定的负面影响。

（一）自身存在的问题

农业保险的财政补贴在长期的实践中暴露出一定的问题，涉及补贴政策、资金管理、补贴方式、补贴范围和补贴比例等方面。近年来农业保险及财政补贴政策创新速度加快，地方特色农产品和新型农业经营主体在农业供给侧结构性改革中的地位逐步上升，农业保险财政补贴的弊端也越来越受到学术界的重视。

国内学者侯玲玲等（2010）认为我国新一轮的农业保险补贴政策起步较晚，尽管在中央财政和地方财政的推动下，种植业保险和养殖业保险迅速开展，但我国农业保险补贴政策仍存在不足之处，主要表现为：农业保险补贴内容比较单一，体系不够健全；农业保险补贴政策与其他支农政策结合不紧密，并未与粮食直补、良种补贴等支农政策相结合；种植业保险的补贴品种仍有限。[1] 姚壬元（2013）认为，目前我国政策性农业保险中的财政支持政策存在中央和地方责任划分不合理、保费补贴存在隐忧、经营管理支持不充分、风险分担和分散机制不健全等问题。[2] 吕开宇等（2013）从北京市和吉林省部分地区政策性农业保险的实行情况看，农业保险的风险保障作用明显。但存在补贴政策不完善、部分地区补贴配套资金不足、保险公司对政府补贴过度依赖、部分农户投保意识不强等问题。[3] 王根芳（2013）认为我国现行财政补贴以保费补贴为主体，补贴形式上比较单一。虽然我国已经开始在江苏、浙江、上海等地区试点推行包括税收优惠、经营管理费用补贴等方式在内的财政补贴体系，但以上补贴方式在实践中依然存在税收减负效果不显著、经营管理费用覆盖程度较小等问题，总的来说在税收和管理费用方面的扶持力度不足。此外，我国仍未在农业保险领域成立再保险公司，仅有中国再保险公司提供相关再保险服务，合理农业风险分散机制的缺失对保险公司的经

---

[1] 侯玲玲，穆月英，曾玉珍. 农业保险补贴政策及其对农户购买保险影响的实证分析 [J]. 农业经济问题，2010（04）：19 – 25 + 110.

[2] 姚壬元. 关于政策性农业保险的财政支持政策 [J]. 理论探索，2013（01）：60 – 64.

[3] 吕开宇，张崇尚. 政策性农业保险施行中存在的问题及对策 [J]. 经济纵横，2013（10）：56 – 59.

营效率产生了负面影响。[1] 郑军和汪运娣（2016）认为我国农业保险补贴比例为"平比例"，按区域划分确定补贴比例，不考虑保障水平，无法激发农民个体投保动力、满足其个性化需求。同时补贴项目较单一，以保费补贴为主，缺乏全方位及多层次的风险保障。[2] 饶祎平（2017）通过与美国财政补贴政策比较研究指出，我国的保费补贴政策存在以下问题：财政补贴在各区域间存在差异，此举加剧了区域间农户收入不平衡、农业保险财政补贴比例上升的空间较小和补贴范围较为单一。[3] 何小伟和王克（2017）基于政府实施"将农业直接补贴改为保险的间接补贴"的调整，认为农业保险不只是农业灾害风险管理的基本工具，同时还是农业收入安全保障的重要工具，这种角色和地位的提升，必然会对整个农业保险体系的服务能力提出更高的要求，遇到诸如财政补贴资金、农业信息整合和农险监管体制等的挑战。[4] 寇晨欢等（2018）进一步指出，我国政策性农业保险存在的问题还包括：农业保险无单独的法律法规、风险保障机制单一和财政补贴低、保障范围小。[5] 范玲（2018）对黑龙江省的政策性农业保险发展状况进行了分析，发现农业保险保费补贴对需求侧拉动实效较差。[6] 周坚等（2018）梳理了我国粮食主产区的农业保险财政补贴政策，认为我国现行的保费补贴比例在世界范围内相对较高，但保障水平整体偏低。[7] 周帮扬和李攀（2018）从农业保险结构入手，分析认为我国的政策性农业保险在制度和实践中存在供给与需求不匹配、财政补贴方式单一、补贴覆盖范围较窄等缺陷，应当进一步完善农业保险结构。[8] 黄正军（2018）认为，政府在推进财政补贴政策过程中仍然存在不少

①　王根芳. 推动农业保险补贴政策改革发展 [J]. 宏观经济管理, 2013 (11): 43 - 45.

②　郑军, 汪运娣. 农业保险的经营模式与财政补贴政策: 中美比较及启示 [J]. 农村经济, 2016 (08): 119 - 124.

③　饶祎平. 中美农业保险的经营模式与财政补贴政策比较研究 [J]. 世界农业, 2017 (04): 107 - 112 + 150.

④　何小伟, 王克. 从农业直补到保险的间接补贴 [J]. 中国保险, 2017 (11): 30 - 34.

⑤　寇晨欢, 冷志杰, 贾晓菁. 政策性农业保险构建的国外实践及启示——基于立法—机制—补贴的路径 [J]. 世界农业. 2018 (07): 83 - 89.

⑥　范玲. 供给侧结构性改革背景下的农业保险发展对策研究 [J]. 求是学刊, 2018 (03): 64 - 73.

⑦　周坚, 张伟, 陈宇靖. 粮食主产区农业保险补贴效应评价与政策优化——基于粮食安全的视角 [J]. 农村经济, 2018 (08): 69 - 75.

⑧　周帮扬, 李攀. 政策性农业保险的失衡与调适 [J]. 人民论坛, 2018 (14): 54 - 55.

的问题：从补贴方式来看，财政补贴以保费补贴为主，并不能有效兼顾农业保险市场政府、保险公司和农户各方行为主体的利益关系；从保障层次来看，政策性农业保险保障结构与现代农业的风险保障需求不相匹配，且易导致市场逆向选择；从地区差异性来看，现行的多级政府保费补贴联动方式对地方政府的角色作用重视不够，地方政策性险种保费补贴应差别对待；从市场规范性来看，由财政补贴而引发的市场违规表现出新特征，监督与管理机制有待进一步完善与加强。① 张峭（2020）指出，尽管2007年政策性农业保险制度确立以来，我国农业保险保费补贴增长很快，取得成效明显、成就辉煌，但仍然存在诸如财政补贴不全面不充分、机制不完善、比例不合理等问题。正如《关于加快农业保险高质量发展的指导意见》指出的"农业保险发展仍面临一些困难和问题，与服务三农实际需求相比仍有较大差距"。② 尉京红和吴海平（2020）通过对比"政府救济"与"农业保险"两种农业风险管理方式，从政府财政收支的角度对我国农业保险保费补贴额度的测算方法进行理论分析，认为农业保险保费补贴应以政府救济中的"灾害补偿"与"预防性预算的机会成本"之和为上限。同时设计了农业保险保费补贴具体测算方法，对我国各省份农业保险补贴额度进行实证分析，结果表明目前我国农险保费补贴额度总体偏低，且补贴结构不合理。③ 冯文丽和苏晓鹏（2020）基于我国农业保险高质量发展时代背景，认为我国农业保险补贴制度仍需完善，农业保险补贴规模较小，与我国农业的体量不相匹配；补贴种类较少，中央财政补贴品种只有16类；补贴方式单一，只有保费补贴，税收优惠幅度不大，还没有充分认识到对保险公司的经营管理费用补贴和再保险补贴属于WTO"绿箱"政策的重要性；补贴比例仅体现了东部和中西部地区差异，而没有考虑各地区农业产业的重要程度和财力差异；四级财政层层补贴机制导致贫困地区基层政府保费补贴负担较重，成为制约农业保险进一步发展的瓶颈。④

政府提供财政补贴对于提高农业保险的保障水平以及覆盖面积、参保率等

---

① 黄正军．我国农业保险财政补贴政策研究［J］．广西社会科学，2018（12）：113-116．

② 张峭．农业保险财政补贴政策优化研究［J］．农村金融研究，2020（03）：9-14．

③ 尉京红，吴海平．财政预算风险视角下农险保费补贴额度研究［J］．会计之友，2020（07）：131-137．

④ 冯文丽，苏晓鹏．我国农业保险高质量发展的实现路径［J］．中国保险，2020（01）：18-23．

有重要的促进作用，而财政补贴缺位或不足将抑制农业保险开发和创新（黄亚林，2018）。[1] 此外，目前的农业保险财政补贴不能满足新型农业经营主体的需要，不能涵盖特色农产品，不利于推进我国农业现代化和供给侧结构性改革。

（二）引起的外部问题

马基和松瓦鲁（Makki & Somvaru，2001）表示，美国自1994年起，以农作物保险立法形式强调提高农业保险的财政补贴水平，农户投保率因此上升，美国的农业保险市场迅速发展起来，但同时也出现了一些事前未预料到的负面问题。[2] 斯凯斯（Skees，2000）对美国政府提供农业保险财政补贴的效果进行研究后发现，政府对农业保险提高财政补贴的本意是加快农业保险市场发展，然而在实践过程中，出现了政府财政负担加重、农户对农业保险产生误解、财政资金的"寻租"以及大额的财政补贴资金使农业保险成为收入转移的手段之一等问题，其本身的风险保障功能受到抑制，种种问题导致对农业保险的财政补贴效率不尽如人意。[3]

1. 参保动机与政府初衷相背离

政府对农业保险的补贴行为改变了农民参保动机和农业保险开展的初衷，这是学者关注的重点之一。古德温（Goodwin，1993）对美国农业保险进行研究，发现财政补贴的出现在一定程度上导致农户参保的动机与政府发展农业保险的目的产生偏离，农业保险渐渐成为了向农户进行收入转移的工具，而非风险保障手段。[4] 贾斯特等（Just et al.，1999）发现激励农户进行购买农业保险这一行为的原因，主要是保费补贴可以使他们的预期收益提高，即农户在较小的程度上是出于防御风险而进行投保，主要目的是获取补贴资金。[5] 格

---

① 黄亚林. 农业保险产品创新的制约因素及基于供给侧的策略思考［J］. 农村金融研究，2017（09）：74-77.

② Makki S S, Somwaru A. Farmers' Participation in Crop Insurance Markets：Creating the Right Incentives［J］. American Journal of Agricultural Economics，2001，83（3）：662.

③ Skees Jerry. Agricultural Insurance in a Transition Economy［J］. Agricultural Finance and Credit Infrastrustre in Transition Economies，2001（1）：45-55.

④ Goodwin B K. An empirical analysis of the demand for multiple peril crop insurance［J］. American Journal of Agricultural Economics，1993，75（2）：425-434.

⑤ Just R E，Calvin L，Quiggin J. Adverse Selection in Crop Insurance：Actuarial and Asymmetric Information Incentives［J］. American Journal of Agricultural Economics，1999，81（4）：834-849.

劳伯和柯林斯（Glauber & Collin，2002）的研究同样认为"特别灾害计划"对农户是否参与农业保险产生了一定的影响，农户可能为了获取补贴而参加保险计划，与政府补贴的初衷产生了背离。①

另外，对各地区的研究显示，政策性农业保险及财政补贴可能促使农户放弃传统的风险防御和减灾措施，在一定程度上助长了农户的道德风险行为。赖特和休伊特（Wright & Hewitt，1994）也有相似的研究结论，认为在政府财政补贴下，农户采用了农业保险作为风险管理手段后将会更加依赖农业保险，有可能放弃原有的风险管理方式，农户仍有较大概率遭受经济损失。②另一方面，温纳和阿里亚斯（Wenner & Arias，2003）的相关研究表明除了农户外，对农业保险的财政补贴可能导致保险公司也产生依赖性，抑制了保险公司的产品创新和后续成长。③

张晓磊（2018）认为我国基层部门对农业保险及其财政补贴政策的宣传力度不足，农户对农业保险认知不足，甚至对农业保险产生种种误解，对其规避风险、稳定农业生产的作用缺乏了解，导致财政补贴的初衷，即降低农户投保成本、提高农户投保率、促进农业保险市场发展壮大等效果不佳。此外，部分地方政府对财政补贴政策的管理水平存在问题，保费补贴工作流于表面，以完成年度目标为主要任务。以上种种导致中央和地方的目的和行为相背离。④

2. 可能产生环境污染问题

农业生产过程中存在着一些环境污染问题，比如化肥等农用化学要素投入量增长过快，对地方生态环境造成严重的负面影响。政府对农业保险的补贴与农业生产过程中化学品的使用之间存在着一定的关联性，国内外大多数学者认为农业保险财政补贴会恶化生态环境。国外学者霍洛维茨和利希滕贝

---

① Joseph W. Glauber, Keith J. Collins. Crop Insurance, Disaster Assistance, and The Role of The Federal Government in Providing Catastrophic Risk Protection [J]. Agricultural finance review, 2002, 63 (2): 81 – 101.

② Wright, B. D., and Hewitt, J. A, All Risk Crop Insurance: Lessons From Theory and Experience. [M]. Springer Netherlands, 1994: 74 – 76.

③ Wenner M, Arias D. Agricultural Insurance in Latin America: Where are We [C]. Inter-American Development Bank. Documento presentado en Paving the Way Forward for Rural Finance: An International Conference, Washington, DC. 2003. 2 – 3.

④ 张晓磊. 农业保险财政补贴制度的完善 [D]. 吉林大学，2018：13 – 14.

格（Horowitz & Lichtenberg，1993）构建理论模型，证明了对农业保险提高补贴可能会促使农户加大农用化学要素投入量，加剧环境污染。① 查基尔等（Chakir et al.，2010）针对法国农业保险的实证研究也支持上述结论。

此外，土地的不合理使用也会对土地资源和环境造成不可逆转的破坏作用。拉弗兰尼等（La Franee et al.，2001）对农业保险补贴政策与土地利用的关系进行了一定研究，结果表明只有当保险合约建立在精确、公平的精算结果上，且风险区划合理时，农户才不会改变其土地利用情况；但在更多的情况下，混合式的农业保险合同会加大农户在产量较低土地上耕种的倾向，对环境产生负面影响，对农业保险提高财政补贴无疑使这一现象变得更为严重。②

国内学者张伟等（2012）研究了政策性农业保险的环境效应，政策性农业保险的环境效应划分为三个维度：一是由农业保险引致的农业生产结构调整造成的环境污染结构效应；二是由农业保险引致的农业生产规模扩张造成的环境污染规模效应；三是由农业保险引起的生产技术进步造成的环境污染技术效应。提出对政策性农业保险提供保费补贴会在一定程度上改变农民的生产行为决策，最终对农村环境造成影响。③ 此外，罗向明等（2016）认为，现有的政策性农业保险补贴制度强调对试点农作物（禽畜）的保费补贴比例和保障水平，忽视了粗放式补贴模式可能导致的不良环境影响。如果能够对现行的补贴政策进行调整和优化，当前的不良环境效应可能转变为激励农民保护农村生态的积极环境效应。④

3. 导致了生产的扭曲

古德温和史密斯（Goodwin & Smith，2013）认为，农业保险补贴导致生产者承担更多的风险，这可以从生产模式（例如对各种农作物种植面积和土

---

① Horowitz J. K. and E. Lichtenberg, Insurance, Moral Hazard, and Chemical Use in Agriculture [J]. American Journal of Agricultural Economics, 75, November 1993：926 – 935.

② La France, Shimshack, Wu. The environmental impacts of subsidized crop insurance [R]. Department of agricultural & resource economics, UC Berkeley, 912R, 2001.

③ 张伟，郭颂平，罗向明. 政策性农业保险环境效应研究评述 [J]. 保险研究，2012（12）：52 – 60.

④ 罗向明，张伟，谭莹. 政策性农业保险的环境效应与绿色补贴模式 [J]. 农村经济，2016（11）：13 – 21.

地的分配）的改变、生产实践（如道德风险）的改变等看出。① 史密斯和古德温（Smith & Goodwin，1996）提供了这样的证据：堪萨斯州的小麦种植者中，购买农作物保险的人比未参保的人倾向于使用较少的化肥和农药。生产的扭曲可能发生在由于补贴而产生的利润上。② 张弛等（2017）基于2015年黑龙江、河南、四川、浙江四省份1039户粮食种植户调研数据，以地块为研究对象，采用倾向得分匹配法，实证分析了政策性农业保险参保行为对有机肥施用的影响。结果显示，参保行为对有机肥施用有显著负影响。这也显示了政策性农业保险在推行的过程中，道德风险的负面影响不可忽视。③

关于农业保险财政补贴对农业产量及种植规模的影响，奥登（Odern，2001）从多个研究结果综合认为，1998～2000年美国农业保险财政补贴促使农作物产量增加了0.28%～4.1%，而随着保费补贴率的逐步提高，农作物保险可能误导农户生产决策。④ 古德温等（Goodwin et al.，2001）研究发现，从统计结果来看，财政补贴显著地促进了种植规模的增加，尽管影响是相当轻微的，但这揭示了大幅的农业保险补贴和高参与率确实与主要作物的种植面积扭曲有关。另外，农业保险已经成为最昂贵的农业项目（除食物和营养援助之外）。由于支持这一计划的资源来自纳税人，重要的扭曲发生在整个经济社会。补贴总成本的急剧增加加剧了农业保险扭曲生产决定的程度。例如，1999年北达科他州硬质小麦的生产者被提供了一种基于有偏差的计算收入保证公式的收益保险政策，因此，这种合约的销售量显著增加。⑤ 根据格劳伯等（Glauber et al.，1999）的估计，硬质小麦的生产面积比没有政策补贴时的种植面积增加了100万英亩。保险补贴扭曲了农民的种植决定，造成

---

① Barry K. Goodwin and Vincent H. Smith, What Harm Is Done by Subsidizing Crop Insurance? [J]. American Journal of Agricultural Economics. January 2013, 95 (2): 489-497.

② Vincent H. Smith and Barry K. Goodwin, Crop Insurance, Moral Hazard, and Agricultural Chemical Use [J]. American Journal of Agricultural Economics. 78, May 1996: 428-438.

③ 张弛, 张崇尚, 仇焕广, 吕开宇. 农业保险参保行为对农户投入的影响——以有机肥投入为例 [J]. 农业技术经济, 2017 (06): 79-87.

④ Orden, D. Should There Be a Federal Income Safety Net? Paper Presented at the Agricultural Outlook Forum 2001, Washington, D C, February 22, 2001.

⑤ Goodwin, B. K. and M. Vandeveer. An Empirical Analysis of Acreage Distortions and Participation in the Federal Crop Insurance Program, unpublished manuscript presented at the USDA-ERS Conference on Risk Management and Soil Erosion, September, 2000.

了补贴作物的产量增加，其结果是市场价格的降低，抵消了农业保险补贴的收入效益，降低了保险补贴支持农户增收的效率。[1]

4. 加重了政府的负担

美国大部分农业保险的支持者认为农业保险是一种比灾难援助成本更低的提供农业损失保护的方式。但考虑到鼓励参加农业保险项目的高边际成本（由于农业保险需求弹性小，农业保险计划覆盖额外土地每英亩的边际成本较高），以及考虑到尽管提供很多补贴且参与率在50%之上，国会依然会补充灾难援助，这增加了政府的财政负担。纳尔逊和洛曼（Nelson & Loehman，1987）认为，理论上农业保险确实具有风险转移的功能，但是农业保险的风险转移机制将农户遭受的经济损失转嫁至保险公司及提供补贴的政府机关，风险转移造成的成本十分高，对其进行补贴并不必要。同时还提出政府如果在涉及保险合同和信息处理等方面提供补贴，这类直接补贴的方式对社会福利的积极效应将更显著。[2] 古德温和范德维尔（Goodwin & Vandeveer，2000）同样认为，政府对农业保险的扶持力度不断提高，补贴资金负担越来越重，在此过程中可能使政府陷入财政危机，从长远来看反而对农业保险的发展不利。[3]

国内部分学者认为对农业保险的财政补贴并不是越多越好。朱海洋等（2004）认为政府对农业保险的大额扶持，可能使政府陷入财政危机，同时过高的补贴资金投入也减弱了政策后续调节的效果和空间，同时过高的财政补贴会违背农业保险制度实施的初衷，影响农业保险分散风险和补偿农户损失的功能发挥，也容易导致农户对补贴产生依赖性，加剧道德风险影响。因此对农业保险进行补贴并非多多益善，还要考虑实际情况。[4] 王韧（2011）认为农业保险的保费补贴规模与农户参保率之间存在正相关关系，经营管理

---

① Glauber, S Makki, R Schnepf, J Skees, J Harwood, L Tweeten. The Farm Safety Net: What's in It for Agricultural Risk Insurance [J]. American Journal of Agricultural Economics, 1999, 81 (5): 1273 – 1281.

② Nelson C H, Loehman E T. Further toward a Theory of Agricultural Insurance [J]. American Journal of Agricultural Economics, 1987, 69 (3): 523 – 531.

③ Goodwin, B. K. and M. Vandeveer. An Empirical Analysis of Acreage Distortions and Participation in the Federal Crop Insurance Program, unpublished manuscript presented at the USDA-ERS Conference on Risk Management and Soil Erosion, September, 2000.

④ 朱海洋，张晓丽. 中国农业保险发展的两难困境及对策 [J]. 湖南农业大学学报（社会科学版），2004 (03): 1 – 4.

费用补贴则可以提高保险公司经营农业保险的积极性，但过高的补贴水平也会加重财政负担。[①]

　　段胜和刘阳（2012）认为，财政补贴在纠正市场失灵、激励农业保险发展的同时，也存在如逆向激励、财政负担、福利边界及精算费率等问题。[②] 袁祥州等（2016）对美国的财政补贴机制进行了研究，认为美国的补贴机制以保险费用构成为理论基础，补贴对象为参保农户和农业保险经营机构，以保费补贴和经营费用补贴为主要补贴方式，同时以再保险补贴作为支持，构成了一套完善的双向补贴机制。该机制提高了农户的保费支付能力和投保意愿，有利于美国农业保险的良性循环，促进农业保险可持续发展，但同时存在财政负担沉重、资金补贴效率偏低等问题。对美国 1990 ~ 2014 年的经营数据进行研究后发现，美国政府每补贴 1 美元，农户从中获取的收益仅有 0.61 美元，多样的收益被经营农业保险的机构获取，补贴资金并没有充分起到帮助农户降低损失的作用。[③] 范玲（2018）指出，在黑龙江省政策性农业保险推行的过程中，由各级政府提供的保费补贴及耕地补贴显著提高了农户的参保率，但对于财政负担能力较差的地区，尤其是贫困县来说，保费补贴支出已经成为财政重担。[④] 何小伟等（2019）通过测度各省份省级财政的补贴负担率和中央财政补贴对各省份农业保障的支持力度，发现现行农业保险补贴政策根据各省份所处区域（东部或中西部）来划分中央和地方财政补贴责任，虽然在一定程度上考虑了区域差异，但依然存在比较明显的区域不公平的问题。具体来说：一方面，从省级财政的补贴责任来看，一些农业大省、财政弱省有着较高的补贴负担率，而一些经济强省却有着较低的补贴负担率，这种情形显然不利于调动农业大省开展农业保险的积极性；另一方面，从中央财政的专项转移支付来看，由于在分配机制上未能结合各省份的实际做到"因省而异"，结果导致中央财政对各省份种植业和养殖业的风险保障支持差

　　① 王韧．欧盟农业保险财政补贴机制及启示 [J]．求索，2011（05）：35 – 37．

　　② 段胜，刘阳．市场失灵、保费补贴与农业保险发展 [J]．广西财经学院学报，2012（01）：92 – 97 + 115．

　　③ 袁祥州，程国强，黄琦．美国农业保险财政补贴机制及对我国的借鉴 [J]．保险研究，2016（01）：76 – 86．

　　④ 范玲．供给侧结构性改革背景下的农业保险发展对策研究 [J]．求是学刊，2018（03）：64 – 73．

异较大，未能充分发挥中央财政调节地区差距、实现农业保险与经济协调发展的作用。[1] 牛浩等（2020）通过建立随机面板模型，研究了地市县保费补贴压力与农业保险发展之间的相互影响机理。发现：种植、养殖以及种养整体保费规模的扩大和保障水平的提高均显著提升地市县保费补贴压力；进一步地，地市县保费补贴压力的提升又会显著抑制种植、养殖以及种养整体的保费规模与保障水平的增长速度。[2]

5. 带来经济效率损失

部分国外学者认为农业保险补贴的经济效率比较低。哈特和巴布科克（Hart & Babcock，2000）通过研究发现，价格效应能充分抵消投保生产者的保费补贴的收入收益。而且，1999 年玉米的种植面积为 7740 万英亩，但只有 5240 万英亩参保，没有参保的 2500 万英亩上的产量得不到保费补贴的任何好处，而且很可能面临由于保险导致的降价。[3] 黑泽尔（Hazell，1992）提出，在考虑补贴资金用在增加农业产出和降低风险的其他用途时，政府农业保险的基本原理是薄弱的。随后，黑泽尔（Hazell，1992）通过计算得出，为了向农民转移 1 美元的净收益，需要花费 1.50 美元，即使被看作是在需要时向农民进行收入转移的一种方式，农业保险计划也表现得不尽如人意。还有学者提出从收益对象来看，数量占比较少的种植大户从保费补贴中获得的收益远超过数量较多的小规模农户，而对补贴对象进行区分也会发生一定的成本，导致补贴资金效率降低，从这个角度来看政府的补贴是低效率的。[4] 斯凯斯等（Skees et al.，1999）、黑泽尔认为由政府主导农业保险的发展不可避免地会带来成本和效率之间的平衡问题，政府的介入将对商业性保险公司产生挤出效应。[5] 科布尔等（Gobel et al.，2007）的研究表明，美国在其

---

① 何小伟，庹国柱，谢远涛. 农业保险保费补贴的央地责任分担：基于区域公平的视角 [J]. 保险研究，2019（04）：3 – 14.

② 牛浩，陈盛伟，李志愿. 地市县保费补贴压力与农业保险发展：影响机理与实证 [J]. 农村经济，2020（07）：94 – 102.

③ Hart C E，Babcock B A，Hayes D J. Livestock revenue insurance [J]. Journal of Futures Markets：Futures，Options，and Other Derivative Products，2001，21（6）：553 – 580.

④ Peter B. R. Hazell，The Appropriate Role of Agricultural Insurance in Developing Countries [J]. Agriculture and Rural Development Department，The World Bank，1992：567 – 581.

⑤ Jerry R. Skees and Barry J. Barnett. Conceptual and Practical Considerations for Sharing Catastrophic Systemic Risks [J]. Review of Agricultural Economics，1999，21（2）：424 – 441.

2007 年出具的农业法案报告中提到，高成本、低效率等问题使得美国的农业保险项目饱受批评和质疑。[1]

国内学者主要论述了由于补贴成本高和补贴增加了信息不对称所导致的经济效率损失。张晓云（2004）认为政府对农业保险的财政补贴流程复杂、成本高昂和资源配置的效率较低。[2] 余兰（2010）从补贴对农民投保需求的激励和补贴增强了信息的不对称性角度说明财政补贴存在的问题。由于农业保险在技术上存在费率厘定难、责任确认难和亏损理赔难等障碍，农业保险补贴增强了信息的不对称性。考虑到农户在分布上呈分散化特征，保险公司在展业、承保、防灾防损、勘察定损以及理赔等各环节都存在一定的技术和成本限制，在经营和监督费用上也面临较大的压力。政府提供财政补贴的情况下，享有信息优势的农户，即那些对土地、肥力情况较清晰，预期可能遭受减产损失的农户或农产品自身风险较大的农户可能会隐瞒相关信息并积极投保，投保后也有一定概率减少其他风险防范措施，或寻找保险公司勘察定损的漏洞，以原保险责任外导致的经济损失为由申请理赔，以上两种由信息不对称产生的逆向选择和道德风险问题在实践中都有可能发生，且难以防范。[3]

黄亚林和李明贤（2014）以农业保险各利益主体的协同度为视角，从政策性农业保险系统各子系统的利益关系出发，构建农业保险各主体利益的 SAR 模型（协同度模型），对我国农业保险系统在 2004～2011 年各主体利益进行了协同度评价，得出协同度低、关联性不强的结论。说明政府对农业保险的补贴并没有发挥应有的作用。[4] 张祖荣和王国军（2016）认为财政补贴虽然有利于提高农户参保率，也有利于改善市场失灵现象，但随着补贴额的提高，其对投保率的提升空间渐渐缩小，反而对其他的风险防御手段产生挤出效应。[5]

---

① Coble K H, Dismukes R, Glauber J W. Private crop insurers and the reinsurance fund allocation decision [J]. American Journal of Agricultural Economics, 2007, 89 (3): 582–595.

② 张晓云. 外国政府农业保险补贴的方式及其经验教训 [J]. 财政研究, 2004 (09): 63–65.

③ 余兰. 我国农业保险补贴存在的问题及对策分析 [J]. 长江大学学报（自然科学版）农学卷, 2010 (01): 93–96.

④ 黄亚林, 李明贤. 协同学视角下农业保险各主体利益实现的理论分析 [J]. 农村经济, 2014 (03): 78–82.

⑤ 张祖荣, 王国军. 农业保险财政补贴效应研究述评. 江西财经大学学报 [J]. 2016 (04): 66–73.

袁辉和谭迪（2017）实证分析了湖北省政策性农业保险对农业产出的影响效应，结果显示，农业保险保障水平、农业保险补偿水平对农业产出具有反向作用，进一步说明了财政补贴造成了经济效率损失。[①] 张晓磊（2018）认为由于我国的农业保险补贴领域联动的"倒补贴"机制，导致补贴方式没有地方差异化，严重影响了补贴资金的使用效率。[②]

此外，财政补贴也会导致特殊的"道德风险"，地方政府和保险机构有通过不当方式甚至违规违法手段套取中央财政补贴的一定动机和行动，造成财政资金的"漏损"，从而削弱和减少了财政资金支持农业保险的力度和效果。有的省份盲目追求较高的补贴比例，片面认为补贴比例越高越好，致使地区内保费补贴比例高达90％，甚至还会更高，这一做法不利于培养农户的风险和保险意识（庹国柱，2011）。[③]

四、农业保险财政补贴的效率

现有对农业保险补贴方式、补贴内容、补贴比例等的研究已较为成熟，但对于财政补贴的绩效和效率等方面的研究仍有空白，对效率和绩效方面的研究难点在于如何定位财政补贴的政策目标，以及如何选取科学的方法对效率和绩效进行测度。

（一）农业保险财政补贴产生的影响

1. 对农户购买保险的影响

关于农业保险财政补贴对农户购买保险的影响，学者从理论和实证两个层面进行了论证。在理论分析层面，安玲（2020）认为，农业灾害往往覆盖面广、造成的损失巨大，导致农业生产的风险较高，按照实际的损失概率厘定的保险费率会非常高，而农民收入水平较低，往往无力承担，因此大部分农户不愿意也没有能力投保农业保险。如果政府财政能对农业保险的保费提

[①] 袁辉，谭迪. 政策性农业保险对农业产出的影响效应分析——以湖北省为例［J］. 农村经济，2017（09）：94 - 100.

[②] 张晓磊. 农业保险财政补贴制度的完善［D］. 长春：吉林大学，2018：13 - 14.

[③] 庹国柱. 农业保险：期盼在规范中完善和发展［N］. 中国保险报，2011 - 01 - 13（006）.

供一定比例的补贴，那么，一方面，可以缓解农业保险的供需矛盾，减轻农民的经济负担，稳定农民的收入水平；另一方面，也可以借助农业保险为农业生产保驾护航，提高农民的生活水平。[1] 在实证分析层面，侯玲玲等（2010）基于农户实地调查数据，建立 Logit 模型实证研究了保费补贴与农户参保行为间的关系，研究表明，补贴对农户购买行为具有显著影响，且在当前保费补贴水平下，农户对保费补贴的预期越高，购买农业保险的可能性越小。[2] 而冯文丽等（2014）使用 Tobit 模型对我国农业保险覆盖率进行实证分析，得出我国 2013 年农作物保险覆盖率达 42%，但与美国的 85% 相比还有很大差距。这说明农业保险补贴对农户购买农业保险的激励作用并没有想象的那么巨大。[3] 张若瑾（2018）以水稻保险为例，通过四川省 628 个小型农户的双边界竞价实验（DBDC）数据，研究保费补贴政策对农户参保意愿的激励效果。认为单一提高补贴水平、降低保费不会大提升农户购买意愿，主要原因在于对于小规模农户，保费支出并非其主要的经济压力来源，因此仅靠增加财政补贴难以显著地促进农户参保意愿提高。[4] 李琴英等（2019）以种植业保险为例，采用情景模拟的组间实验和 Ordered Probit 模型，实证分析了种植业保险保费补贴对农户参保意愿的影响，研究发现：保费补贴对农户的参保意愿具有显著的影响，与控制组相比，在实验组中明确告知农户购买种植业保险有一定的保费补贴后，农户的参保意愿会显著提高。[5]

2. 对农户生产行为的影响

尽管农业保险财政补贴会改变农户农用化学要素投入等生产行为的改变，对生态环境产生消极影响，但理论和实践表明农业保险财政补贴对农户生产

---

① 安玲. 政府补贴农业保险的必要性 [J]. 经济研究导刊，2020（03）：75 - 76.

② 侯玲玲，穆月英，曾玉珍. 农业保险补贴政策及其对农户购买保险影响的实证分析 [J]. 农业经济问题，2010（04）：19 - 25 + 110.

③ 冯文丽，杨雪美，薄悦. 基于 Tobit 模型的我国农业保险覆盖率实证分析 [J]. 金融与经济，2014（04）：77 - 80.

④ 张若瑾. 农业保险保费补贴政策的激励实效研究 [J]. 华南农业大学学报（社会科学版），2018（06）：31 - 41.

⑤ 李琴英，陈康，陈力朋. 政策凸显性、保费补贴与农户参保意愿——基于情景模拟的实证研究 [J]. 农村经济，2019（07）：72 - 79.

也有一定的积极作用。罗向明等（2016）调研发现高额保费补贴能提升农民规模化养殖意愿，对于促进农业生产的专业化和集约化具有相当显著的作用。[1] 付小鹏和梁平（2017）基于双重差分的因果识别方法，对 2000 ~ 2013 年我国农业保险对农户生产行为的影响进行了研究。研究结果表明，农业保险自实施以来显著促进了农户生产的专业化程度提高，农业保险降低了农户从事多样化种植的倾向，同时通过进一步研究发现，这种影响具有显著的滞后性和异质性特征：政策性农业保险试点一年后对专业化影响明显高于试点当年的程度；地区间也存在明显差异，保险深度越高地区，政策性农业保险试点对该地区农业专业化正向影响程度越大。[2] 攀丰和刘小春（2017）认为农业保险对农民收入的波动性具有显著正影响，这种结果的原因可能是由于政策性农业保险改变了农民生产决策行为。[3] 张哲晰等（2018）建立理论模型分析了农户投保农业保险的决策及其对生产行为的影响机制，并基于黄淮海与环渤海设施蔬菜优势产区蔬菜专业村农户调查数据，利用内生转换模型实证检验了农户投保决策对化肥投入量、农业生产效率及家庭农业收入的影响。研究发现有丰富的种植业经营经验、生产专业化程度较高且对风险有偏好的农户投保概率较低，经历过灾害影响则会提高农户投保概率；投保后农户亩均化肥投入有所下降，在化肥与其他要素投入调整的共同作用下，单位种植面积产出将有所下降，但农作物产量稳定主要来自农业保险投保率所引起的技术储备增加。[4] 李琴英等（2020）基于 2018 年河南 858 户种植户调研数据，以农户化肥和农药投入为例，采用情景模拟的组间实验和 Ordered Probit 模型，实证分析不同政策认知情景下参保行为对农户化学要素投入倾向的影响。发现在政策认知度较低情景下，参保行为对农户化肥和农药投入倾向的影响不显著。而在政策认知度较高情景下，参保行为对农户化肥和农

---

① 罗向明，张伟，谭莹. 政策性农业保险的环境效应与绿色补贴模式 [J]. 农村经济. 2016 (11)：13 - 21.

② 付小鹏，梁平. 政策性农业保险试点改变了农民多样化种植行为吗 [J]. 农村技术经济，2017 (09)：66 - 79.

③ 攀丰，刘小春. 农业保险对农民收入的稳定效应——来自省级面板数据的实证检验 [J]. 江苏农业科学，2017 (10)：327 - 330.

④ 张哲晰，穆月英，侯玲玲. 参加农业保险能优化要素配置吗? ——农户投保行为内生化的生产效应分析 [J]. 中国农村经济，2018 (10)：53 - 70.

药投入倾向具有显著的负向影响，即与未参保农户相比，参保农户在种植业经营中会倾向投入较少的化肥和农药，但不可忽视随之强化的道德风险。[①] 钱煜昊等（2020）基于金融市场进入受限视角，分析农民获得农业保险补贴时的最优行为选择，并通过数理推导，证明了农业保险会对农民的生产决策产生影响，但并没有改变其风险偏好。研究发现：由于受有限理性、市场摩擦和市场失灵等因素影响，农民和保险公司会进入金融市场中跨度不同的封闭子集。因此，农民和保险公司会在各自的市场子集内对替代农业保险的其他风险规避方案进行评估。由于农民和保险公司仅在各自的金融市场跨度内对金融产品的正交投影进行定价，因此农户的支付意愿要低于保险公司的接受意愿。对农业保险的补贴有助于拉近农民和保险公司对农业保险估值的认知差距。因此，农业保险补贴仅通过改变农作物的自然收益率和农民对待边际风险的态度来影响他们的生产选择，这种影响应归因于农业保险补贴带来的更多收益机会，而不是农民风险偏好的转变。[②]

3. 对农民收入的影响

关于农业保险财政补贴将如何影响农户收入，至今仍没有定论，但多数学者较认可其正向影响作用。谭毅和袁缘（2013）基于动态面板模型的GMM估计，实证研究了我国农业保险对城乡收入差距的影响，实证研究表明农业保险的发展对缩小我国城乡之间的收入差有显著的积极作用，农业保险赔付支出的增加显著促进了农民农业人均收入提高，然而该作用机制对城市人口的人均收入没有显著的促进效果。[③] 祝仲坤和陶建平（2015）采用各省（区、市）2007~2012年的数据，对农业保险保费补贴政策与农业收入间的关系进行了实证研究，发现保费补贴对提高农户收入有积极正向的作用。[④] 卢飞等（2017）通过理论推演和实证分析对政策性农业保

---

① 李琴英，陈康，陈力朋. 种植业保险参保行为对农户化学要素投入倾向的影响——基于不同政策认知情景的比较研究 [J]. 农林经济管理学报，2020 (03)：280 - 287.

② 钱煜昊，D. C. Voica. 农业保险对农民生产决策的作用机制 [J]. 华南农业大学学报（社会科学版），2020 (04)：44 - 55.

③ 谭毅，袁缘. 中国财产保险需求与保险产业集中度——基于动态面板模型的GMM估计 [J]. 海南金融，2013 (04)：66 - 69 + 73.

④ 祝仲坤，陶建平. 农业保险对农户收入的影响机理及经验研究 [J]. 农村经济，2015 (02)：67 - 71.

的产业增收效应进行了研究，在理论研究阶段利用时间效用的弹性理论进行分析，发现农业保险可以引导农户生产行为，进而推动农业整体发展，以实现提高农户收入的目的。而实证阶段表明，我国东、中、西部农户收入增长的机制存在一定区别，其中东、中部的农户收入受生产技术和种植面积的影响较显著，而农业保险增收机制在西部地区作用显著，但其收入增长的弹性系数低于东、中部。[①] 攀丰和刘小春（2017）通过面板数据固定效应和随机效应分别对政策性农业保险对农户收入的稳定性进行回归分析，结果显示，无论是在固定效应还是随机效应模型下，农业保费收入对农民收入的波动性都有显著正影响，并进一步指出形成这种结果的原因可能是政策性农业保险改变了农民生产决策行为，例如增加已投保的农产品的种植面积，从而使得未投保的农民收入面临更大的波动，在农业保险覆盖率不高的情况下可能增加农民收入的整体波动。[②] 符凤霞（2017）选取了农业保险政策试点时段的 6 个县，并基于县域数据，采用双重差分估计方法实证分析了政策性农业保险对农户收入增长率的影响。研究发现，我国政策性农业保险实施以来，促使样本县区农户的收入增长率提高了 1.765% ~ 1.818%，但农户收入增长与政策性农业保险试点实施时间相比存在一定滞后性。研究进一步收集了试点地区相关年份的受灾样本，基于其数据的分析同样表明政策性农业保险显著提高了农户收入的增长速度，且其显著性在受灾样本中进一步提高。研究结论说明政策性农业保险确实起到了提高和稳定农户收入的作用，有助于保障农业持续经营和平滑收入，从这个角度应该对农业保险的实践效果给予肯定。[③] 王仲秋（2018）通过对政策性农业保险保费补贴政策的试验效果进行模拟和分析，模拟结果表明中央财政补贴保费能够起到提高农户收入水平，进而减缓农民贫困的作用。[④] 李琴英等（2018）利用我国 31 个省（区、市）2006 ~ 2015 年的面板数据，对农业保险对我国农村居民的家庭收入的作

---

① 卢飞，张建清，刘明辉. 政策性农业保险的农民增收效应研究 [J]. 保险研究，2017（12）：67 – 78.

② 攀丰，刘小春. 农业保险对农民收入的稳定效应——来自省级面板数据的实证检验 [J]. 江苏农业科学，2017（10）：327 – 330.

③ 符凤霞. 政策性农业保险对农户收入增长率影响研究 [D]. 重庆：重庆大学，2017：24 – 31 + 38.

④ 王仲秋. 政策性农业保险减贫效应的区域差异与政策优化研究 [D]. 蚌埠：安徽财经大学，2018：36 – 38.

用效果进行了实证分析，研究认为农业保险可以增加农村居民的家庭经营纯收入和家庭转移性收入，实现带动农村居民家庭总收入水平的提高。①

总的来看，众多学者的研究均表明农业保险保费补贴等相关政策会对农户的投保决策和农业生产行为产生一定的影响，并且会影响农户的收入水平，且对缩小城乡收入差距有显著的作用。

4. 对农业产出的影响

农业保险财政补贴对农业产出的影响取决于财政补贴的效率。多数学者认为农业保险财政补贴效率的提高可以通过提高农业生产效率，进而提高农业产出（冷晨昕和祝仲坤，2015）。② 肖攀等（2019）采用2000～2011年中国31个省（区、市）的面板数据和双层差分模型研究中央财政农业保险补贴政策对粮食产量与结构的影响。结果表明：农业保险财政补贴政策实施显著地促进了粮食总种植面积的增加以及稻谷、玉米、小麦种植面积的增加和产量的增长；显著抑制了薯类种植面积的增加和产量的增长。③ 然而，黄颖（2015）通过构建农业保险财政补贴的效率评价指标体系，利用 AHP 选择关键指标作为投入产出指标进行 DEA 静态分析和 Malmquist 动态分析。分析表明：农业保险财政补贴并没有提高农业生产技术效率，从而对农业产出推动作用不明显。④ 张伟等（2019）在"理性经济人"的假定条件下，基于生产者行为理论就农业保险财政补贴对粮食产出的激励效应进行了理论分析。研究表明，农业保险补贴可以通过两种途径影响粮食产出：一是通过提供较高保障的农业经营收入以鼓励农民加大农业生产投入，进而提高粮食作物的单位产出水平；二是通过对粮食作物和经济作物实施不同的保费补贴标准，引导农民改变不同农作物的种植面积进而扩大粮食作物的种植规模。就当前实施的农业保险补贴政策来说，

---

① 李琴英，崔怡，陈力朋. 政策性农业保险对农村居民收入的影响——基于2006～2015年省级面板数据的实证分析 [J]. 郑州大学学报（哲学社会科学版），2018（05）：72－78.

② 冷晨昕，祝仲坤. 农业保险运行效率及对农业生产的影响分析——来自湖北的数据及 DEA 理论的应用 [J]. 新疆农垦经济，2015（10）：6－11.

③ 肖攀，刘春晖，苏静. 粮食安全视角下农业保险财政补贴政策效果评估 [J]. 统计与决策，2019（23）：157－160.

④ 黄颖. 基于 AHP-DEA 两步法的我国农业保险财政补贴效率评价 [J]. 上海金融，2015（07）：35－38.

由于绝大部分地区的保障水平比较低，目前通过农业保险补贴来增加粮食产量的实际效应相当有限。如果政府想利用农业保险来增加粮食产出水平，可以通过适当提高粮食主产区农业保险的保障水平，为种粮大户构建政策性保险与商业保险相结合的农业保险模式，以及对粮食类作物和经济类作物保险采取差异化补贴政策来实现。[①]

（二）农业保险财政补贴的效率

1. 理论层面的定性描述

（1）政策性农业保险的目标。

农业保险属于政策性保险，其政策目标对于农业保险未来的发展方向和调整规划具有引导作用，同时政策目标也是考量政策性农业保险实施效果的一种有效标准。国内学者施红（2008）认为，对于农业保险的目标，大部分发达国家以建设和完善农村保障制度为主，同时也兼顾了农业经济发展，而发展中国家旨在实现农业经济的稳定发展、提高农户收入和综合福利。部分文献以农业保险的投保率、农民收入、农业产量、消费者福利及社会福利等作为测度财政补贴效率的变量。[②] 聂荣等（2013）认为国外学者对农业保险运行效率及福利意义的研究主要是从国家整体福利水平方面进行的。[③] 庹国柱和张峭（2018）认为在深化改革和加速实现农业现代化的背景下，政策性的农业保险在我国已有数十年的发展历史，过程中我国政府对农业保险的期望目标不断丰富，因此需要进一步确立我国农业保险政策目标。对此提议建立多维度的农业保险经营目标，将促进农业经济可持续和现代化发展、保障粮食安全、促进农户收入增长、提高农产品质量、保证农产品供给、降低农产品成本等纳入目标体系，发挥农业保险在脱贫攻坚行动中的积极作用。[④] 何小伟和吴学明（2018）认为近年来我国农户的保险需求逐渐升级，农产品供给侧改革等问题多次出现在中

---

① 张伟，易沛，徐静，黄颖. 政策性农业保险对粮食产出的激励效应 [J]. 保险研究，2019（01）：32－44.

② 施红. 美国农业保险财政补贴机制研究回顾——兼对中国政策性农业保险补贴的评析 [J]. 保险研究，2008（04）：91－94.

③ 聂荣，闫宇光，王新兰. 政策性农业保险福利绩效研究——基于辽宁省微观数据的证据 [J]. 农业技术经济，2013（04）：69－76.

④ 庹国柱，张峭. 论我国农业保险的政策目标 [J]. 保险研究，2018（07）：7－15.

央文件中，同时农业保险在制度层面反映出了一些问题，为适应现实需求和未来方向，对农业保险的财政补贴目标应当重做调整和更新。[①] 张峭（2020）认为农业保险作为政策性保险，应服从服务于国家整体发展战略的要求，农业保险财政补贴的方向应符合国家农业农村发展的政策性目标。农业保险政策目标主要包括：第一，分散农业自然灾害风险，保障粮食安全和重要农产品有效供给；第二，转移农产品价格波动风险，保障经济和社会稳定；第三，提高和稳定农民收入，满足社会公平目标。另外，农业保险政策目标还包括扶贫攻坚、乡村振兴和绿色发展等。[②]

（2）农业保险财政补贴的有效性。

国外专门研究农业保险财政补贴效率的文献较少。大部分学者从理论上阐述了财政补贴常处于低效状态。哈特和巴布科克（Hart & Babcock, 2000）认为农业保险财政补贴会促进农作物供给量提高，但这对农产品市场价格有损，因此降低了农业保险的补贴效率，格劳伯和柯林斯（Glauber & Colins, 2002）也有相同研究结论。[③④] 科布尔等（Coble et al., 2007）在其进一步的研究中持续观察了美国 1981～2005 年农业保险项目的实施情况，发现与价格、收入补贴等其他农业支持政策相比，农业保险成本偏高而效率偏低。[⑤]

国内有些学者从农业保险补贴的机制设计角度进行研究，认为财政补贴效率较低。施红（2008，2009）基于政府对农业保险市场上信息不对称问题的研究，以交易成本为着眼点研究了农业保险的运行效率，研究认为在非强制性保险下，保费补贴和交易成本将共同影响农业保险的运行效率，其中保费补贴起激励作用。政府的介入使农业保险在实施中出现了更多形式的交易成本。各种类型的交易成本加重了农业保险的运行成本，可能对农户

---

① 何小伟，吴学明. 对调整农业保险财政支持政策目标的思考 [J]. 中国保险，2018 (02)：14 - 17.

② 张峭. 农业保险财政补贴政策优化研究 [J]. 农村金融研究，2020 (03)：9 - 14.

③ Chad E. Hart, Bruce A. Babcock, Dermot J. Hayes. Livestock Revenue Insurance [J]. Journal of Futures Markets, 2001, 21 (6)：569 - 579.

④ Glauber J W, Collins K J, Barry P J. Crop Insurance, Disaster Assistance, and the Role of the Federal Government in Providing Catastrophic Risk Protection [J]. Agricultural Finance Review, 2002, 62 (2)：81 - 101.

⑤ Keith H. Coble, Robert Dismukes, Joseph W. Glauber. Private Crop Insurers and the Reinsurance Fund Allocation Decision [J]. American Journal of Agricultural Economics, 2007, 89 (3)：585 - 594.

参保率产生不利影响，最终出现"高补贴、低投保"的现象，降低农业保险的运行效率。提高农业保险的运行效率则需要从调整机制、降低交易成本着手。①

赵书新和王稳（2012）基于斯塔克博格博弈模型进行分析，从保险公司和农户间博弈的角度出发，研究在信息不对称的前提下政府的补贴制度设计和补贴效率，研究发现政府的介入使农业保险经营中出现了新的信息不对称，农户的投保动机以及保险公司的经营动机变得更为复杂，可能出现为获取补贴资金而投保等问题，影响农业保险自身的风险配置效率。同时相比参保农户和保险公司因隐藏支付动机所导致的效率低下，政府补贴政策的"失信"可能会导致更严重的问题。② 随后，段学慧（2011）也从补贴机制设计方面解释补贴的效率问题，认为在政策性农业保险运行过程中，政府的过度干预以及激励约束机制的缺失，导致农户和保险公司处于被动地位，降低了财政补贴的效率。财政补贴机制的创新制约着农业保险的发展。③ 范玲（2018）以黑龙江省政策性农业保险为例，指出政府的高额保费补贴在一定程度上会加大贫困县的财政负担。此外，地方政府在提供财政补贴中的违规行为会导致农户对农业保险产生质疑和抵触心态，影响农业保险财政补贴政策的预期效果，导致农业保险促进参保率增长的效果不佳。④

虽然以上学者的观点认为补贴是低效率的，但也有学者从理论层面进行定性分析认为补贴是有效率的。如胡炳志和彭进（2009）认为政策性农业保险补贴具有动态性和多维性的最优边界，通过将消费者剩余和外部性结合起来构建农业保险的福利经济学模型，探讨最优补贴边界的决定标准并从保户和保险机构两方面分析了对农业保险进行直接补贴的效率极低的原因。结果表明农业保险财政补贴可以提高社会总体福利，但补贴超过最优限度将出现

---

① 施红. 美国农业保险财政补贴机制研究回顾——兼对中国政策性农业保险补贴的评析 ［J］. 保险研究，2008（04）：91 - 94.

② 赵书新，王稳. 信息不对称条件下农业保险补贴的效率与策略分析 ［J］. 保险研究，2012 （06）：58 - 63.

③ 段学慧. 论农业保险财政补贴机制的创新 ［J］. 农村经济，2011（11）：74 - 77.

④ 范玲. 供给侧结构性改革背景下的农业保险发展对策研究 ［J］. 求是学刊，2018（03）：64 - 73.

反效果，导致社会福利水平降低。[①] 王根芳和陶建平（2012）基于平均成本曲线，从经济学角度分析了农业保险保费补贴带来的社会福利，并认为政府补贴有其存在的必要性。且从经济学角度分析显示，无论在何种条件下，财政补贴都可以促进社会福利提高，平均成本曲线下的无谓损失小于经典供给曲线下的无谓损失，从这一角度看，农业保险的财政补贴有一定效率。[②]

2. 数理模型的实证分析

除了理论层面的分析，还有学者通过建立模型等定量研究的方法来研究补贴的效率。如轩尼诗（Hennessy，2009）构建土地退化模型以及环境效益函数以评价美国的联邦农业保险项目，研究表明美国农业保险项目阻碍了对土地的合理耕作。肖枝洪和于浩（2019）以辽宁省 14 个地市作为决策单元，运用 SE-SBM 模型对 2008 ~ 2015 年辽宁各地市农业保险保费补贴效率进行测算并进行了空间差异分析。结果表明，辽宁农业保险保费补贴总体保持稳定增长，在观测期间省内大部分城市的农业保险保费补贴效率在空间上出现了不同程度的变化。[③]

（1）以农户平均支付意愿作为评价标准的效率研究。

贾斯特等（Just et al.，1999）、霍洛维茨和利希滕贝格（Horowitz & Lichtenberg，1993）从消费者角度，以平均支付意愿作为评价标准，通过比较风险管理不同工具和不同参保水平下农户支付意愿水平来评价农业保险补贴效率。[④][⑤] 国内学者孙香玉和钟甫宁（2008）借鉴国外研究者的条件估价法分析方法，在开放条件下取得了黑龙江、江苏以及新疆地区农户对四个险种和多种条件的农业保险的购买倾向，基于以上数据推测农户在现行农业保险制度下的需求曲线，并进一步估计满足一定参保率条件下需要投入的财政补贴资金数额，

① 胡炳志，彭进. 政策性农业保险补贴的最优边界与方式探讨 [J]. 保险研究，2009（10）：96 – 101.

② 王根芳，陶建平. 农业保险、自然垄断与保险补贴福利 [J]. 中南财经政法大学学报，2012（04）：74 – 78.

③ 肖枝洪，于浩. 农业保险保费补贴效率测算及其空间相关性研究——基于辽宁省的数据分析 [J]. 武汉金融，2019（08）：71 – 75.

④ Just R E, Calvin L, Quiggin J. Adverse Selection in Crop Insurance: Actuarial and Asymmetric Information Incentives [J]. American Journal of Agricultural Economics, 1999, 81（4）：841 – 848.

⑤ Horowitz J K, Lichtenberg E. Insurance, Moral Hazard, and Chemical Use in Agriculture [J]. American Journal of Agricultural Economics, 1993, 75（4）. 927 – 932.

以及在此条件下的社会福利变化。研究结果表明在满足一定参保率的条件下，少数地区的社会福利将因对农业保险提供财政补贴而有所增长，但大多数地区的社会福利将出现净损失，但损失值显著低于根据传统福利经济学理论测算的值，差额部分是"潜在福利"，即因为参保率未达到预定值而使保险公司拒绝承保的农户本应享有的消费者剩余。[①]

（2）使用 Tobit 模型、层次分析、平衡计分卡和 DEA 等方法的效率研究。

张旭升（2013）基于农业保险试点绩效的政策目标，运用关键绩效指标法，建立了包含财政补贴到位率、保险资金充足率、自主参保率、受保障度 4 项目指标的评估体系，选取湖南为范例，对其试点五年来的绩效进行评分，得出总平均得分为 77.28 分。表明在政府的支持推动下，湖南农业保险为农民提供了基本的保障，取得了较为满意的绩效。[②] 张祖荣（2017）构建了农业保险保费补贴使用效率指标，即农业保险理赔款与农业保险补贴资金之比，运用 2007~2016 年农业保险统计数据，在估算农户自缴保费的基础上，分析了我国农业保险保费补贴的效率，分析结果表明，2016~2017 年的平均指标数值仅为 0.911，即政府平均每提供 1 元保费补贴资金，农户仅获得约 0.911 元赔款。说明政府投入的补贴资金没能发挥带动其他资金投入农业保险、提高损失补偿率的作用，反而大量补贴资金在补充赔付支出外出现了耗散，意味着补贴资金使用效率不高，未能充分发挥作用。[③] 甘亚冰（2010）基于农业保险的预期目标，以参保率、农户收入以及农业保险发展规模三个方面为依据，对我国农业保险的财政补贴绩效进行了实证分析，以此提出我国农业保险存在的问题。[④] 李心愉（2015）结合 DEA 模型中的 BCC 模型以及 Tobit 模型，从企业和地区两个角度分别测算我国农业保险的运作效率。从企业角度来看，我国农业保险的运作效率总体水平不好；从地区角度来看，我

---

① 孙香玉，钟甫宁. 对农业保险补贴的福利经济学分析 [J]. 农业经济问题，2008（02）：4 - 11 + 110.

② 张旭升. 政策性农业保险试点绩效评估与实证研究——以湖南省为例 [J]. 安徽农业科学，2013（18）：7992 - 7995.

③ 张祖荣. 我国农业保险保费补贴资金使用效果评价：方法与证据 [J]. 财政研究，2017（08）：101 - 111.

④ 甘亚冰. 我国现行财政支持农业保险政策绩效评价 [J]. 黑龙江对外经贸，2010（01）：99 - 101.

国农业保险在近五年的效率呈递增的趋势，但整体效率依然偏低，尤其是位于农业主产区的省份保险运作效率在全国平均水平之下，令人意外的是，我国西部经济欠发达地区的农业保险运作效率明显高于东、中部经济相对发达的地区，从侧面证明了在农业保险的实施中，政策导向是重要的一环。[①] 黄渊基等（2018）以农业大省湖南省为例，首先利用 DEA 模型测算湖南省 14 个州市 2008~2014 年农业保险对地区扶贫的支持效率，在测算结果的基础上利用 Tobit 模型对影响扶贫效率的主要因素进行进一步分析。研究结果显示湖南省的农业保险整体上是有效率的，保费补贴资金对扶贫效率有显著的正面影响。[②]

层次分析法在测度农业保险保费补贴效率中也得到了应用。如许利平（2012）整理和调查相关农业资料，制作专家评分表等，使用财政补贴力度、参与度、渗透度、保障能力和防灾水平等指标，运用层次分析法，考察了国内 10 个试点省份的农业保险运作效率，对比效率测算结果后发现我国农业保险的运作效率存在地区性差异，各地区效率结果并不均衡，且整体效率较低。[③] 赵赞等（2013）针对吉林省采用层次分析法评估保费补贴的效率，从农户、政府、保险公司三个一级指标入手，农户层面选取参保率、综合赔付率、保费占收入比重等 7 个分别代表农户积极性、收益和负担能力的指标；政府层面选取财政放大倍数、成本保障比率、标的品种数量等 8 个分别代表政府资金使用情况、保障水平和保障范围的指标；保险公司层面选取经营公司数量、平均税率等 4 个分别反映保险公司风险承受能力和经营补贴力度的指标，构建种植业保险保费补贴政策绩效评价的指标体系。[④] 此外，李婷和王巧义（2016）基于平衡计分卡原理及其优势，结合政府组织的特点对 BSC 指标体系进行了修正，构建了包括经济绩效、社会绩效、组织管理以及发展潜力四个角度的 BSC 框架评价体系，为如何评价保费补贴的绩效水平提高框

---

① 李心愉，赵景涛，刘忠轶. 我国农业保险开展效率研究——基于企业和区域的视角 ［J］. 江西财经大学学报，2015（02）：69-80.

② 黄渊基，王韧，刘莹. 基于 DEA-Tobit 面板模型的农业保险补贴扶贫效率影响因素分析——以湖南省为例 ［J］. 农村经济，2018（05）：69-74.

③ 许利平. 政策性农业保险运行效率研究 ［D］. 重庆：西南大学，2012：39-47.

④ 赵赞，时光，邓家品等. 种植业保险保费财政补贴的绩效评价——以吉林省为例 ［C］. 中国保险与风险管理国际年会，2013：542-559.

架和思路。① 王韧等（2016）基于 AHP 方法，建立三重指标维度，从农户、保险公司、政府财政部门三个角度分析湖南省的农业保险补贴政策的扶贫效率，结果显示湖南省农业保险补贴扶贫效率等级为良好偏低，存在人均保费支出较低、农业保险支出占财政部们对农业支出的比重较低等问题。② 刘桦灿和粟芳（2018）基于全国 1985～2017 年及各省（区、市）在 2007～2016 年的保费收入、赔付支出等农业保险经营数据，应用协整理论对保费收入与赔款支出之间的均衡关系进行了实证分析，并采用误差修正模型通过比较保费补贴政策前后的不同，测度出保费补贴对改善农业保险保费收入与赔款支出之间均衡关系的贡献。研究结论表明，农业保险保费收入与赔款支出存在长期均衡的关系。政府的保费补贴政策有助于加快调整保费收入的短期波动，使其更快地回复到长期均衡的状态，这也证实了保费补贴政策的有效性。③

在定量分析中，使用 DEA 模型研究补贴效率文献较多，如钱振伟等（2014）按投入、产出与环境变量三类指标，基于三阶段的 DEA 方法对我国 31 个省、直辖市的农业保险保费补贴效率进行测算和评价，实证结果表明我国农业保险保费补贴的整体效率较高。④ 张旭光和赵元凤（2014）也使用 DEA 方法，将农业保险保费补贴的运作效率进行分解，从综合效率、纯技术效率、规模效率三个计算结果分别进行分析。研究显示我国部分地区的保费补贴效率较低，主要原因在于补贴资金的规模效益递减，因此提出要重视制度创新，改变"大一统"的保费补贴标准和补贴水平，因地制宜加强保费补贴的差异化。⑤ 姜丽媛和张樱馨（2014）采用数据包络分析法（DEA）分别从保险公司层面和地区层面分析了农业保险的效率。在公司层

---

① 李婷，王巧义. 农业保险保费补贴资金绩效评价体系的构建——基于平衡计分卡原理的研究 [J]. 金融与经济，2016（02）：82－87.

② 王韧，邹西西，刘司晗. 基于 AHP 方法的湖南省农业保险补贴政策扶贫效率评价研究 [J]. 湖南商学院学报，2016（02）：123－128.

③ 刘桦灿，粟芳. 农业保险保费补贴稳定农业保险经营的有效性检验 [J]. 上海金融，2018（10）：23－31.

④ 钱振伟，张燕，高冬雪. 基于三阶段 DEA 模型的政策性农业保险财补效率评估 [J]. 商业研究，2014（10）：58－64.

⑤ 张旭光，赵元凤. 农业保险财政补贴效率的评价研究：以内蒙古自治区为例 [J]. 农村经济，2014（05）：93－97.

面，通过选取总体占市场份额 98% 以上的 10 家具有代表性的保险公司 2010 ~ 2012 年的农业保险数据分析，计算出保险公司的农业保险经营效率值为 0. 458，效率不高；通过计算 2012 年我国 31 个省区的以区域为单位的农业保险效率，得出整体上我国农业保险效率不高，只有 0. 381。① 江生忠等（2015）运用 DEA 超效率分析方法对农业保险补贴的效用进行分析，技术效率得分结果显示，我国农业保险的运作效率在 2010 ~ 2013 年表现不佳，运作效率稳定在 60% 左右，但另一个角度也说明我国农业保险在经营上具有一定的稳定性。② 黄颖（2015）通过层次分析法（AHP）构建我国农业保险保费补贴效率的评价体系，并根据专家意见确定权重和关键指标，基于 DEA 模型对我国 31 个省（区、市）2009 ~ 2013 年的农业保险经营数据进行分析，对农业保险的保费补贴效率进行测度和评价，结果表明我国农业保险保费补贴的规模效率和管理效率有待提高，技术效率的变化率和技术进步指数在下降，并提出通过加大财政支持农业保险投入的同时优化补贴结构来提高规模效率；通过管理技术和制度创新来提升管理效率；"标杆省区"通过制度和方法创新推动生产前沿面上移。③ 李琴英等（2019）结合平衡计分卡原理和相关政策文件选取相关指标，利用 2012 ~ 2016 年河南省 18 个地市的种植业保险相关数据，构建超效率模型和 Malmquist 指数，从横向和纵向角度测算了以经济绩效和社会绩效为主体的河南省种植业保费补贴政策的绩效水平。实证结果表明，近年河南省种植业保险保费补贴政策的绩效水平在上下波动中呈现缓慢的上升趋势。④ 王晓红（2020）运用 DEA 方法，从综合效率、技术效率和规模效率角度对我国 23 个省（区、市）2013 ~ 2018 年的农业保险补贴效率情况展开分析，发现农业保险财政补贴效率存在地区性差异，通过不断完善农业保险补贴机制、提高农民保险意识、防控道德风险、因地制宜创新农业保险财政补贴模式等措施，能极大地提升农业保险财政补贴效率，助力精准

---

① 姜丽媛，张樱馨. 我国农业保险效率实证研究 [J]. 上海保险，2014（06）：14 - 17 + 32.

② 江生忠，贾士彬，江时鲲. 我国农业保险保费补贴效率及其影响因素分析——基于 2010 ~ 2013 年省际面板数据 [J]. 保险研究，2015（12）：67 - 77.

③ 黄颖. 基于 AHP-DEA 两步法的我国农业保险财政补贴效率评价 [J]. 上海金融，2015（07）：35 - 38.

④ 李琴英，杨鸣莺，陈力朋. 河南省种植业保险保费补贴政策的绩效水平评价——基于 SE-DEA 模型和 Malmquist 指数分析 [J]. 金融理论与实践，2019（01）：103 - 112.

扶贫目标实现。[1] 吴强和谢小蓉（2020）运用 DEA 模型，对四川省 21 个州市 2015～2017 年的农业保险财政补贴效率进行分析。结果表明，整体上四川省农业保险的保费补贴效率不高，2017 年只有 8 个州市政策性农业保险有效，仅占 21 个州市的 38%。[2]

（3）运用绩效细分、政策对比和福利经济学等其他方法的效率研究。

在绩效评价上，有学者将补贴绩效细分为经济效益和社会效益，并分别从这两方面进行了实证研究。谭先权等（2014）从经济效益和社会效益两方面对南漳县 2013 年的补贴项目绩效进行评价，认为在补贴的经济效率方面，财政补贴 1 元，可化解 141 元的农民农业风险，全县农业灾害补偿率为 87.59%，农民直接受益率为 69.9%；社会效益方面，补贴伴随着农业保险需求的增长，农民满意度高达 90%，市场需求高达 100%。[3] 郑军和朱甜甜（2014）基于财政补贴理论，构建效率指标体系以评估我国农业保险财政补贴的效率，主要包括经济效率和社会效率两方面，对其影响因素进行实证模拟分析，计算得出保险补贴的产出弹性值为 0.0825，说明补贴效率要达到最优，各地政府提高的财政补贴资金占地方农业产值的比率应当达到 8.25%。[4] 赵元凤和李赛男（2014）从基层工作人员角度考察内蒙古农业保险的绩效，以调查问卷的形式对基层人员进行调查，结果显示，基层工作人员认为保费补贴对农业保险的广泛开展有多方面的支持作用，取得了显著的经济效益和社会效益，但也指出农业保险在制度建设和具体实施环节还存在一系列问题。[5]

从政策对比的角度分析财政补贴的效率，如白彦锋和胡唯（2014）对比分析了农业灾后补贴和保费补贴，运用协整理论，通过构建 VECM 模型，选定 1993～2012 年人均农业收入，1993～2012 年保费收入和 1993～2006 年的

---

①　王晓红. 精准扶贫视角下提升我国农业保险财政补贴效率研究［J］. 理论探讨，2020（01）：102 – 107

②　吴强，谢小蓉. 精准扶贫视角下四川省农业保险财政补贴效率研究［J］. 农村金融研究，2020（03）：29 – 35.

③　谭先权，王龙明，何静. 农业保险保费绩效评价的案例分析：以南漳县 2013 年补贴资金项目为例［J］. 行政事业资产与财务，2014（10）：34 – 37.

④　郑军，朱甜甜. 经济效率和社会效率：农业保险财政补贴综合评价［J］. 金融经济学研究，2014（03）：88 – 97.

⑤　赵元凤，李赛男. 内蒙古农业保险绩效评价研究：基于基层工作人员角度［J］. 经济研究导刊，2014（06）：155 – 157.

对农业灾害损失补贴数据，对比通过农业保险的保费补贴和对受灾后造成的经济损失提供补贴两种形式的农业补贴手段，实证结果表明，长期看，农业保费收入每提升1%，年人均农业收入可提升约0.2%；农业灾后补贴每提升1%，人均农业收入可提升约0.12%，由此得出农业保险补贴的效率较高[1]。左斐（2011）分析了农业保险对财政投入的放大效应，认为相比直接的灾后财政救济，利用政策性农业保险机制能实现对财政收入效果的放大。[2]

还有部分学者使用福利经济学的方法来研究补贴的效率。孙香玉（2008）认为，农业保险财政补贴政策的目标之一可以是在事先确定的预算以内，通过筛选农业保险的试点区域和保险品种实现补贴资金的使用效率最大化。[3] 王成丽（2009）以兴山县烟叶保险为例，分别通过保费补贴和经营管理费用补贴两种补贴方式对农户福利、社会福利以及参保率的影响，分析保费补贴的效率。[4] 李彧挥等（2012）使用基于湖南、福建和江西三省调研数据，运用福利经济学的方法对政策性森林保险补贴效率进行了实证研究。[5]

五、国内外研究述评

通过对已有的理论和文献成果进行全面、系统整理，本书认为国内外学者从理论和实证两个层面对农业保险财政补贴的必要性、补贴方式、补贴效果等问题进行了丰富深入的探讨，成果丰硕。国外在农业保险财政补贴方面的研究历史较长，研究视角相对广阔，从为何对农业保险进行财政补贴、补贴的方式、补贴中存在的问题到财政补贴的效果等，相关研究较为充分且成熟，充分肯定了农业保险财政补贴在促进农业发展、稳定农户收入、提高农

---

① 白彦锋，胡唯．政策性农业保险的作用机制与效率研究：与农业灾后补贴的对比分析［J］．创新，2014（05）：62 - 67 + 127.

② 左斐．农业保险对财政投入的放大效应分析［J］．保险研究，2011（09）：19 - 25.

③ 孙香玉．农业保险补贴的福利研究及参保方式的选择——对新疆、黑龙江与江苏农户的实证分析［D］．南京：南京农业大学，2008：128 - 131.

④ 王成丽．不同补贴方式下农业保险的福利研究——湖北省兴山县烟叶保险的实证分析［D］．武汉：华中农业大学，2009：43 - 49.

⑤ 李彧挥，颜哲，韩爱桂．成本收益视角下政策性森林保险供需分析——以福建省为例［J］．林业经济，2012（08）：90 - 94.

产品供应量等方面的积极作用，对于道德风险等负面效应也有一定的研究。然而，国外学者对农业保险补贴效率的研究仍不足，国外学者较多从理论和定性层面进行效率研究，而已有的定量研究通常以单一指标，如农户保费支付意愿、农产品供给量等作为评价标准，缺乏对农业保险财政补贴的整体效率评价。此外，国外相关研究大部分立足于本国农业发展状况和保费补贴的实际情况，而我国的农业运行状况、保费补贴方式和比例与国外差别甚大。

我国对农业保险进行财政扶持主要是通过提供保费补贴的方式，因此研究也集中于保费补贴的原因、效果、效率等方面。虽然国内对农业保险财政补贴的相关研究起步较晚，但国外学者前期研究成果为我国相关领域的研究奠定了坚实的基础，在理论和实践上具有一定的指导作用。国内学者在此基础上采用了多种成熟的分析方法，结合我国农业保险财政补贴的实际情况开展相关研究并得出了一系列有针对性的研究成果。但总体来说，国内学者对农业保险财政补贴的关注度仍是有限的，尽管对农业保险财政补贴原因及积极效应已有共识，但对于财政补贴方式的优劣以及如何科学地评价现有保费补贴政策的绩效等方面，国内尚没有丰富、成熟的研究成果。这一方面体现为对农业保险保费补贴政策的绩效研究相对不足，尤其定量研究较少；另一方面表现为国内定量研究选取的评价指标多为保费收入、赔付支出等农业保险公司经营指标，以及农户收入、农业产值等农业经济指标，对保费补贴政策绩效的实证研究多从宏观视角出发，对微观层面的农户生产行为相关指标缺少关注。同时现有研究中关于保费补贴对农户生产行为影响的研究较少，主要是以官方数据为基础的统计性分析和对保费补贴前后的实证对比，缺少对农户生产行为的直接观察，保费补贴下农户如何调整生产行为、保费补贴政策引导农户调整生产的效果如何，对该方面的研究并不充分。

目前我国处于农业转型升级和现代农业发展的关键期，中央先后提出农业现代化、农业供给侧结构性改革、乡村振兴等国家农业发展战略，客观上需要通过相关农业补贴政策引导农户转变生产行为，由小规模、低效率、高污染的个体农户向规模化、高效率、绿色发展的新型农业经营主体转变。在此背景下，亟待进一步深入系统地拓展农业保险保费补贴政策的研究广度和深度，探究农业保险保费补贴政策对农户生产行为的影响方向和程度，并从农户生产行为的角度出发，研究现有保费补贴政策的实施效果如何，对其进行全面、科学、多维度的绩效评价。因此，本书在借鉴国内外学者已有研究成果的基础上，首先从理论上分析种植业保险保费补贴政策对农户种植规模、人力资本投入、农用化学要素使用等生产行为的影响机制，提出相关假设并对此进行实证检验，在此基础上立足于农户生产行为的视角，从农户参保情况、播种面积等方面对种植业保险保费补贴政策的绩效水平进行探究，为我国种植业保险保费补贴政策的完善和优化提供理论依据与决策参考。

第三章

我国种植业保险保费补贴政策的
演变及绩效的定性分析

种植业保险保费补贴政策是种植业保险市场形成的必要条件。2007 年，财政部第一次将"农业保险保费补贴"列入财政补贴预算科目，并制定补贴办法。随着农业发展战略目标和农业支持保护政策的调整，我国对种植业保险及保费补贴政策也在不断进行调整。种植业保险及保费补贴政策对稳定农户生产经营和维护国家粮食安全有着重要意义。本章回顾了自 1982 年至今我国种植业保险保费补贴政策的发展变迁，其中重点阐述了 2004 年以来开启新一轮农业保险试点后，我国种植业保险保费补贴政策出台的背景、内容和政策目标体系，探究保费补贴政策在变迁中反映出的特点与趋势，并在此基础上对种植业保险保费补贴政策绩效进行定性分析。

一、种植业风险与种植业保险的内在逻辑关系

（一） 种植业在农业中的地位

种植业是利用植物的生长机能，通过人工培育，以取得粮食、副食品、饲料和工业原料的生产部门。具体包括谷物、豆类、薯类、棉花、油料、糖料、麻类、烟叶、蔬菜、药材、瓜类和其他农作物的种植，以及茶园、桑园、果园、花卉等的生产经营。农作物按其产品的用途和特点，可分为粮食作物、经济作物、蔬菜作物、饲料作物、绿肥作物、园艺作物等。① 种植业的主要特点是：以土地为基本生产资料，利用农作物的生活机能，摄取、转化和蓄

---

① 刘树成. 现代经济词典 ［M］. 凤凰出版社，江苏人民出版社，2005：1254－1255.

积太阳能，以取得产品。[①]

从农业发展历史和社会功能来看，种植业在农、林、牧、副、渔业中无疑处于主导地位，是人民生活和社会稳定发展的保障。在社会发展中，种植业不仅为大部分人类提供基本生活资料，而且为畜牧业、渔业提供饲料用料，为工业尤其是轻工业提供生产原料。在农业供给侧结构性改革的背景下，我国的传统种植业正逐渐向现代种植业过渡，推进种植业的健康、稳定、可持续发展对于提高农民收入、改善经济结构、促进社会稳定以及全面建成小康社会等都具有积极的推动作用。2006～2018 年，种植业产值在农业总产值中的比重除了 2008 年占比为 48.3%，其余年份均在 50% 以上，同期三大粮食作物占种植业的比重平均为 33.1%，由此可见，种植业在我国农业中的重要地位。[②] 此外，我国人口数量同期从 13.1448 亿增加至 13.9538 亿，随着人口数量的逐年攀升，保障口粮供应量的任务日趋严重。我国种植业的产量在 2016 年就已经达到了 10.65 亿吨，其中粮食总产量为 6.16 亿吨，每日人均可以获得大约 1.2 千克粮食，而根据我国目前的口粮消费结构和年龄层次加权计算，可得出年人均口粮需要量约为 190.05 公斤，意味着一个正常人一天所需要进食的粮食为 1.04 斤，考虑加上转化副食需要量大约为 0.6 千克，我国种植业已经可以完全覆盖口粮需求。[③] 而畜产品的产量仅为 1.52 亿吨，水产品的产量仅为 0.67 亿吨，并且两者的发展均需要种植业的支持。因此，种植业的发展关系到国家的粮食安全与国民经济和社会的稳定，在我国农业中甚至在整个国家经济体系中的基础地位是不可动摇的。[④]

（二）种植业风险的分类及其特点

由于种植业的生长、采摘和销售受多种因素的影响，具有天然的脆弱性，往往面临更大、更复杂的风险。具体来说，种植业通常面临以下几种风险：

（1）自然风险。自然风险种类多样，在我国发生较为普遍，自然风险持

---

① 农业大词典编辑委员会. 农业大词典［M］. 北京：中国农业出版社，1998：2170 - 2171.

② 数据根据 2006～2019 年《中国统计年鉴》计算所得。

③ 梁姝娜. 中国居民人均口粮需要量分析——基于中国居民膳食营养素推荐摄入量视角［J］. 东北师范大学学报（哲学社会科学版），2014（06）：25 - 30.

④ 数据由 2016 年《中国统计年鉴》、中国农业信息网、农业部网、中国产业信息网等计算得出。

续时间通常较长，同时还呈现出区域性、季节性和伴生性，极容易转化为巨灾风险。尤其是气象灾害风险、生物灾害风险和地质灾害风险等自然灾害风险，会导致严重的种植业损失。根据统计，我国每年有 4 万多顷农田因遭受不同程度的台风、雨涝、低温、冰雹、干旱等天气灾害而减产，其减产量常常达到百亿斤。①

（2）市场风险。市场风险包括价格风险、竞争风险和信息风险，三种风险的发生具有频繁性和关联性。价格风险是种植业产品价格变动的风险，种植业产品价格不仅受投入成本的影响，也受供需关系的影响，而投入成本从根本上来说体现的是投入品的市场价格。此外，种植业产品价格也会受消费者偏好以及相关政策的影响，同时巨灾、宏观经济冲击等突发事件也会导致价格变动。相关研究表明，农产品的价格波动会导致农民收入变动，进而影响农户对农作物的土地分配和化肥使用情况，对农民从事生产和使用新技术的积极性也会产生不利影响。②随着市场经济的不断深化，开放程度不断加深，农产品市场上竞争越发激烈，导致农产品价格波动的频率和幅度增加，对农户收入影响加深，市场风险也将逐渐成为农业经营主体面临的最主要风险。

（3）技术风险。技术风险是指机械化程度提高、农作物品种改良等种植业技术的进步给种植业生产带来新的风险并造成损失的可能性。由于农作物生长环境复杂多变，无法精确计量，农户出于提高产量、减少生产风险等目的采取新技术或新工具，而新推出的种植业技术具有不确定性和不稳定性，并且技术本身具有复杂性，也会受到自然、市场等外部因素的影响，如果不能准确掌控，采用新技术甚至会降低产品的质量。

（4）国家风险。包括国家行为风险、政策和体制风险，具有盲目性和滞后性的特征。比如国家对土地的征用、对相关政策和经济体制的调整等对种植业带来的风险。种植业政策和体制风险主要包括三个方面：一是不适宜的种植业政策或制度本身带来的损失风险；二是政策在实施过程中，违规操作、错误执行等行为导致政策施行的效果较差，甚至影响正常的种植业生产活动；三是种植业政策的滞后性也可能导致损失，政策的下达和实施需要一定的时

---

①② 邢鹏. 中国种植业生产风险与政策性农业保险研究 [D]. 南京：南京农业大学，2004：17－18.

间间隔，而实际情况可能突然改变，由此导致政策失效。

（5）社会风险。种植业的社会风险是指单位或个人的过失行为、不当行为和故意行为可能会给种植业的生产带来损失。社会风险具有很强的主观性，比如商家提供劣质种子、政府错误的行政干涉以及工业污染等都会对种植业的生产造成损失。

种植业面临的风险复杂多样，尤其是自然风险和市场风险具有极强的系统性特征，自然灾害和市场波动会影响正常的种植业生产和产品供应量，长此以往会制约农业产业整体发展，进而动摇国民经济基础。农业属于弱质性产业，而"靠天吃饭"的种植业脆弱性更高。此外，我国种植业生产分散化的局面没有根本改变，种植业的风险分散机制和补偿机制还不健全。尽管政府采取补贴等措施应对种植业风险，但是，种植业补贴等措施只能在事前补贴，这种补贴作用于全体农户，无法体现灾害造成的损失差异，对于事后降低灾害损失，促进农业生产恢复的作用有限。

种植业的自然与市场等多重风险决定其是一个特殊的、需要保护的产业。种植业保险是国家为了分散种植业风险并进行损失分摊的有效机制，对保障农户生产经营和维护国家粮食安全有着重要意义。当今世界无论是发展中国家还是发达国家，无一例外都对农业包括种植业实行保护政策，只是保护的方式与力度不尽相同。大部分发达国家与部分发展中国家采用种植业保险来替代传统的以价格支持为主的直接保护政策，并对种植业保险保费进行财政补贴，这一举措已成为世界各国政府支持农业发展的一个极为普遍的手段，目前的保费补贴已达到一个较高的水平和规模。①

二、种植业保险发展的阶段性分析

我国自 1982 年恢复经营种植业保险至今已有 39 年，历经恢复试办期（1982～1990 年）、高峰期（1991～1993 年）、持续萎缩期（1994～2003 年）、改革期（2004～2013 年）和创新发展期（2014 年至今）五个时期。尤

---

① 吴扬．从"负保护"到积极的政策性农业保险运作——当前中国农业保护政策的必然选择 [J]．上海经济研究，2003（03）：18－23．

其是自 2007 年以来，在政策的持续推动和政府的强力支持下，我国种植业保险的试验取得了重要突破和跨越式发展，险种由少到多、保费规模由小到大，保障能力由弱到强，保险责任由自然风险扩展到市场风险，保险形式由传统种植业保险到新型种植业保险，有效地防范、补偿了自然风险导致的经济损失，对促进农户增收和保障农业正常生产产生了积极效应，同时配合国家粮食安全战略和农业调控策略，在完善农村金融和社会治理体系等方面都起到了重要作用，同时也面临着种植业发展方向调整带来的新挑战和机遇。因此在理论和实践中亟须总结成绩和经验，正视困难和问题，为完善种植业保险补贴制度政策进而推进种植业保险可持续健康发展提供可供借鉴和具有操作性的对策建议。

种植业保险作为农业保险的重要子类，其在我国的发展轨迹与农业保险的整体发展轨迹保持高度一致，大致经历以下五个阶段。

（一）恢复试办期（1982～1990 年）

20 世纪 30 年代，农业保险在我国部分地区进行试验，20 世纪 50 年代，农业保险业务得到大规模开展，然而，农业保险在 1958 年遭遇停办危机。

1982 年，国务院批转了中国人民银行《关于国内保险业务恢复情况和今后发展意见的报告》，报告中明确提到："逐步试办农村财产保险、畜牧保险等业务"。然而，由于政府财力有限和农业风险过大等原因，农业保险只能依靠国有独资保险公司来经营，同年中国人民保险公司（以下简称"人保公司"）也尝试着恢复农业保险的经营。1986 年，为了支持新疆生产建设兵团，我国财政部和农业部联合支持成立了"新疆生产建设兵团农牧业保险公司"，该公司主要负责兵团内农牧业保险的经营，这一阶段种植业保险的经营主要交给了人保公司负责。人保公司以为种植业和林业经济发展和生产服务、为国为民分忧为指导思想，逐步恢复了各地区农业保险尤其是种植业保险的经营，并按照"收支平衡，以丰补歉，略有节余，以备大灾之年"的经营原则经营种植业保险。人保公司经营的种植业险种涉及：粮食作物（包括三大粮食作物稻谷、小麦、玉米等）、经济作物（包括棉花、油料、糖类、烟叶、水果等）、森林、其他作物（如蔬菜、饲料、塑料大棚等）四大项 16 个种类。1988 年，人保公司承保的农作物面积为 1.6 亿亩、承保森林面积为 4118

万亩。① 此外，财政部对经营种植业保险的金融机构不收取工商税，这在一定程度上减轻了保险公司经营种植业保险的负担。在此阶段，试办地区遍及29 个省（区、市）的广大农村乡镇。然而，在此期间较高的赔款支出和赔付率使得农业保险的经营总体上处于亏损状态（见图 3 - 1），年均赔付率104.28%，为了改变这一现象，人保公司在各地的分支机构对经营方式进行了一定的调整，旨在加强农业保险的政策性特征，淡化商业性特征，调整措施包括以下三种：（1）在农业保险经营中加强与当地政府的合作；（2）与地方政府共享收益、共担责任；（3）自 1987 年起，人保公司转变经营理念，以"同舟共济、以丰补歉"为指导原则经营农业保险。实践证明，以上调整措施对于转变赔付率高居不下的局面产生了有效的作用，在一定程度上使得赔付率呈现下降趋势。但总的来说，这一时期的农业保险并没有真正起到支持农业长期稳定发展的作用。

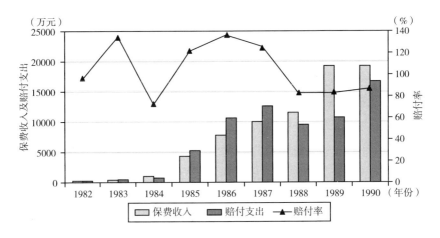

图 3 - 1　1982 ~ 1990 年中国人民保险公司农业保险开展情况

资料来源：1983 ~ 1991 年《中国保险年鉴》数据。

（二）高峰期（1991 ~ 1993 年）

由于计划经济体制财政兜底的保障以及税收优惠的支持，人保公司和新疆生产建设兵团保险公司（现中华联合财险公司）在办理种植业保险业务

---

① 数据来源于 1983 ~ 1991 年《中国保险年鉴》。

时，较少考虑种植业保险成本和盈利，而是根据各地需要开办多种种植业险种。加上两家公司在农业保险经营上进行了积极、有益的尝试，付出极大的人力和物力成本，在促进农业保险发展上取得了显著效果。1992 年，种植业保险经营进入高峰期，保费收入达 8.2 亿元，是 1982 年（保费收入 23 万元）的 3565 倍，该年度也是经营农业保险业绩最好的年份，全国农业保险承保面积达到可保面积约 5%。[①] 1992 年，人保公司基本实现在我国 29 个省（区、市）以及 15 个计划单列市铺设农业保险经营分支机构的目标，全公司已形成了农村保险机构系统，拥有 2 万多名专兼职干部和代办员队伍，农业保险在各级政府的支持下显示出强有力的经济补偿和风险保障的作用。[②] 在此期间人保公司实现了保费收入的迅速增长，但随之而来的还有长期处于高水平的赔付率，根据 1994 年《中国统计年鉴》数据显示，1993 年我国农业保险的赔付额为 6.51 亿元，赔付率约为 116%。

这一阶段，政府出台一些政策以促进种植业保险的发展，比如通过财政支持和税收优惠鼓励保险公司开展种植业保险。然而，政府在这一阶段并没有出台种植业保险相关法律法规，对种植业保险的开展缺乏有效监管，使得政策支持对推动种植业保险深入发展的作用十分有限。

（三）持续萎缩期（1994~2003 年）

1992 年社会主义市场经济改革目标确立、1993 年《企业会计准则》和 1994 年新的《金融保险企业财务制度》实施，人保公司外部环境发生重大变化，人保公司不得不向商业性保险公司全面转变，其中一个重要的变化是人保公司开始实施新的财务核算体制并被要求上缴利润和税收，这意味着以人保公司为代表的农业保险经营者失去财政兜底保障。人保公司根据财政部要求实行新的财务核算制度，取消按 30% 计提费用的规定，使人保公司内部抽肥补瘦，种植业保险业务的开展面临挑战。种植业风险具有系统性和伴生性，尤其是多种类型的气象灾害间具有较强的关联性，因此种植业生产受自然灾害导致的损失极为集中，这一方面推高了种植业保险的赔付

---

① 《中国保险史》编审委员会：中国保险史 [M]．北京：中国金融出版社，1998：456 - 461.

② 黄英君．中国农业保险制度的变迁与创新 [J]．保险研究，2009（02）：52 - 58.

率，另一方面保险市场上缺乏有效需求，导致种植业风险无法满足独立性和随机性等可保风险的要求，市场经济下的商业性保险公司遵循自主经营、自负盈亏的原则，在没有补贴的情况下往往缺乏经营积极性。人保公司也因此对种植业保险的经营范围作出一定调整，对风险较大、损失率较高的险种"战略性收缩"，此举虽然使得保险赔付率有所下降，随之而来的还有保费收入的降低和保险规模的萎缩，此后的太平洋保险、平安保险及其他财产保险公司也都放弃了经营种植业保险。人保公司自改制后种植业保险业务已逐步停办，中华联合财险则勉强维持。1994～2003年，将种植业保险纳入经营范围内的仅有人保公司和中华联合财险，种植业保险险种也大量减少。

保险公司与农户间的信息不对称导致种植业保险经营中出现逆向选择和道德风险问题，抬高了保险公司的交易成本和经营成本。此外，政府对种植业保险过度地行政干预，通过行政手段和强制要求等方式强制性地要求农户参与农业保险，在实践中表现为要求农户以乡、村等为单位集体参保，同时以乡统筹或村提留的形式强行向农户收取保险费。农民在没有选择权的情况下只能增加种植业保险支出，使其具有较高的抵触情绪。这一时期政策的不稳定性也加速了种植业保险的萎缩，部分地区出于降低农户负担的目的叫停了创优达标评比、保险先进县评比等活动，在处理基层保险公司在经营中的违规、不当措施时，将以乡、村为单位统一收取的种植业保险保费作为对农户的乱收费进行了整顿，导致我国的种植业保险市场进一步萎缩，工作水平下降。

因此，从1994年开始我国商业化农业保险急剧萎缩。[1] 2004年以前我国农业保险总体上（除黑龙江、新疆农垦兵团实行范围极小的系统内部补贴）由商业保险兼营，商业保险公司除享有免征营业税的扶持政策外，财政上没有任何经济和其他税收的扶持。[2]

尽管这一时期国家对农业保险给予了一定优惠政策，例如1996年国务

---

[1] 郑军，朱京. 乡村振兴战略背景下农业保险的历史演变及其启示 [J]. 石家庄铁道大学学报（社会科学版），2020，14（01）：11－16.

[2] 安翔. 我国农业保险运行机制研究 [J]. 商业研究，2004（13）：157－159.

院出台《关于深化农村金融体制改革的决定》明确了农业保险属于政策性险种，以及自1994年1月1日起实施的《营业税暂行条例》和相应的实施细则对我国农牧业保险给予了免征营业税的税收优惠。但是农业保险经营规模仍然没有转变颓势，自1994年开始逐年萎缩，到2001年，农业保险保费收入只有3.98亿元，与1992年的8.2亿元相比，下降了一半多。[①]
2003年农业保险收入略有回升，但依然在低水平徘徊，当年全国农险保费收入仅为4.6亿元，农业保险深度不及0.05%，农业保险密度仍在1元以下。如图3-2所示。

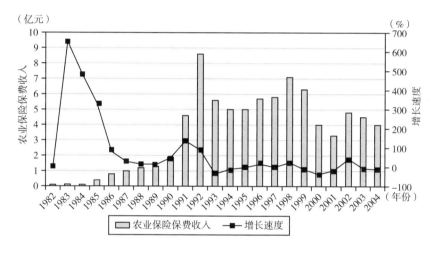

图3-2　1982～2004年我国农业保险发展情况

资料来源：1983～2005年《中国保险年鉴》。

（四）改革期（2004～2013年）

2004年中央一号文件《关于促进农民增加收入若干政策的意见》指出，"加快建立政策性农业保险制度，选择部分产品和部分地区率先试点，有条件的地方可对参加种植业保险的农户给予一定的保费补贴"。原保监会也在同年明确提出发展农业保险作为工作重点之一，并以"先起步、后完善，先试点、后推广"为原则，"总体规划、阶段部署、抓好试点、逐步推进"为

---

① 冯文丽. 改革开放以来我国农业保险发展历程与展望 [J]. 中国金融，2008 (13)：50-52.

工作方针，在上海、吉林和黑龙江 3 个省份分别试点设立了专业性、地区性的农业保险公司，即上海安信农业保险公司、吉林安华农业保险公司、黑龙江阳光农业互相保险公司，3 家保险公司在经营模式上有所区别；原保监会在江苏、四川、辽宁、新疆等 9 个省份开展农业保险试点，积极推动商业保险公司自办、为政府代办和与政府联办农险业务。2004 年以来的种植业保险发展动向标志着我国启动了新一轮的种植业保险经营体制改革，种植业保险也跨入了新的发展阶段。到 2007 年，我国种植业保险试点工作已开展了 3 年，在农业保险经营模式上进行了有益的探索并取得了一定成果，先后出现专业性农业保险公司经营模式（上海）、保险公司自办模式（新疆）、保险公司联办模式（江苏）、共保经营与互助合作模式（浙江）及商业保险公司代办模式（四川）五种经营模式。2004 年以来，中央一号文件持续关注农业保险，为农业保险的未来发展指导方向。2006 年国务院发布《国务院关于保险业改革发展的若干意见》，即"国十条"，提出要探索中央及地方财政补贴农业保险的补贴方式、补贴品种、补贴比例，对经营政策性农业保险的保险公司提供适当的经营管理费用补贴，探索建立中央、地方财政共同支持的再保险体系。2007 年，财政部印发《中央财政种植业保险保费补贴试点管理办法》，选定内蒙古、吉林、江苏在内的 6 个省份为首批中央财政补贴种植业保险的试点区域，对三大粮食作物（玉米、水稻、小麦）以及大豆和棉花保险提供中央财政补贴，正式拉开了政策性种植业保险试点的序幕。2008 年财政部正式出台《中央财政种植业保险保费补贴管理办法》，对提高补贴资金使用效率、规范种植业保险保费补贴做了明确规定。此后中央陆续出台了与种植业保险相关的财政补贴政策和税收政策，不断扩大补贴范围、提高补贴比例，为种植业保险的顺利开展提供了资金和政策支持，推动了我国种植业保险承保规模的扩大和保障水平的提高。

2007~2013 年，我国的农业保险从萎缩到恢复活力，再到快速发展，试点范围推至全国，保险产品体系更为丰富。农业保险以保障灾后恢复生产为主，在全国大范围内已经实现了对农作物生长期内直接物化成本的保障，有效补偿了因灾受损农户的种子成本、农药成本、化肥成本等。在此期间，种植业保险保费收入由 32.15 亿元增长至 229.34 亿元（见图 3-3），年均增长 28.26%；保障水平从 4.07% 增至 7.27%（见图 3-4）；主要农作物的承保

面积由 2.31 亿亩增加至 11.06 亿亩，覆盖全国范围内主要农作物的 45%
（见图 3 - 5）；经营农业保险的中资保险公司的数量由 14 家大幅增加至 35 家
（见图 3 - 6）。至 2008 年底，我国已经成为仅次于美国的全球第二大农业保
险市场。[①] 但十年间种植业保险的保障程度未有明显的改进，物化成本仍是
主要的承保对象。

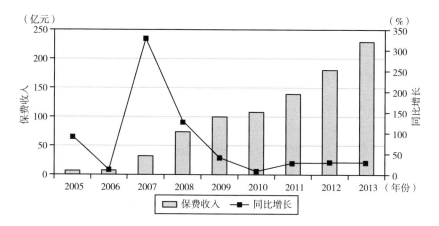

图 3 - 3　2005 ~ 2013 年我国种植业保险保费收入

资料来源：2006 ~ 2014 年《中国保险年鉴》。

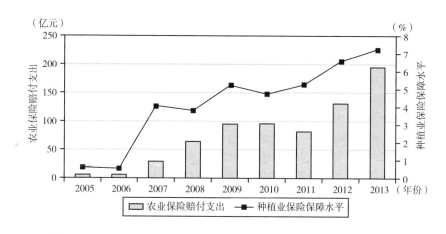

图 3 - 4　2005 ~ 2013 年我国农业保险赔付支出和种植业保险保障水平

资料来源：2006 ~ 2014 年《中国保险年鉴》、2006 ~ 2014 年《中国统计年鉴》、2017 年《中国农
业保险保障水平研究报告》。

---

① 庹国柱. 从 40 年政策变化喜看我国农业保险蓬勃发展 [J]. 保险研究，2018（12）：84 - 87.

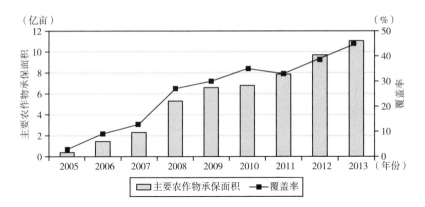

图 3 - 5　2005 ~ 2013 年我国种植业保险承保面积变化

资料来源：2006 ~ 2014 年《中国保险年鉴》。

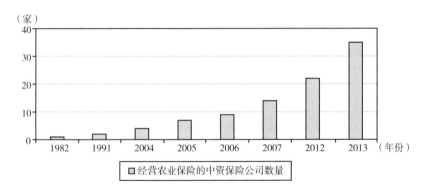

图 3 - 6　1982 ~ 2013 年经营农业保险的中资保险公司（所有公司）数量

资料来源：1983 ~ 2014 年《中国保险年鉴》。

（五）创新发展期（2014 年至今）

随着农业经营方式的改善和外部环境的改变，我国种植业保险开始进入创新发展期。一方面农业风险已经不止局限于自然灾害带来的农作物损失风险，价格波动风险成为了威胁农业生产稳定的第二大风险，以保成本为原则的农业保险产品不能满足种植户的需求；另一方面气象技术、价格监测系统、遥感技术等新系统的建立和新技术的运用，为种植业保险的创新发展提供了新的思路和必要条件。

2009 年，国元农业保险公司在安徽省长丰县推出"水稻种植天气指数保险"产品，这是我国第一个天气指数农业保险试点，之后陆续在上海、江西等地开展试点工作。[①] 个别市、县开始了对收入保险、价格指数保险以及区域产量保险等创新型农业保险产品的探索。2014 年中共中央、国务院发布《关于全面深化农村改革加快推进农业现代化的若干意见》，首次在中央官方文件中提出"探索粮食、生猪等农产品目标价格保险试点"。同年公布的《国务院关于加快发展现代化保险服务业的若干意见》提出"开展农产品目标价格保险试点，探索天气指数保险等新兴产品和服务"。2016 年中央一号文件指出"探索开展重要农产品目标价格保险，以及收入保险、天气指数保险试点。稳步扩大'保险 + 期货试点'"。2014 年以来，在保障范围扩大、保障程度提高的同时，创新型农业保险成为重要的发展趋势，天气指数、价格指数、区域产量农业保险和"保险 + 期货"发展速度迅猛，每年都有新的指数类试点项目，承保的农作物种类也不断增加，在调整种植业结构、提高种植户投保积极性等方面取得较好的效果。种植业保险从保成本向保收入、保价格转变，保险定损和理赔也从主观性较强、成本较高的分户定损，转变为具备客观性和经济性的以区域指标、天气指标等为基础确定损失，有效降低了道德风险和逆向选择。农业保险已经不仅仅是保障农业生产、转移和防范农业风险的风险管理手段，在我国农村金融建设、产业结构调整中也发挥了重要的作用。

除了农业保险产品创新外，在提高保险产品的保障程度方面也有所创新。例如黑龙江省开发了 4 个档次的农业保险产品供农户自由选择，2017 年黑龙江开始试点农业大灾保险；湖南省推出"基本保险 + 附加保险"试点，提高水稻险保额至 800 元。在规定保费补贴的前提下，通过产品设计和创新实现了保障程度的进一步提高，也使种植业保险供给更贴合农户需求。

创新发展期的另一个特征是农业保险行业建立了全国农险平台，实现了数据集中，平台不仅能监控市场运行情况和公司运营风险，为农业保险的展业、承保提供历史信息和数据，同时全国农险平台将气象、财政、农业、地质等政府部门与农业保险公司联结在一起，扩大了数据来源，降低农业保

---

① 朱青青. 创新型农业指数保险的实践与应用——以张家港蔬菜价格指数保险为例 [D]. 南京：南京农业大学，2015：19 – 20.

公司的信息收集成本，有利于促进保险承保、理赔信息公开透明，也有助于政府农业部门和保险公司向种植户提供更准确的农业信息咨询、灾害预警等服务。

在试点及推广的十几年间，种植业保险在提高农民现代风险管理意识的同时，有力地支持了农业、农村经济的发展。对种植业保险经营模式、保险险种开发和保险技术等进行了有益的尝试，也在探索中获取了宝贵的经验和成果，促进了农业产品数量增长和质量提高、农业生产方式以及农业发展环境的改善。作为准公共物品的种植业保险，在商业化经营走入困境时，保费补贴政策的出台无疑对种植业的发展具有深远的影响。截至 2018 年，农业保险业务覆盖全国，参保农户增长到 1.95 亿户次；水稻、小麦、玉米三大主粮作物承保覆盖率超过 65%，保费收入达 571.4 亿元，提供风险保障资金 3.46 万亿元，占农业 GDP 比 53.4%。中央财政保费补贴金额 199.3 亿元，撬动风险保障 3.46 万亿元，财政补贴资金使用效果放大 174 倍。[①]

三、种植业保险保费补贴政策的发展变迁

经济学理论认为，当市场无法实现资源有效配置时，如果政府采取有效的手段干预市场，能够促进资源合理配置，并增加经济福利。种植业保险的供给和需求存在双向正外部性，具有一定的准公共物品特性，导致种植业保险市场失灵，因而政府通过提供补贴的方式介入种植业保险经营已成为国际惯例，实践证明财政补贴有力地保障了种植业保险的持续经营，成为推动种植业保险市场发展和稳定的基石。

（一）种植业保险保费补贴政策出台背景（2004 年以前）

种植业保险保费补贴政策出台的背景包括：一是粮食安全问题日益凸显，二是保险行业亟待调整业务结构，三是农业保护政策调整的需要，四是雄厚财力奠定了补贴基础。

---

① 张海军. 我国农业保险高质量发展的内涵与推进路径［J］. 保险研究，2019（12）：3 - 9.

1. 粮食安全问题日益凸显

农业丰则基础强，农民富则国家盛，农村稳则社会安。"三农问题"是农业文明向工业文明过渡的必然产物。农业关系国计民生，对国民经济和国家粮食安全有着重要意义。

我国农业生产成本自 1990 年以来飞速上涨（见图 3 - 7），1990 ~ 2003 年，我国三大粮食作物平均物质直接生产费用从 69.08 元/亩增长至 149.27 元/亩，增速 116.08%，平均物质间接生产费用从 8.54 元/亩增长至 10.08 元/亩，增速 18.03%。农业生产成本上涨主要归于四点原因：一是 20 世纪 90 年代以来农资费用迅速上升。农资价格上涨和化肥、农药等农用化学要素施用量增加等因素导致农资费用也水涨船高，尤其是我国农业属于典型的"石油农业"，农业生产对农用化学要素依赖度较高。二是农用机械使用量增加助推服务费用上涨。三是城市经济发展迅猛，吸引了大批原本从事农业的人口外出务工，尤其是青壮年劳动力流失，导致劳动力价格显著提高。四是土地流转成本逐年增加，主要由于农业补贴、最低收购价等政策，农户的预期土地转租价格提升。[①] 从 1999 年开始，我国粮食产量出现了连续五年滑坡，到 2003 年粮食总产量降至 43069.5 万吨，而粮食总需求为 48629 万吨，粮食缺口达到 5559.5 万吨，出现粮食供不应求（见图 3 - 8）。从 2003 年下半年开始，中央加紧研究"三农问题"，2004 年起，中央一号文件重新指导"三农"工作，提出"把解决好农业、农村、农民问题作为全党工作的重中之重"。为缓解粮食供求关系紧张局面，提高农民种粮的积极性进而促进农民增收，中央进行粮食政策改革，改革措施主要包括三大块：粮食的价格形成机制、农民补贴政策和粮食收储制度。2004 年的中央一号文件对此作了明确指示："国家从粮食风险基金中拿出部分资金，用于主产区种粮农民的直接补贴。其他地区也要对本省（区、市）粮食主产县（市）的种粮农民实行直接补贴"，"加快建立政策性农业保险制度，选择部分产品和部分地区率先试点，有条件的地方可对参加种养业保

---

① 国家发改委宏观经济研究院课题组. 成本快速上升背景下农业补贴政策的问题与建议——安徽、江苏农业生产成本与补贴情况的调查 [J]. 农村工作通讯, 2008 (20): 41 - 43.

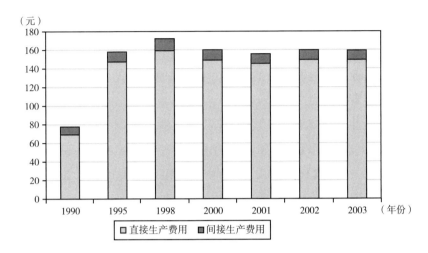

图 3 - 7　1990 ~ 2003 年我国三大粮食作物平均物质费用变化情况

资料来源：2005 年《全国农产品成本收益资料汇编》。

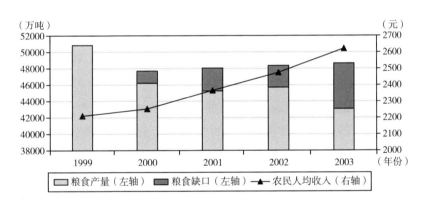

图 3 - 8　1999 ~ 2003 年我国粮食产量及农民人均收入

资料来源：2004 年《中国农村统计年鉴》、2004 年《中国统计年鉴》。

险的农户给予一定的保费补贴"。①

　　我国长期以来受到自然灾害的严重影响，自然灾害种类较多、受灾害影响范围较广、成灾比例较高。世界银行的一项研究报告指出，1998 ~ 2003 年，中国农作物总播种面积中有 24% 的良田因灾减产达 10% 以上。种植业每年受自然灾害的负面影响导致经济损失，不仅阻碍了我国"三农"经济的发

---

　　① 2004 年中央一号文件的第 17 条和第 19 条。

展，也威胁着农户生产生活和社会稳定。[①] 1990～2003年，我国种植业受灾面积基本在5000万公顷，通常年份的受灾比例都超过45%，最高达到63%，平均比发达国家高出约20%。此外，14年间的农作物成灾率均超过10%，平均成灾率为17.26%，1994年、1997年、2000年、2001年以及2003年的成灾率甚至超过了20%。这表明了我国种植业受灾情况严重且抵御自然风险能力差（见图3-9）。加之气候不断恶化，自然灾害发生率呈现提高趋势。

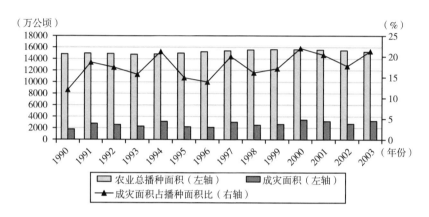

图3-9　1990～2003年我国农作物受灾面积和成灾面积

资料来源：1991～2004年《中国统计年鉴》。

我国种植业总产值因自然灾害造成的损失逐年上升，到2003年甚至超过3000亿元，而国家财政力量有限，每年仅分配几十亿元左右用于农业救济，仅相当于一个正常年份农业灾害损失额的2%左右（见图3-10）。[②] 而农业自然灾害造成的损失仅靠国家拨付救济款项或由生产者自我承担的效果不佳，有必要寻求一种新的风险转移机制与管理方式来稳定农业发展、平滑农户收入、减轻自然风险，以及市场风险给农业生产带来的负面影响。

面对我国不断上升的农业生产成本和严重的自然灾害，粮食安全面临巨大威胁。而作为现代农业金融体系三大支柱（农业金融、农业科技、农业保险）之一的农业保险，可以充分发挥自身经济补偿功能和资金融通功能，支

---

① 叶明华，汪荣明，吴莘. 风险认知、保险意识与农户的风险承担能力——基于苏皖川三省1554户农户的问卷调查 [J]. 中国农村观察，2014（06）：37-48+95.

② 田甜. 我国财政补贴农业保险问题研究 [D]. 南京：南京农业大学，2006：10-12.

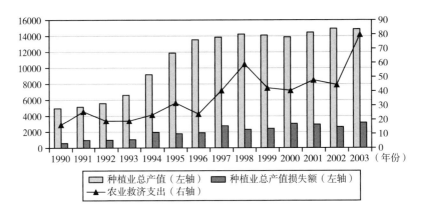

图 3 – 10   1990 ~ 2003 年我国种植业自然灾害损失及农业救济支出（单位：亿元）

资料来源：1991 ~ 2004 年《中国统计年鉴》。

持、服务和保障"三农"的发展，发挥经济稳定器和助推器的作用，成为维护我国粮食安全的重要政策工具。

2. 保险行业亟待调整业务结构

我国于 20 世纪 90 年代确立市场经济体制，车险总保额从 1997 年的 235.90 亿元增长至 2004 年的 746.07 亿元，年均增速 30.89%，同期车险保费总额占财险保费总额比重从 49.07% 增长至 67.10%，商业保险得以发展迅速，而财险领域商业车险一头独大，保险结构严重失调（见图 3 – 11）。发展非车险包括农业保险的目的更多的是解决行业发展问题和社会服务问题。一方面，行业自身的发展问题没有得到很好的解决，发展的空间没有得到拓宽，保险公司不得不在车险领域拼命厮杀；另一方面，社会保险需求得不到很好的满足，保险的保障作用没有得到充分发挥。为了缓解自身发展和社会需求双重压力，保险行业积极调整财产保险结构，减少车险业务比重，大力发展包括农业保险在内的非车险业务。然而，种植业保险的需求方是支付能力较弱的农民，如果保险公司按照不亏本原则进行经营，较高的保费只能让农户望"保"兴叹，种植业保险对农户来说就是奢侈品。此外，种植业保险市场上存在严重的系统性风险、逆向选择和道德风险，这些因素的存在使得保险公司经营种植业保险的管理费用很高，这也是造成保费较高、形成种植业保险"供需双冷"局面的重要原因。种植业保费补贴能够缓解"双冷"局面，在提高农户支付能力的同时，降低保险公司的经营成本。

即保费补贴是种植业保险市场形成的重要因素，也是保险公司持续经营的种植业保险的必要条件。

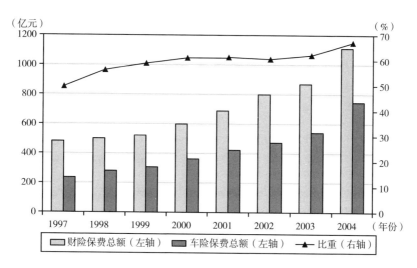

图 3 - 11　1997 ~ 2004 年我国商业车险发展情况

资料来源：《中国保险业发展改革报告 1979 - 2003》、1981 ~ 2005 年《中国保险年鉴》。

3. 农业保护政策调整的需要

政府救济是指对因遭遇各种灾害而造成农业生产损失的农户进行援助的一项社会救助制度，其优点是政策目标明确，对救灾资源的调动较为迅速和集中，能够较好地实现灾害补偿的目的，财政支出额度及农户获得补偿额度可测、可控。但由于灾害的不可预期性和程度的不确定性，政府救济具有时间和金额的不可预期性，需要政府拨付较多的财政预算，降低不能及时、不能有效进行灾害救助的概率，并且政府救济对农户损失的补偿是"一刀切"的，并没有考虑农户实际的损失程度。[①]

2001 年底中国加入 WTO，《农业协定》规定农业补贴包括国内支持（"绿箱"和"黄箱"政策）和出口补贴两部分。通过农产品价格保护和生产资料补贴等方式支持农业市场的发展，其扶持力度不能超过国家农业总产值的 10%。基期年份即 1986 ~ 1988 年，我国年均农业总产值约 4581.3 亿元，

---

① 尉京红，吴海平．财政预算风险视角下农险保费补贴额度研究［J］．会计之友，2020（07）：131 - 137.

以此为基础进行计算，则我国在加入 WTO 后，以"黄箱"政策对农业提供的支持必须控制在 458 亿元以下，通过该途径对农业生产提供扶持的效果较小。同时我国政府为加入 WTO 进行了双边谈判，谈判中已做出承诺不再对出口农产品提供补贴，因此我国通过出口补贴政策保护农产品的计划已不可行。① 这将对我国自 20 世纪 90 年代以来以价格支持为主的农业保护政策产生极大的冲击。因此，农业保护政策必须在 WTO 框架下进行调整和创新，而发展"绿箱"的种植业保险就成为调整内容的重中之重。

在财政支持下的种植业保险，一方面通过利用保险机制，对农业生产的风险保障，不仅能够对农户生产经营的风险损失实施"精准"补偿，而且可以大幅度减少政府为应对自然灾害预留的财政资金，提高财政资金的使用效率，因此农业保险作为分散和转移农业风险的重要手段，成为国家农业发展政策的重要组成部分。另一方面，种植业保险属于非价格的扶持手段，符合 WTO 的"绿箱"政策。在各项农业扶持计划中，种植业保险对通货膨胀率没有明显影响，综合负面效应较小，同时对于农业生产结构有一定的调整作用，在保障农业生产、维持粮食安全等方面有显著的效果。② 因此，合理利用 WTO 规则中允许通过"绿箱"政策对农业生产提供保护的条款，建立既符合国际规则又适合中国特色的农业生产扶持机制，种植业保险财政补贴政策就成为了可行且适用的选择。一方面通过种植业保险建立风险防御和转移机制，另一方面通过财政补贴来加强对农业生产扶持，增强我国农业的供应能力和竞争力，对推动农业可持续发展具有深远的现实意义。

4. 雄厚财力奠定了补贴基础

进入 20 世纪 90 年代，我国经济发展的总体水平和态势正处于新中国成立以来的最好时期。经济以较高的速度保持增长，GDP 年增长率在 8% 左右；农业产值逐年攀升，从 1990 年的 7662.09 亿元增长至 2003 年的 29691.8 亿元，而农业产值在国民经济总产值中占比逐渐减少，2002 年达到最低，为 13.7%；在此背景下，我国一般公共预算收入在 2003 年达到 21715.25 亿元，

---

① 邵建华，陈瑛. 入世与我国农业保护的政策取向［J］. 农业经济问题，2001（11）：17–21.
② 吴扬. 从"负保护"到积极的政策性农业保险运作——当前中国农业保护政策的必然选择［J］. 上海经济研究，2003（03）：18–23.

相应对农业提高的财政支持逐步提高，到 1998 年财政支农支出为 1154.8 亿元，占比 10.69%（见图 3-12）。我国经济已从工业化初期逐渐发展为工业化中期阶段。根据发达国家和其他新兴国家的发展经验，当国家进入工业化中期阶段时，通常要对农业进行适度的扶持，而农业保险在这一阶段通常是各国的重点补贴对象，农业保险发展水平在补贴的扶持下也达到了较高的水平。

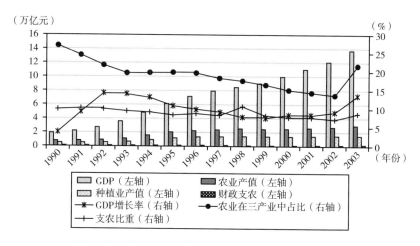

图 3-12　1990~2003 年我国农业发展及财政支农情况

资料来源：2006 年《中国农村统计年鉴》、1999~2004 年《中国统计年鉴》、1991~2004 年《中国农业年鉴》。

在商品经济的深化发展以及扶持农业的现实要求下，种植业保险应运而生。随着我国步入工业化中期阶段，政府财政负担能力不断提高，种植业保险财政补贴政策已成为当前政府扶持农业发展的必然选择。一方面，种植业保险提供了保障农业稳定发展的风险抵御机制；另一方面，通过财政补贴扶持种植业保险发展有利于培育种植业保险市场，落实国家粮食安全战略，进而实现对农业经济的支持。种植业保险的双重正外部性、信息不对称等特性决定了种植业保险市场的正常运转需要政府的介入。若政府未提供财政补贴，保险公司将缺少经营种植业保险的积极性，农户的有效需求不足，供求双双失衡的情况下无法形成完善、可持续、有战略意义的种植业保险市场。[①]

———————————

① 庹国柱. 略论农业保险的财政补贴［J］. 经济与管理研究，2011（04）：80-85.

（二）种植业保险保费补贴政策改革背景（2004 年以后）

2004 年以后，随着种植业保险由初期的局部试点转为全国深入推进，种植业保险保费补贴政策进行了一系列的调整和补充，呈现出补贴水平不断提高、补贴结构不断变化等特点。尤其是自 2014 年开始，农业风险结构趋于复杂化、现代农业和特色农业的快速发展、农村金融体系建设的完善等新形势的出现，对种植业保险保费补贴政策提出了新的要求，同时科技的发展、保险理念的更新也促进了种植业保险改革，进而要求保费补贴政策随之进行适应性调整。在内部因素的推动以及外部因素的支持下，中央以及各地保费补贴政策开始支持特色农业补贴、创新险种补贴，并尝试创新补贴形式。

1. 服务于国家农业发展战略需求

种植业保险作为我国扶持种植业稳定发展的政策性保险，对于服务和落实国家战略目标具有重要意义。近年来国家先后提出"农业现代化发展""农业供给侧结构性改革""乡村振兴"等战略目标，种植业保险在其中占有举足轻重的地位。

2008 年 10 月，中央首次提出"农业现代化"的概念，提出要实施农业现代化战略。农业现代化是推动传统农业向现代农业转变的过程，以现代科学技术和工业设施为基础，以科学的经济理念对农业进行管理，推动农业生产向低耗、优质、高产发展。国务院于 2016 年编制并发布了《全国农业现代化规划（2016—2020 年)》，其中特别提出要完善财政支农政策、创新金融支农政策，提高粮食等重要农产品的安全保障能力。

2016 年的中央一号文件《中共中央国务院关于落实发展新理念加快农业现代化实现全面小康目标的若干意见》中，提出"农业供给侧结构性改革"的概念，把农业保险作为支持农业产业发展的重要保障手段，将农业保险高效地融入现代化农业发展的各个环节中去，从农业保险覆盖面、农业保险险种品类以及风险保障水平方面完善农业保险制度，发挥农业保险制度在农村金融体系建设以及农业产业化结构调整和转型升级中的重要作用。

2017 年党的十九大报告中，习近平主席提出要实施乡村振兴战略，始终把解决"三农"问题作为党中央的重点工作。2018 年的中央一号文件《中共中央国务院关于实施乡村振兴战略的意见》，提出探索并逐步开展粮食作物的完全成本和收入保险，建立多层次的农业保险体系，此外还提出要稳步开展并扩大"保险＋期货"的联动试点等。

种植业保险是我国农业支持保护体系中重要的一环，在推动农业现代化发展、促进农业供给侧改革、实现乡村振兴等方面发挥着不可替代的功能。种植业保险要服务并融入农业现代化、农业供给侧改革及乡村振兴战略，重点在于稳步推动各项农业改革，促使农业向现代化、规模化、专业化方向发展，加快新型农业经营主体的培育过程，加强对现代农业科学技术和机械的运用，引导农户以社会需求为依据从事规模化生产，在保证农产品供给稳定的基础上，改善农产品品种和质量，使其适应消费者的现实和未来需求，形成有效的供给充分、结构优化、绿色可持续的农产品供给体系。种植业保险具有风险保障、收入平滑等功能，同时种植业保险及保费补贴政策能够对农户的种植规模、农业生产要素投入等生产行为进行引导，种植业保险保费补贴政策的不断改革，能够使得种植业保险在国家宏观政策的指引下，对农户的生产行为和种植行为进行调整，推动农产品价格形成机制、收储制度改革和农业补贴制度完善，对推动农业现代化发展、促进农业供给侧改革、实现乡村振兴有积极的推动作用。

2. 农业生产呈现"二元主体"格局

我国农业现代化进程加速后，农业生产中种植大户、农业合作社、龙头企业等新型农业经营主体逐渐壮大，农业生产主体开始由过去的小规模农户转变为小规模农户与新型农业经营主体并存的"二元主体"格局。

在我国农业发展史上，小规模农户始终占据着重要地位，即使我国农业已经进入现代化进程，小规模农户仍在农业生产中占主导地位，是农产品的主要供给来源，小规模农户生产和农业收入是否稳定关系着国家粮食安全和社会稳定。小规模农户具有生产方式传统、种植规模较小、农业投入成本低等生产特征，因此从农户个体来看受灾后经济损失相对较小。同时小规模农户中有相当一部分属于"兼职农民"，因此农业收入并不是家庭总收入的主要组成部分，小规模农户对农业损失的敏感性较差，加之种植业保险保障水平不高，小规模农户对种植业保险需求也不高，用他们的话说"地都不种了，还需要什么种植业保险"。

近年来，我国新型农业经营主体快速发展，数量不断增加。截至 2018 年底，全国家庭农场达到近 60 万家，其中县级以上示范家庭农场达 8.3 万家。全国依法登记的农民合作社达到 217.3 万家，是 2012 年底的 3 倍多，其中县级以上示范社达 18 万多家。全国从事农业生产托管的社会化服务组织数量达到 37 万个。各类新型农业经营主体和服务主体快速发展，总量超过 300 万家，成为推动现代农业发展的重要力量。全国家庭农场经营土地面积 1.62 亿亩，家庭农场的经营范围逐步走向多元化，从粮经结合，到种养结合，再到种养加一体化，第一二三产业融合发展，经济实力不断增强。农民合作社规范化水平不断提升，依法按交易量（额）分配盈余的农民合作社数量约是 2012 年的 2.5 倍，3.5 万家农民合作社创办加工实体，近 2 万家农民合作社发展农村电子商务，7300 多家农民合作社进军休闲农业和乡村旅游。全国以综合托管系数计算的农业生产托管面积为 3.64 亿亩，实现了集中连片种植和集约化经营，节约了生产成本，增加了经营效益。全国各类家庭农场年销售农产品总值 1946.2 亿元，平均每个家庭农场 32.4 万元。农民合作社在按交易量（额）返还盈余的基础上，平均为每个成员二次分配 1400 多元，全国有 385.1 万个建档立卡贫困户加入了农民合作社。全国农业生产托管服务组织的服务对象数量达到 4630 万个（户）。越来越多的新型农业经营主体和服务主体与小农户形成了紧密的利益联结机制，逐步把小农户引入现代农业发展轨道。[①]

　　和传统农业经营相比，新型农业经营主体有集约化、专业化、组织化、社会化的特点，实行规模化种植，有较好的农机装备条件以及一定的经营管理水平，农业耕种机械化程度更高。高成本、高投入的生产特点以及商品化生产目标导致新型农业经营主体面临的农作物损失风险、财物损失风险以及价格风险也远大于传统农业。而传统的种植业保险主要针对分散程度较高的小规模农业经营，尤其是种植业分散化高，种植过程复杂，因此传统种植业保险与新型农业经营主体的风险保障需求不相适应。这种不适应体现在三个方面：一是传统种植业保险对高投入、高成本的新型农业主体保障力度不足，只保障直接物化成本忽略了另一主要风险即价格风险，尤其是对于大规模种

---

① 农业农村部关于印发《新型农业经营主体和服务主体高质量发展规划（2020—2022 年）》的通知。

植经济作物的种植业主体来说，价格波动严重影响了收入和再生产；二是新型农业经营主体种植种类丰富多样，生产经营链条长，而传统种植业保险保障范围较窄，产品体系单一，难以覆盖新型农业主体的需求；三是新型农业经营主体对生产性、季节性短期贷款需求大，但新型农业经营主体在创业期间往往缺乏有效的担保和抵押，很难从银行等金融机构获得信贷支持。面对"二元主体"格局，种植业保险保费补贴需要与时俱进，尽管政府部门提出"提标、扩面、增品"的指导方针，但这一指导方针的实施不仅需要保险公司的积极参与，更需要财政部门在保费补贴规模上的强力支持，否则，仅会使农户产生"食之无味，弃之可惜"等看法。[①]

3. 地方特色农业需要风险保障

发展特色农业是发挥地方优势、提高农业产业化规模化水平、提升农户经济效益的必然要求，特色农业也是现代化农业的发展方向之一。特色农业依靠特殊的自然地理环境条件，以追求综合效益最大为目标，即寻求生态效益、经济效益和社会效益的统一。不同于传统农业的是，特色农业对生产要素要求更高，种植过程围绕市场需求和当地特色，面临更多、更复杂的自然风险和价格风险。我国种植业保险补贴主要针对关系国计民生的大宗农产品，如三大粮食作物、大豆和花生等油料作物，显然无法满足各地区的差异化需求。目前美国农业保险补贴覆盖农产品多达 130 种，而我国获得中央补贴支持的农产品只有 16 种。[②] 尽管部分地方政府对某些农产品提供了部分补贴，但更多的地区没有针对地方特色农产品提供补贴，即使保险公司开发了产品，在缺乏补贴的情况下，相关险种的保费相对较高，无法得到农户的认可。这就使得补贴品种的限制削弱了种植业保险的效果，因此 2014 年中央一号文件提出"鼓励保险机构开展特色优势农产品保险，有条件的地方可以提供保费补贴"，但仅靠地方财政力量支持有限，难以实现足额保障。

此外，大力发展农业特色产业，是促进农民增收、助力脱贫攻坚的关键举措。然而，特色农产品受自然条件和市场等因素的影响更大，一旦发生灾

---

① 何小伟，吴学明. 对调整农业保险财政支持政策目标的思考［J］. 中国保险，2018（02）：14－17.

② 朱俊生. 农业保险财政补贴的新形势、新要求和新任务［N］. 中国保险报，2015－08－10（007）.

害，会遭受更为严重的经济损失。因此，有必要为农户量身打造特色农险产品，完善相关补贴政策，为农户增收护航，助推农业结构升级。[①]

4. 保险创新产品需要财政支持

政策性种植业保险产品创新的需求有两类：一是种植业保险"政策性属性"的需求；二是种植业保险"市场运作"的需求。[②] 近年来卫星遥感等信息技术的发展，为种植业保险产品的创新提供了条件。种植业保险产品的创新突破了传统种植业保险保成本、保大宗农作物的限制，能够很好地满足农户不同风险保障需求。另外，种植业保险产品的创新能够抑制保险市场中的道德风险和信息不对称问题，促进种植业保险市场的正常运转。

然而，创新型种植业保险指数产品不可避免地面临系统性风险，其产品开发及产品试点、推行有一定难度，需要气象、农业、财政等部门的合作，为创新型种植业保险提供技术支持和财政支持。目前我国创新型种植业保险试点数量较少，仅在几个城市开展，且没有中央财政支持，仅依靠地方政府拨付资金。例如上海市 2009 年首创的"冬淡青菜成本价格保险"由市财政负责补贴 50%，区县财政负责补贴 40%，而成都、北京、山东等地的价格指数保险的地方财政补贴比例总计在 80% 左右，对地方财政尤其是区县地方政府的压力较大，降低了地区开展试点的积极性。

5. 建立普惠金融体系的要求

普惠金融最早主要针对银行信贷提出了推行小额信贷，近年来国际上开始提倡"宽内涵"以及"多维度"，逐渐将支付、信贷、保险、养老等各方面都纳入普惠金融体系建设。我国在 2013 年 11 月 12 日中国共产党第十八届中央委员会第三次全体会议通过的《中共中央关于全面深化改革若干重大问题的决议》中提出，要"发展普惠金融"，因此要求扩大金融服务覆盖面，加强金融基础设施建设，尤其是增强金融业服务"三农"的能力。2020 年中央一号文件《中共中央 国务院关于抓好"三农"领域重点工作确保如期实现全面小康的意见》指出，稳妥扩大农村普惠金融改革试点，鼓励地方政府

---

① 张金海：完善地方特色农业保险保费补贴，积极助力脱贫攻坚，https：//baijiahao. baidu. com/s？id = 1622828838413208138&wfr = spider&for = pc.

② 黄正军. 我国农业保险产品的创新与发展 [J]. 金融与经济，2016（02）：76-81.

开展县域农户等级评价，加快构建线上线下相结合、"银保担"风险共担的普惠金融服务体系，推出更多免抵押、免担保、低利率、可持续的普惠金融产品。而种植业是"三农"问题的重要内容，保险又是农业生产、农民生活的重要保障手段，在这样的背景下，种植业保险成为建设普惠金融体系不可缺少的一环，客观上要求种植业保险补贴政策不断调整和创新，以适应农业现代化生产，实现财政政策、金融政策和产业政策的协同发展。

6. 推进绿色农业和维护生态安全的需要

种植业保险是促进种植业发展由过度依赖资源消耗向绿色可持续发展转变的重要手段，不仅能够分散农户的自然风险和市场风险，稳定农户的预期，也会影响农户采用农业新技术的行为，改变农户对农用化学要素投入和农业种植方式，从而影响农业产出和农业生态环境。然而，在我国农业生产取得巨大成就的同时，农业生态系统遭到前所未有的破坏，农业可持续发展面临严峻的形势，农业污染已经成为我国环境污染的主要来源。农业生态环境的恶化对我国农业产量和质量提高均产生了不利的影响，发展生态、环保的绿色农业成为我国农业发展的内在要求。

种植业保险与生态安全存在一定联系，涉及化学要素品投入、绿色生产率的提高和农业面源污染影响。格罗斯曼和克鲁格（Grossman & Kruger，1992）提出了经典的环境效应分析框架，他们将环境效应分解为规模、结构和技术三种效应，分析引起地区环境质量变动的影响途径。[1] 种植业保险会激励农民加大对投保农产品的生产规模，进而引发种养结合的传统农业生产方式向专业化、集约化的农业生产方式转变，在缺乏有效政策约束的情况下，可能会导致农民增加农药、化肥等化学品的实施量，最终对农村生态环境造成负面影响，即种植业保险的规模效应加剧了农业面源污染；种植业保险对绿色技术进步的促进大于其对绿色技术效率的抑制作用，从而使得其对农业绿色生产率呈现显著的促进作用，即种植业保险的技术效应减轻了农业面源污染。因此，为了引导种植业保险在保障农户收入稳定的同时，不对生态环境造成破坏，有必要对保费补贴进行改革，实施绿色保费补贴模式。

---

[1]　Grossman G. M. , Kruger A. B. Environmental Impacts of a North American Free Trade Agreement [R]. NBER Working Paper, No. 3914, 1992.

（三）种植业保险保费补贴政策及配套政策法规的具体内容

政策法规包含法律、行政法规、部门规章、规范性文件以及其他法规五个层次。从法律级次看，法律效力最高，行政法规、部门规章、规范性文件以及其他法规依次尾随其后。针对种植业保险及其财政补贴，我国自 2004 年至今初步建立了涵盖行政法规、部门规章、规范性文件以及其他政策在内的政策支持体系，对种植业保险保费补贴及其配套措施进行规范指导。然而国家暂未在法律层面给予支持，导致政策法规效力不足。

1. 种植业保险保费补贴政策的内容

（1）补贴范围。

补贴范围涵盖补贴区域范围和补贴品种两个层次。从区域范围看，2004年政策性种植业保险开始试点，种植业保险保费补贴区域从 2007 年的吉林、四川等 6 省份增加到 2010 年的 22 个省份，涵盖了粮食主产区和中央直属垦区，并在 2012 年覆盖全国所有省份，补贴范围与补贴标的逐年扩大，已经从个别试点地区发展到全国；从补贴品种看，2007～2018 年，中央财政补贴的品种从 6 个增长到 16 个，其中种植业保险补贴的范围已经从基本粮食作物发展到各类农作物。我国的种植业保险涵盖了主要农作物保险、茶叶、烟叶、水稻、天气指数保险、林木火灾保险等。最初的种植业保险保费补贴品种仅有粮食作物（玉米、水稻、小麦）、油料作物（大豆）和经济作物（棉花），之后逐步扩展到马铃薯、青稞、森林等关系国计民生的大宗粮食作物和经济作物的种植业保险。此外，各地方政府可以根据当地种植农业实际情况，自主确定种植业保险财政补贴对象。

（2）补贴机制。

我国现行保费补贴机制的运行，主要依据 2012 年财政部下发的《关于进一步加大支持力度做好农业保险保费补贴工作的通知》和 2016 年底财政部颁布的《中央财政农业保险保险费补贴管理办法》，对保费补贴由谁来补作出了规定，基本要点是中央财政补贴仅对投保农户进行保费补贴，对于中央确定的试点区域和补贴险种，在试点省份财政部门进行补贴后，财政部进行补贴，形成了中央、省（市）、县三级或四级"层层补贴、倒推联动"的补贴模式。2016 年财政部印发《关于加大对产粮大县三大粮食作物农业保险支持力度的通知》出台，各地提高中央、省财政补贴标准，取消产粮大县县级补贴。

（3）补贴比例。

种植业保险试点以来，中央财政三次提高保费补贴比例，对不同地区主要种植业保险的保费补贴比例为 35%～65%。2015 年《关于进一步完善中央财政保费补贴型农业保险产品条款拟定工作的通知》进一步推进政策性种植业保险保费补贴比例的优化。2016 年初，财政部出台《关于加大对产粮大县三大粮食作物农业保险支持力度的通知》，规定省级财政对产粮大县三大粮食作物种植业保险保费补贴比例高于 25% 的部分，中央财政承担高出部分的50%。政策实施后，中央财政对中西部、东部的补贴比例将分别由目前的40% 和 35%，逐步提高至 47.5% 和 42.5%。[①] 目前，各级财政对保费累计补贴达到 75% 以上，其中中央财政一般补贴 35%～50%，地方财政酌情对部分特色种植业保险给予保费补贴，初步构建了"中央支持保基本，地方支持保特色"的多层次种植业保险保费补贴体系。历年种植业保险保费补贴政策汇总如表 3-1 所示。

表 3-1　　　　　　　　历年种植业保险保费补贴政策汇总

年份	相关文件	补贴品种	补贴比例	补贴省份
2007	《中央财政农业保险保费补贴试点管理办法》	粮食作物：玉米、水稻、小麦 油料作物：大豆 经济作物：棉花	省级财政部门承担 25% 的保费后，财政部再承担 25% 的保费，其余部分由农户承担，或者由农户与龙头企业，省、市、县级财政部门共同承担，具体比例由试点省份自主确定	内蒙古、吉林、江苏、湖南、新疆和四川 6 个省（区）
2008	《中央财政种植业保险保费补贴管理办法》	粮食作物：玉米、水稻、小麦 油料作物：大豆、花生、油菜 经济作物：棉花	省级财政部门补贴 25% 的保费后，财政部再补贴 35% 的保费；经办机构应按补贴险种当年保费收入 25% 的比例计提巨灾风险准备金，逐年滚存，逐步建立应对巨灾风险的长效机制	山东、安徽、新疆、黑龙江、河南、河北、山西等 16 个省（区），新疆生产建设兵团

---

① 中华人民共和国农业农村部.《2019 年国家强农惠农富农政策措施》，www. zcggs. moa. gov. cn/zczc/201906/t20190619_6317976. htm.

续表

年份	相关文件	补贴品种	补贴比例	补贴省份
2009	《关于2009年度中央财政种植业保险保费补贴工作有关事项的通知》	粮食作物：玉米、水稻、小麦油料作物：大豆、花生、油菜经济作物：棉花	试点省份省级财政部门承担保费责任不低于25%；中央财政保费补贴比例为：东部35%，中西部40%；新疆生产建设兵团、黑龙江农垦总局为65%	黑龙江、江苏、浙江、安徽、福建、江西、山东、河南、湖北、湖南、海南、四川、内蒙古、新疆等17省区，新疆生产建设兵团和黑龙江农垦总局
2010	《关于2010年度中央财政农业保险保费补贴工作有关事项的通知》	粮食作物：玉米、水稻、小麦油料作物：大豆、油菜、花生经济作物：棉花、马铃薯（补贴地区为四川和内蒙古）、青稞（补贴地区为四川、青海、甘肃和西藏）	试点省份省级财政部门承担保费责任不低于25%；中央财政保费补贴比例为：中西部40%；东部35%；新疆生产建设兵团、黑龙江农垦总局、中国储备粮管理总公司北方公司为65%	在上年17省（区）等的基础上，增加云南、山西、甘肃、广东、青海、宁夏和中国储备粮管理总公司北方公司
2011	《关于2011年度中央财政农业保险保费补贴工作有关事项的通知》	粮食作物：玉米、水稻、小麦油料作物：大豆、油菜、花生经济作物：棉花、马铃薯（补贴地区增加河北、陕西、宁夏）、青稞（补贴地区不变）	中央财政保费补贴比例为：中西部40%；东部35%；新疆生产建设兵团、黑龙江农垦总局、中国储备粮管理总公司北方公司、中国农业发展集团总公司为65%	在上年度23个省（区）基础上增加陕西省、广西壮族自治区和中国农业发展集团总公司。选择四川和内蒙古开展种植业保险保费补贴绩效评价试点工作
2012	《关于进一步加大支持力度做好农业保险保费补贴工作的通知》	粮食作物：水稻、玉米、小麦油料作物：大豆、油菜、花生经济作物：棉花、马铃薯、青稞、糖料作物	水稻、玉米、小麦、油料作物、棉花、马铃薯、青稞9项品种补贴比例不变，糖料作物保险，按照现行的中央财政种植业保险保费补贴政策执行。在省级财政至少补贴25%的基础上，中央财政对东部地区补贴35%，中西部地区补贴40%，中央财政对新疆生产建设兵团、中央直属垦区等补贴比例为65%	补贴区域扩大至全国。选择四川、内蒙古、安徽、江苏4省份开展农业保险保费补贴绩效评试点工作

续表

年份	相关文件	补贴品种	补贴比例	补贴省份
2013	《关于 2013 年度中央财政农业保险保费补贴有关事项的通知》	粮食作物：水稻、玉米、小麦油料作物：大豆、油菜、花生经济作物：棉花、马铃薯、青稞、糖料作物	在省级财政至少补贴25%的基础上，中央财政对东部地区补贴35%、对中西部地区补贴40%；中央财政对新疆生产建设兵团、中央直属垦区等补贴比例为65%	在全国实施种植保险保费补贴。选择黑龙江、江浙、两湖等10省区开展农险保费补贴绩效评价试点工作
2016	《中央财政农业保险保险费补贴管理办法》 《关于 2016 年度农业保险保险费补贴工作有关事项的通知》	粮食作物：水稻、玉米、小麦油料作物：大豆、油菜、花生经济作物：棉花、马铃薯、青稞、糖料作物	中央财政对中西部、东部的补贴比例将逐步提高至47.5%、42.5%；取消产粮大县的县级财政补贴	全国
2017	《中央财政农业保险保险费补贴管理办法》	粮食作物：水稻、玉米、小麦油料作物：大豆、油菜、花生经济作物：棉花、马铃薯、青稞、糖料作物	当县级财政补贴比例降至 0 时，中央财政对中西部地区的补贴比例，低于 42.5%（含 42.5%）的，按 42.5% 确定；42.5% ~ 45%（含 45%）的，按上限 45% 确定；45% ~ 47.5%（含 47.5%）的，按上限 47.5% 确定；对中央单位符合产粮大县条件的下属单位，中央财政对三大粮食作物农业保险保险费补贴比例由 65% 提高至 72.5%	全国
2018	《关于将三大粮食作物制种纳入中央财政农业保险保险费补贴目录有关事项的通知》	粮食作物：水稻、玉米、小麦油料作物：大豆、油菜、花生经济作物：棉花、马铃薯、青稞、糖料作物其他：水稻、玉米、小麦制种	补贴比例按照《中央财政农业保险保险费补贴管理办法》规定执行，即在省级财政至少补贴25%的基础上，中央财政对中西部地区补贴40%、对东部地区补贴35%，对新疆兵团、中央直属垦区、中农发集团等中央单位补贴65%	全国

年份	相关文件	补贴品种	补贴比例	补贴省份
2019	《关于开展中央财政对地方优势特色农产品保险奖补试点的通知》	保险标的应符合农业供给侧结构性改革调整方向，属于国家鼓励发展的优势农产品品种或地方重点产业发展规划品种	对纳入试点范围的地方优势特色农产品保险保费，在省级及省级以下财政至少补贴35%的基础上，中央财政对中西部地区补贴30%，对东部地区补贴25%。原则上，对国家扶贫开发工作重点县和集中连片特困地区县，县级财政承担的保费补贴比例不超过5%	内蒙古、山东、湖北、湖南、广西、海南、贵州、陕西、甘肃、新疆等省（自治区）
2020	《关于扩大中央财政对地方优势特色农产品保险以奖代补试点范围的通知》	保险标的应符合农业供给侧结构性改革调整方向，属于国家鼓励发展的优势农产品品种或地方重点产业发展规划品种	地方财政承担主要支出责任。省（区，含兵团）在开展地方优势特色农产品保险中承担主要支出责任。中央财政补贴比例为，在地方财政至少补贴35%的基础上，中央财政对中西部地区和东北地区补贴30%，对东部地区补贴25%；对新疆生产建设兵团补贴65%。原则上贫困县县级财政承担的补贴比例不超过5%	试点地区扩大至20个省份，包括内蒙古、辽宁、吉林、黑龙江、山东、湖北、湖南、广东、广西、海南、四川、贵州、云南、西藏、陕西、甘肃、青海、宁夏、新疆等省（自治区）和新疆生产建设兵团

资料来源：根据 2007~2020 年保监会（2018 年 3 月重新组建为银保监会）、财政部关于农业保险的政策规定整理。

2015 年，保监会、财政部、农业部联合下发《关于进一步完善中央财政保费补贴型农业保险产品条款拟定工作的通知》，推动中央财政保费补贴型种植业保险产品创新升级，在三个方面取得了重大突破：一是提高保障水平。要求保险金额覆盖直接物化成本或饲养成本，鼓励开发满足新型农业经营主体的多层次、高保障产品；二是降低理赔门槛。要求种植业保险不得设置绝对免赔，投保农作物损失率在 80% 以上的视作全部损失，降低了赔偿门槛；三是降低保费费率。以农业大省为重点，下调保费费率，部分地区种植业保险费率降幅接近 50%。

2. 保费补贴配套政策法规的内容

（1）相关行政法规。

为规范农业保险活动，促进农业保险的发展并维护参保农户及农业保险公司的利益，国务院于 2012 年 11 月颁布了《农业保险条例》（以下简称《条例》）①，这是指导我国农业保险的第一部专门法规。《条例》确定了政策性农业保险"政府引导、市场运作、自主自愿、协同推进"的经营总体原则，并对保险合同、农业保险经营机构、法律责任等作出了规定，具体涵盖保费补贴、税收优惠、相关制度及业务规范等部分。这是我国首次专门针对农业保险颁布法规，农业保险在立法级次上实现了重大突破，也意味着农业保险在规范化发展的道路上更进一步。

财政和税收政策是政策性农业保险成立和发展的首要条件，也是政策性农业保险制度的最重要的特征之一。所以《条例》对此做了明确的规定。通过立法规定农业保险的财政补贴政策已成为世界各国的通例。如西班牙 1978 年《农业保险法》第十一条规定，国家保费补贴不超过年度保费总额的 50%，不低于 20%；加拿大依据《联邦政府对省政府经营农作物保险负担法》的规定，联邦政府提供 36% 的纯保费补贴和 50% 的管理费，省政府补贴纯保费的 24% 和另一半管理费。我国《条例》第七条规定了财政部门对农业保险给予保费补贴的职责，并规定"国家鼓励地方人民政府采取由地方财政给予保险费补贴等措施，支持发展农业保险"。

针对农业保险给予相应的税收优惠政策亦是各国通例。我国《条例》第九条第一款规定，"保险机构经营农业保险业务依法享受税收优惠。"另外，近年来伴随着农业保险事业的发展，农业再保险的地位得到较大提升。但是，由于商业再保险机构对农业保险的再保险问题极为谨慎，农险巨灾风险难以完全通过再保渠道转移，或者转移成本过高，因此需要政府给予一定支持。为此，《条例》第八条对于农险大灾风险分散机制仅做了原则性规定，"国家建立财政支持的农业保险大灾风险分散机制，具体办法由国务院财政部会同国务院有关部门制定。国家鼓励地方人民政府建立地方财政支持的农业保险大灾风险分散机制。"如表 3 - 2 所示。至 2020 年 8 月，银保监会正式批复筹建中国农业再保险股份有限公司（以下简称"中农再"）。中农再由财政部、中再集团、人保财险、平安产险、太平洋产险、国寿财险、中华联合财险等 9 家单位共同发起筹建，注册资本 161 亿元。

---

① 2012 年 10 月 24 日国务院第 222 次常务会议通过。

表 3 - 2　　　　　　　　　《农业保险条例》主要内容

总体原则	政府引导、市场运作、自主自愿、协同推进
保费补贴	鼓励地方财政给予保险费补贴
税收优惠	保险机构经营农业保险业务依法享受税收优惠
相关制度	国家建立财政支持的农业保险大灾风险分散机制
业务规范	保险机构应当公示承保情况和查勘定损结果;农业保险业务应单独核算损益;公平、合理地拟订农业保险条款和保险费率;禁止骗保、挪用侵占保险金等

资料来源:2012 年《农业保险条例》。

(2)相关部门规章。

除了《农业保险条例》外,农业部、财政部等部门也针对农业保险及其补贴出台了相关部门规章,对农业保险的经营资质、财政补贴等制定规范和标准,在促进农业发展的相关部门规章中也多次提及农业保险,将农业保险的深发展、广覆盖、积极创新作为服务"三农"经济的重要手段(见表 3 - 3)。

表 3 - 3　　　　　　　相关部门规章中关于农业保险的内容

年份	部门规章	相关内容
2009	《关于保险公司提取农业巨灾风险准备金企业所得税前扣除问题的通知》	保险公司经营的中央和地方提供保费补贴的种植业险种的,对其计提的巨灾风险准备金,不超过保费收入 25%的部分准予在企业所得税前据实扣除
2010	《关于农村金融有关税收政策的通知》	在规定时期内,对保险公司为种植业、养殖业提供保险业务取得的保费收入,在计算应纳税所得额时,按 90%比例减计收入
2014	《关于推动金融支持和服务现代农业发展的通知》	推动拓展农业保险的广度和深度;推动提高农业保险保障水平;积极争取将主要农产品和地方特色农产品纳入保险范围,并推动将风险保障范围逐步扩展到全部直接物化成本;推动规范农业保险服务;统筹设计农业保险险种和农业防灾增产关键技术补助政策
2015	《关于支持多种形式适度规模经营促进转变农业发展方式的意见》	加大对现代农业保险的支持力度,重点支持关系国计民生和粮食安全的大宗农产品,研究将三大粮食作物制种保险纳入中央财政保费补贴目录;积极开展农产品价格保险试点;进一步完善农业保险大灾风险分散机制;有效提高对适度规模经营的风险保障水平
	《关于加大对产粮大县三大粮食作物农业保险支持力度的通知》	提高产粮大县三大粮食作物农业保险中中央财政和省级财政的补贴比例,市级比例保持不变,取消县级补贴比例

续表

年份	部门规章	相关内容
2015	《关于进一步调整优化农业结构的指导意见》	扩大政策性农业保险覆盖面、提高保费补贴标准；积极发展商业性、互助性农业保险；探索将区域主要特色农产品纳入保险保费补贴范围，提升风险保障水平
	《关于扎实做好2015年农业农村经济工作的意见》	推动完善农业保险保费补贴政策，提高保障水平和补贴标准，扩大农业保险覆盖面。逐步建立满足新型农业经营主体需求的多层次、高保障的保险产品
2016	《关于扎实做好2016年农业农村经济工作的意见》	扩大农业保险覆盖面、增加保险品种、提高风险保障水平；降低产粮大县三大主粮作物保费补贴县级配套比例；探索建立口粮作物基本保险普惠补贴制度
	《关于保险公司准备金支出企业所得税税前扣除有关政策问题的通知》	保险公司缴纳的保险保障基金在保费收入的0.8%以内的，准予在税前扣除
2017	《关于推进农业供给侧结构性改革的实施意见》	持续推进农业保险扩面、增品、提标，开发满足新型农业经营主体需求的保险产品；推动出台中央财政制种保险保费补贴政策，提高天然橡胶保险保费中央财政补贴比例
	《关于延续支持农村金融发展有关税收政策的通知》	在规定时期内，延续保险公司经营种植业保险、养殖业保险的税基减免政策
	《关于在粮食主产省开展农业大灾保险试点的通知》	选定位于粮食主产区的200个产量大县，面向适度规模经营农户开展农业大灾保险试点，试点工作主要围绕提高农业保险保额和赔付标准，开发面向适度规模经营农户的专属农业保险产品
2018	《关于将三大粮食作物制种纳入中央财政农业保险保险费补贴目录有关事项的通知》	农户、种子生产合作社和种子企业等开展的符合规定的三大粮食作物制种，对其投保农业保险应缴纳的保费，纳入中央财政农业保险保险费补贴目录，补贴比例执行《财政部关于印发〈中央财政农业保险保险费补贴管理办法〉的通知》（以下简称《补贴管理办法》）中关于种植业有关规定
	《关于开展三大粮食作物完全成本保险和收入保险试点工作的通知》	从2018年开始，用3年时间，在6个省份，每个省份选择4个产粮大县，面向规模经营农户和小农户，开展创新和完善农业保险政策试点，推动农业保险保障水平覆盖全部农业生产成本，或开展收入保险

年份	部门规章	相关内容
2019	《关于印发〈关于加快农业保险高质量发展的指导意见〉的通知》	更好发挥政府引导和推动作用，通过加大政策扶持力度，强化业务监管，规范市场秩序，为农业保险发展营造良好环境。优化农业保险财政支持政策，探索完善农业保险补贴方式，加强农业保险与相关财政补贴政策的统筹衔接。中央财政农业保险保费补贴重点支持粮食生产功能区和重要农产品生产保护区以及深度贫困地区，并逐步向保障市场风险倾斜。对地方优势特色农产品保险，中央财政实施以奖代补予以支持
	《关于毫不放松抓好 2019 年粮食生产的通知》	落实农业保险政策，推进稻谷、小麦、玉米完全成本保险和收入保险试点，扩大农业大灾保险试点。落实水稻、玉米、小麦三大粮食作物制种保险政策。完善粮食主产区利益补偿机制，健全产粮大县奖补政策
2020	《关于落实党中央、国务院 2020 年农业农村重点工作部署的实施意见》	推进稻谷、小麦、玉米完全成本保险和收入保险试点，加大产粮大县奖励力度。做好农业大灾保险试点、优势特色农产品保险奖补试点

资料来源：根据中华人民共和国财政部、农业农村部（农业部）官网相关资料整理。

在税收优惠方面，2009 年起，财政部首次明确提出对保险公司经营的中央和地方保费补贴险种，提取的巨灾风险准备金可按一定标准在税前予以扣除，次年进一步提出对保险公司经营种植业保险收取的保费收入按 90% 的减计收入纳税。

在保费补贴方面，财政部出台的各项文件反映出国家对种植业保险的扶持力度不断提高的趋势：首先，农业相关的部门规章中多次提到扩大补贴范围、增加补贴品种，自 2012 年起先后提出将糖料作物、三大粮食作物制种保险纳入中央财政补贴范围；其次，财政部多次要求明确补贴比例，并在 2015 年出台文件要求提高产粮大县的三大粮食作物农业保险中中央和省级财政补贴的比例，取消县级补贴，次年出台《中央财政农业保险保险费补贴管理办法》对补贴比例进一步规范，同年还提出要"降低产粮大县三大主粮作物保费补贴县级配套比例"，加大了对产量大县种植业保险的扶持力度；最后，对于特色农产品保险、创新型保险等险种的开发，财政部也给予了支持，多次提出要将地方特色农产品纳入保险范围，推进农产品价格保险、农业大灾保险试点建设工作，建立满足新型农业经营主体需求的多层次、高保障的保险产品。

2019年10月9日，财政部、农业农村部、银保监会、林草局联合印发了《关于加快农业保险高质量发展的指导意见》（以下简称《指导意见》）。《指导意见》是继2007年中央财政农业保险补贴政策和2013年《农业保险条例》之后，党中央和国务院推进农业保险发展的最高层面的政策安排和战略部署，明确了农业保险的基本原则、具体目标和发展方向，针对农业保险发展面临的困难与问题提出了一系列支持政策和实施举措，将农业保险的政策目标确定为"分散农业生产经营风险的重要手段，对推进现代农业发展、促进乡村产业振兴、改进农村社会治理、保障农民收益等具有重要作用"，并明确了政策性农业保险属性。

作为政策性的农业保险，《指导意见》强调加大财政支持力度，主要涉及三个方面内容：一是优化现行农业保险财政支持政策；二是中央财政重点支持粮食生产功能区、重要农产品保护区和深度贫困地区，通过财政支持，并扩宽农业保险的保障范围，由保障物化成本向市场风险倾斜，使农业保险融入维护国家"粮食安全"、助力"脱贫攻坚"中，更好地发挥其社会治理的功能；三是强调对地方特色农产品中央实行以奖代补。财政支持政策一方面充分考虑了地方种植业发展的差异性，另一方面也优化了财政资金的使用形式。

为提高财政资金的使用效率，《指导意见》强调"加强财政补贴资金监管，对骗取财政补贴资金的保险机构，依法予以处理，实行失信联合惩戒"。

（3）相关规范性文件。

①中央一号文件。2003年，党的十六届三中全会通过的《中共中央关于完善社会主义市场经济体制若干问题的决定》提出，"要探索建立政策性农业保险制度"。2004~2020年，中央一号文件连续17年聚焦"三农"，其中16次强调发展政策性农业保险的必要性以及完善农业保险补贴制度的相关措施。[①]

纵观2004~2020年的中央一号文件，中央政府持续关注农业保险，面对农业出现的新形势，中央政府与时俱进、积极引导（见表3-4）。首先，中

---

① 2011年的中央一号文件主要强调的是完善农田水利建设及水利保险。

央一号文件多次提及加快建立政策性农业保险制度，健全现有的制度等；其次，对巨灾风险分散转移机制和再保险机制的支持，明确表示建立财政支持的风险转移机制；最后，农业保险保费补贴政策的不断调整和变化，中央一号文件始终强调逐步扩大试点推行范围，增加农业保险补贴品种，例如，2013 年开展了农作物制种保费补贴试点，扩大了种植业保险的补贴范围。

表 3-4　　　　　历年中央一号文件推动种植业保险发展的相关内容

年份	中央一号文件	相关内容
2004	《关于促进农民增加收入若干政策的意见》	加快建立政策性农业保险制度，选择部分产品和部分地区率先试点，有条件的地方可对参加种养业保险的农户给予一定的保费补贴
2005	《关于进一步加强农村工作提高农业综合生产能力若干政策的意见》	扩大农业政策性保险的试点范围，鼓励商业性保险机构开展农业保险业务
2006	《关于推进社会主义新农村建设的若干意见》	稳步推进农业政策性保险试点工作，加快发展多种形式、多种渠道的农业保险
2007	《关于积极发展现代农业扎实推进社会主义新农村建设的若干意见》	扩大政策性农业保险试点范围；各级财政对农户给予农保费补贴。积极发展农业保险，按照政府引导、政策支持、市场运作、农民自愿的原则，建立完善农业保险体系。扩大农业政策性保险试点范围，各级财政对农户参加农业保险给予保费补贴，完善农业巨灾风险转移分摊机制，探索建立中央、地方财政支持的农业再保险体系。鼓励龙头企业、中介组织帮助农户参加农业保险
2008	《关于切实加强农村基础建设进一步促进农业发展农民增收的若干意见》	完善政策性农业保险经营机制和发展模式。建立健全农业再保险体系，逐步形成农业巨灾风险转移分担机制
2009	《关于促进农业稳定发展农民持续增收的若干意见》	加快发展政策性农业保险，扩大试点范围、增加险种，加大中央财政对中西部地区保费补贴力度，加快建立农业再保险体系和财政支持的巨灾风险分散机制，鼓励在农村发展互助合作保险和商业保险业务。探索建立农村信贷与农业保险相结合的银保互动机制
2010	《关于加大统筹城乡发展力度进一步夯实农业农村发展基础的若干意见》	积极扩大农业保险保费补贴的品种和区域覆盖范围，加大中央财政对中西部地区保费补贴力度。鼓励各地对特色农业、农房等保险进行保费补贴。健全农业再保险体系，建立财政支持的巨灾风险分散机制

续表

年份	中央一号文件	相关内容
2012	《关于加快推进农业科技创新持续增强农产品供给保障能力的若干意见》	扩大农业保险险种和覆盖面，开展设施农业保费补贴试点，鼓励地方开展优势农产品生产保险。健全农业再保险体系，逐步建立中央财政支持下的农业大灾风险转移分散机制
2013	《关于加快发展现代农业进一步增强农村发展活力的若干意见》	健全政策性农业保险制度，完善农业保险保费补贴政策，加大对中西部地区、生产大县农业保险保费补贴力度，适当提高部分险种的保费补贴比例。开展农作物制种等保险保费补贴试点。推进建立财政支持的农业保险大灾风险分散机制
2014	《关于全面深化农村改革加快推进农业现代化的若干意见》	加大农业保险支持力度。提高中央、省级财政对主要粮食作物保险的保费补贴比例，逐步减少或取消产粮大县县级保费补贴，不断提高稻谷、小麦、玉米三大粮食品种保险的覆盖面和风险保障水平。鼓励保险机构开展特色优势农产品保险，有条件的地方提供保费补贴，中央财政通过以奖代补等方式予以支持。鼓励开展多种形式的互助合作保险。规范农业保险大灾风险准备金管理，加快建立财政支持的农业保险大灾风险分散机制
2015	《关于加大改革创新力度加快农业现代化建设的若干意见》	加大中央、省级财政对主要粮食作物保险的保费补贴力度。将主要粮食作物制种保险纳入中央财政保费补贴目录。中央财政补贴险种的保险金额应覆盖直接物化成本。加快研究出台对地方特色优势农产品保险的中央财政以奖代补政策
2016	《关于落实发展新理念加快农业现代化实现全面小康目标的若干意见》	完善农业保险制度。把农业保险作为支持农业的重要手段，扩大农业保险覆盖面、增加保险品种、提高风险保障水平。积极开发适应新型农业经营主体需求的保险品种。探索开展重要农产品目标价格保险，以及收入保险、天气指数保险试点。支持地方发展特色优势农产品保险、设施农业保险。探索建立农业补贴、涉农信贷、农产品期货和农业保险联动机制。积极探索农业保险保单质押贷款和农户信用保证保险。稳步扩大"保险+期货"试点。鼓励和支持保险资金开展支农融资业务创新试点
2017	《关于深化推进农业供给侧结构性改革加快培育农业农村发展新动能的若干意见》	持续推进农业保险扩面、增品、提标，开发满足新型农业经营主体需求的保险产品，采取以奖代补方式支持地方开展特色农产品保险。鼓励地方多渠道筹集资金，支持扩大农产品价格指数保险试点。探索建立农产品收入保险制度。稳步扩大"保险+期货"试点

年份	中央一号文件	相关内容
2018	《关于实施乡村振兴战略的意见》	探索开展稻谷、小麦、玉米三大粮食作物完全成本保险和收入保险试点，加快建立多层次农业保险体系。稳步扩大"保险＋期货"试点，探索"订单农业＋保险＋期货（权）"试点
2019	《关于坚持农业农村优先发展做好"三农"工作的若干意见》	按照扩面增品提标的要求，完善农业保险政策。推进稻谷、小麦、玉米完全成本保险和收入保险试点。扩大农业大灾保险试点和"保险＋期货"试点。探索对地方优势特色农产品保险实施以奖代补试点
2020	《关于抓好"三农"领域重点工作 确保如期实现全面小康的意见》	推进稻谷、小麦、玉米完全成本保险和收入保险试点。抓好农业保险保费补贴政策落实，督促保险机构及时足额理赔。优化"保险＋期货"试点模式，继续推进农产品期货期权品种上市

资料来源：2004～2020 年中央一号文件，其中 2011 年的中央一号文件没有农业保险相关规定。

针对农业发展中出现的新型农业经营主体等新情况、新形势，中央于 2012 年首次提出鼓励地方对特色农业保险提供补贴，2016 年又提出积极开发适应新型农业经营主体需求的农业保险。在保障水平方面，中央一号文件着眼于提升农业保险的保障广度和深度，一方面提出要逐步扩大农业保险覆盖面，另一方面以农业保险开展状况为基础不断做出适应性调整，2014 年起开始鼓励保险公司积极探索农产品价格保险、收入保险、天气指数保险等以保产量、保收入、保价格为目标的创新型农业保险，出现保障重心从成本向产量和收入转移的趋势。同时中央一号文件考虑到东中西部存在的农业产业和经济发展差异，从中央和地方财政两个角度不断细化补贴政策，提出加大中央财政对中、西部地区及生产大县的补贴力度，逐渐降低或取消产粮大县的县级保费补贴等。

②"国十条"与"新国十条"。为推进和完善我国的保险业，国务院于 2006 年颁布《国务院关于保险业改革发展的若干意见》，简称"国十条"，提出探索建立适合我国国情的农业保险发展模式和补贴模式。2014 年时国务院又颁布《国务院关于加快发展现代保险服务业的若干意见》，即保险业的"新国十条"，提出加大农业保险支持力度，强调了中央和地方在推行政策性农业保险中的责任，并对农业保险保障程度、农业保险产品创新以及差异化

补贴政策作了指示。由"国十条"到"新国十条"可以看出，我国政策支持方向已经由"保成本"转变为有条件的"保收入、保价格"，由"开发保单通俗的基础保险"转变为"探索价格保险、指数保险等新兴产品和服务"，以及对小额信贷保险、大灾风险分散机制的探索，多方面的转变均体现了2006~2014年我国政策性农业保险实现了快速发展，已由探索阶段迈向改革和创新阶段，如表3-5所示。

表3-5　　　　两个保险"国十条"关于农业保险的政策支持内容

政策文件	相关内容
"国十条"	探索建立适合我国国情的农业保险发展模式，将农业保险作为支农方式的创新，纳入农业支持保护体系；扩大农业保险覆盖面，有步骤地建立多形式经营、多渠道支持的农业保险体系；探索中央和地方财政对农户投保给予补贴的方式、品种和比例，对保险公司经营的政策性农业保险适当给予经营管理费补贴；支持保险公司开发保障适度、保费低廉、保单通俗的农业保险产品
"新国十条"	中央支持保大宗、保成本，地方支持保特色、保产量，有条件的保价格、保收入；扩大农业保险覆盖面，提高农业保险保障程度；开展农产品目标价格保险试点，探索天气指数保险等新兴产品和服务，丰富农业保险风险管理工具；落实农业保险大灾风险准备金制度；支持保险机构提供保障适度、保费低廉、保单通俗的"三农"保险产品及农村小额信贷保险等惠农保险；落实农业保险税收优惠政策；加大农业保险支持力度，提高中央、省级财政对主要粮食作物的保费补贴，减少或取消产粮大县三大粮食作物保险县级财政保费补贴；建立财政支持的农业保险大灾风险分散机制

资料来源：中华人民共和国中央人民政府官网。

③其他规范性文件。保监会2009年发布的《关于规范政策性农业保险业务管理的通知》等一系列规范性文件，明确了农业保险数据统计、承保、理赔、保险条款等方面的业务规范。此外，保监会在2013年发布《关于加强农业保险业务经营资格管理的通知》，加强了对农业保险公司的经营资质管理。2015年，保监会、财政部、农业部《关于进一步完善中央财政保费补贴型农业保险产品条款拟订工作的通知》，大幅提升了农业保险产品条款费率拟订的制度化和规范化水平，对进一步扩大农业保险覆盖面，保护投保农户合法权益，发挥农业保险功能作用将带来深远影响，标志着农业保险产品管理制度的进一步完善。同时，在国家为促进农业经济发展、实现脱贫攻坚而出台的规范性文件中，也多次提到扶持农业保险发展。这些规范性文件（见表3-6）的发布极大地促进和规范了种植业保险的发展。

表 3 – 6 涉及种植业保险的其他规范性文件

类别	文件
经营资质	1. 《关于加强农业保险业务经营资格管理的通知》 2. 《关于进一步明确农业保险业务经营条件的通知》
业务规范	1. 《关于印发农业保险统计制度分析指标和分析图表的通知》 2. 《农业保险统计制度》 3. 《关于加强政策性农业保险各项政策措施落实工作的通知》 4. 《关于规范政策性农业保险业务管理的通知》 5. 《关于进一步做好农业保险发展工作的通知》 6. 《关于加强农业保险承保管理工作的通知》 7. 《保监会加强农业保险理赔管理工作》 8. 《农业保险承保理赔管理暂行办法》 9. 《农业保险数据规范》 10. 《关于进一步完善中央财政保费补贴型农业保险产品条款拟订工作的通知》 11. 《关于进一步加强和改进财产保险公司产品监管有关问题的通知》
其他	1. 《关于金融服务"三农"发展的若干意见》 2. 《深化农村改革综合性实施方案》 3. 《推进普惠金融发展规划（2016 – 2020 年）》 4. 《关于金融助推脱贫攻坚的实施意见》 5. 《关于保险业支持实体经济发展的指导意见》 6. 《关于加快构建政策体系培育新型农业经营主体的意见》 7. 《乡村振兴战略规划（2018 – 2022 年）》 8. 《关于保险业支持深度贫困地区脱贫攻坚的意见》 9. 《关于打赢脱贫攻坚战三年行动的指导意见》 10. 《关于做好 2019 年农业农村工作的实施意见》 11. 《关于促进小农户和现代农业发展有机衔接的意见》 12. 《关于做好 2020 年产业扶贫工作的意见》

资料来源：中华人民共和国中央人民政府官网、中华人民共和国农业农村部官网、银保监会官网。

（4）其他政策文件。

除与农业保险相关的行政法规、部门规章和规范性文件外，种植业保险及其保费补贴政策作为维护国家粮食安全和强农惠农富农的重要措施，在支持粮食增产、农户增收、深化农村改革、促进农业现代化的相关政策中占有一席之地。如 2011 ~ 2020 年，财政部与农业部关于推进粮食增产、农民增收的相关政策文件中就多次提到农业保险及保费补贴政策（见表 3 – 7），涉及完善农业保险保费补贴制度、加大保费补贴力度及其配套措施等内容。

表 3 – 7　　　　涉及种植业保险的其他农业支持政策文件及相关内容

文件名称	相关内容
《2011 年国家支持粮食增产、农民增收的政策措施》	完善农业保费补贴政策，加大保费补贴支持力度，增加农业保险试点品种，扩大农业保险覆盖面；支持和鼓励地方特色农业保险
《2012 年国家支持粮食增产农民增收的政策措施》	完善农业保险政策，加大对农业保险的支持力度；增加保费补贴品种，将糖料作物纳入中央财政农业保险保费补贴范围；扩大保费补贴区域，将现有中央财政农业保险保费补贴险种的补贴区域扩大至全国；明确补贴比例
《2013 年国家支持粮食增产农民增收的政策措施》	继续完善农业保险保费补贴政策；增加农业保险品种；加大对中西部地区、生产大县农业保险保费补贴力度，适当提高部分险种的保费补贴比例；推进建立财政支持的农业保险大灾风险分散机制
《2014 年国家深化农村改革、支持粮食生产、促进农民增收政策措施》	进一步加大农业保险支持力度，提高中央、省级财政对主要粮食作物保险的保费补贴比例，逐步减少或取消产粮大县县级保费补贴，不断提高稻谷、小麦、玉米三大粮食品种保险的覆盖面和风险保障水平；鼓励保险机构开展特色优势农产品保险，有条件的地方提供保费补贴，中央财政通过以奖代补等方式予以支持；扩大畜产品及森林保险范围和覆盖区域；鼓励开展多种形式的互助合作保险
《2015 年国家深化农村改革、发展现代农业、促进农民增收政策措施》	同上
《2016 年国家落实发展新理念加快农业现代化 促进农民持续增收政策措施》	省级财政对产粮大县三大粮食作物农业保险保费补贴比例高于 25% 的部分，中央财政承担高出部分的 50%。政策实施后，中央财政对中西部、东部的补贴比例将由目前的 40%、35%，逐步提高至 47.5%、42.5%
《2017 年重点强农惠农政策》	纳入中央财政保险保费补贴范围的品种，按照农业保险"自主自愿"等原则，农民缴纳保费比例由各省自主确定，一般不超过 20%，其余部分由各级财政按比例承担
《2018 年财政重点强农惠农政策》	在 13 个粮食主产省的 200 个大县深入实施农业大灾保险试点，启动实施三大粮食作物完全成本保险试点
《2019 年国家强农惠农富农政策措施》	中央财政对产粮大县水稻、玉米、小麦等三大粮食作物保险进一步加大支持力度，提高产粮大县三大粮食作物农业保险保费补贴比例；开发面向适度规模经营农户的专属大灾保险产品；面向规模经营农户和小农户，开展三大粮食作物完全成本保险和收入保险试点；明确农户、种子生产合作社和种子企业等开展的符合规定的水稻、玉米、小麦制种，投保农业保险应缴纳的保费纳入中央财政农业保险保险费补贴目录
《2020 年重点强农惠农政策》	同上

资料来源：中华人民共和国农业农村部（农业部）官网。

（四）种植业保险保费补贴政策的特点

1. 尚处于保成本的阶段

2008 年，财政部印发的《中央财政种植业保险保费补贴管理办法》明确，我国的种植业保险补贴险种以"低保障、广覆盖"为原则，保险金额原则上为保险标的生长期内所发生的直接物化成本。2016 年，《中央财政农业保险保险费补贴管理办法》进一步提出，有条件的地方可以结合实际，对超出直接物化成本的部分，如地租及人工成本，给予一定的保费补贴。尽管 2018 年中央一号文件提出，"探索开展稻谷、小麦、玉米三大粮食作物完全成本保险和收入保险试点，加快建立多层次农业保险体系"，2020 年中央一号文件继续强调"推进稻谷、小麦、玉米完全成本保险和收入保险试点"，但从实践来看，我国种植业保险保费补贴仍以保障成本为主。

2. 主要形式是保费补贴

我国种植业保险的补贴项目比较单一，中央和地方政府按比例对农户投保需支付的保费进行补贴，天气指数保险、价格指数保险等创新型保险则由试点地区的地方政府按实际情况进行补贴。除保费补贴外，税收方面也有一定的减免。根据税收政策，对保险公司的种植业保险业务可免征保险业务监管费、农险业务增值税，种植业保险所得按 90% 的税基予以征税，且大灾风险准备金可以在税前扣除。但税收补贴政策仅针对农业保险公司，且减税扶持程度较小，目前我国的补贴形式仍以保费补贴为主，属于直接补贴性质。

3. 保费补贴比例高

目前我国执行的补贴比例是中央财政对中西部、东部的补贴比例逐渐提高至 47.5%、42.5%，新疆生产建设兵团、中央直属垦区等补贴比例为 65%，另外省级财政补贴至少补贴 25%，即补贴比例至少为 67.5% ~90%，而全球的平均财政补贴比例为 44%，种植业保险发展水平较高的美国则为 35% ~80%，可见我国保费补贴比例处于较高的水平。[1]

4. 兼顾经济区划和地方优势

我国种植业保险补贴政策兼顾了东中西经济区划和地方优势。种植业保

---

[1] 冯文丽，苏晓鹏. 我国农业保险"高补贴低覆盖"问题分析 [J]. 南方金融，2012 (03)：70 –73.

险保费补贴政策首年实施时仅规定中央财政部补贴25％，地方政府再补贴25％，从2009年起保费补贴政策开始注重经济区划，设置了东部地区和中西部地区两档补贴比例，考虑到东部地区经济水平较高，农民保险意识较强，东部地区补贴比例略低于中西部地区。除东、中、西部设置比例外，补贴政策还对黑龙江、新疆、中央直属垦区等具有地方优势和特点的种植区单独设定补贴比例，除明确规定的农业标的外，补贴地区也可以根据政府财力和当地农业特色，自主选择农业补贴险种。

5. 区域内"平比例"补贴

区域内"平比例"即财政补贴比例不根据保障水平的变化而变化，在大方向上仅考虑区划因素，补贴比例较为单一。以美国为例，美国保费补贴比例为35％～80％，而我国为67.5％～90％，虽然我国绝对补贴比例高于美国，但美国的补贴政策内含多个档次，根据产量保障程度差异化，产量保障水平越高，补贴率越低，补贴比例趋于细化。

（五）种植业保险保费补贴政策变化趋势

我国种植业保险补贴政策从2004年开始实行至今，经过了多次调整和补充，总体呈现出以下几个趋势：

1. 补贴比例不断提高

从种植业保险保费补贴试点以来，政府先后出台相关政策，提高种植业保险保费补贴比例。2007年中央政府和省级政府对种植业保险保费各补贴25％，剩余保费由农户自行负担。2008年中央政府补贴比例上升为35％，补贴水平有了显著提高，2009年又再次提升中央政府补贴比例为35％～65％（东部35％，中西部40％，新疆生产建设兵团、黑龙江农垦总局为65％）。在这一补贴水平维持数年后，2016年，中央再次提出中央财政分别将中西部、东部的补贴比例逐步提高至47.5％和42.5％。整体补贴水平不断提高的同时，种植业保险保费补贴中由中央政府承担的比例也显著上升。2016年提出取消产粮大县的县级财政补贴，2017年提出中央财政对三大粮食作物种植业保险保险费补贴比例由65％提高至72.5％。中央补贴力度的不断提高，极大地减轻了地方财政和农户经济负担。

2. 补贴区域逐步扩大

我国的种植业保险保费补贴政策由试点展开，2007 年时仅将内蒙古、吉林、江苏、湖南、新疆和四川六个省份作为试点，逐步向农业大省推广，2011 年时，中央财政补贴种植业保险保费的省份增加为 25 个，森林保险财政补贴增至 6 个省份。[①] 补贴范围逐步扩展，2012 年实现种植业保险保费补贴政策覆盖全国范围。同时农业保险保费补贴绩效评估试点也于 2011 年开启，由试点省份逐步推广至其他省份。

3. 补贴种类不断增加

对保险保费补贴种类的增加体现在可保农作物的范围增加。2007 年中央财政补贴险种仅包含粮食作物、油料作物、经济作物三个大类（玉米、水稻、小麦、大豆、棉花），此后增加油菜、花生、马铃薯、青稞以及糖料作物等，2018 后增加扩大到水稻、玉米、小麦制种，2019 年后增至国家鼓励发展的优势农产品品种或地方重点产业发展规划品种。覆盖农作物种类更加丰富，承保范围已经从基本粮食作物发展到各类农作物。

4. 补贴结构更加合理

我国种植业保险保费补贴政策从 2009 年开始改变全国统一的做法，补贴水平按区域划分为 35%、40%、65% 三档水平，体现出区域经济发展水平和财政承受能力的差异。2016 年开始考虑到产粮大县的财政承受能力有限，将产粮大县的县级财政补贴改为中央财政划拨，补贴政策进一步细化。另外，补贴政策允许各地方政府根据当地农业发展情况，自主确定种植业保险财政补贴对象。原保监会于 2015 年表示将加强与地方的合作和信息交流，细化农业风险区划，完善保险费率浮动机制。2020 年，为符合农业供给侧结构性改革调整方向，《关于扩大中央财政对地方优势特色农产品保险以奖代补试点范围的通知》指出，对于国家鼓励发展的优势农产品品种或地方重点产业发展规划品种，地方政府负主要支出责任，中央财政在此基础上承担部分补贴责任。以上政策的调整，体现出政策补贴趋于细化，不仅考虑了地区农业产

---

① 郑军，汪运娣. 农业保险的经营模式与财政补贴政策：中美比较及"启示"［J］. 农村经济，2016（08）：119 – 124.

业的发展情况，同时也考虑到了地方政府财力状况，更贴近实际，农业保险保费补贴效果将更加准确和具有针对性。

5. 保障水平逐渐提高

从历年政策整理可知，财政补贴支持着种植业保险保障程度的提高，种植业保险从基本覆盖生长期直接物化成本，逐渐提高到完全覆盖直接物化成本。2008 ~ 2018 年，我国种植业保险的保障水平稳步上升，且主要以保障广度为驱动。2018 年，种植业保险保障水平为 11.98%，其中，主要作物保险保障广度高于 70%，保障深度处于 30% ~ 45%。① 保险责任也显著扩大，种植业保险将旱灾、地震、泥石流、病虫草鼠害等纳入保险责任，并取消了绝对免赔额，提高了赔付标准。区域产量保险、价格指数保险等保险的出现，说明我国种植业保险开始尝试以保产量和保收入为目标，试点地区地方政府也不断推出创新型种植业保险的补贴政策。2015 年颁布的《关于进一步完善中央财政保费补贴型农业保险产品条款拟订工作的通知》明确提出，鼓励保险公司积极开发满足农业生产者，尤其是新型农业主体风险需求的高保障、多层次的保险产品，鼓励地方政府提供一定的保费补贴。表明我国种植业保险供给结构正在发生变化，力求适应多样化的需求，提高种植业保险保障水平。

四、种植业保险保费补贴政策绩效的定性分析

2004 年至今，种植业保险保费补贴政策从最初的试点推行，到目前的全国推广，种植业保险保费补贴政策逐渐趋于成熟完善。随着保费补贴政策的实施，我国种植业保险业务大幅增加。截至 2018 年，种植业保险业务覆盖全国，水稻、小麦、玉米三大主粮作物承保覆盖率超过 65%，保费收入达 571.4 亿元，指数保险产品试点工作开展顺利。但相对于我国农业种植规模、农村经济发展水平与农民的消费需要来说，现有的种植业保险发展水平还远远不能满足"三农"的现实需要，其经营效率和服务水平也有待进一步提

---

① 张峭，王克，李越，王月琴. 我国农业保险风险保障：现状、问题和建议 [J]. 保险研究，2019（10）：3 – 18.

高。"高补贴、低覆盖"、国家财政资金被套取及农户收入差距加剧等现象，亟须从保费补贴的政策层面分析原因，从而谋求政策优化，更好地为我国种植业保险服务。

（一）种植业保险保费补贴政策的实施效果

种植业保险保费补贴政策的实施，推动了我国种植业保险实现跨越式发展。近年来，种植业保险在贯彻落实中央强农惠农富农政策、防范化解农业生产风险、稳定农民收入、落实维护国家粮食安全战略和完善农村社会支持保护体系等方面发挥着越来越重要的作用。

1. 提高了农户参保率

种植业保险保费补贴可以通过提高农户参与率来矫正种植业保险市场失灵。在没有保费补贴的条件下，只有极少数种植业风险很高的农户会参加农作物保险，因而不能形成一个有效的种植业保险市场；在政府提供足够的保费补贴的情况下，部分农作物风险较低、原本不考虑投保农作物保险的农户，也可能在保费补贴的激励下参加种植业保险，进而提高种植业保险投保率，从而使保险市场制度得以运行。自种植业保险保费补贴政策实行以来，我国农户对投保种植业保险的积极性逐步提高，参保农户从 2007 年的 4981 万户次增长到 2018 年的 1.95 亿户次，同比增长 15.9 倍（见图 3 - 13），也意味着农户对种植业保险的认可度不断提高，种植业保险逐步将更多农户纳入风险保障机制内。

截至 2008 年，我国农业保险业务规模仅次于美国，居全球第二，我国种植业保险市场在世界范围内的地位日益提升。2013 年，我国农业保险在三个方面实现了突破：一是保险金额突破 1 万亿元，达到 1.39 万亿元；二是参保户次突破 2 亿户，为 2.14 亿户；三是主要农作物承保面积突破 10 亿亩，达到 11.06 亿亩（约占全国播种面积的 45%）。中央和各级财政 2007 ~ 2018 年累计拨付的农业保险财政补贴高达 2516.9 亿元，对种植业保险保费补贴比例约为 80%。① 如图 3 - 13 所示，2007 ~ 2018 年，在保费补贴政策的强力推动

---

① 中国农业保险保障水平研究课题组. 中国农业保险保障水平研究报告［M］. 北京：中国金融出版社，2019：3 - 4.

下，实现保费收入从51.8亿元增长到571.41亿元，同比增长19.61%；参保农户从4981万户次增长到1.95亿户次，同比增长15.9%；风险保障从0.17万亿元增长到3.46万亿元，同比增长24.23%。其中，2018年中央财政拨付保费补贴资金199.34亿元，同比增长11%，为1.95亿户次农户提供风险保障3.46万亿元，中央财政保费补贴资金使用效果放大174倍。截至2018年，种植业保险业务覆盖全国，水稻、小麦、玉米三大主粮作物承保覆盖率超过65%，保费收入达571.4亿元。同时，种植业保险的财政补贴力度不断加大，农作物保险的平均补贴水平约为80%。

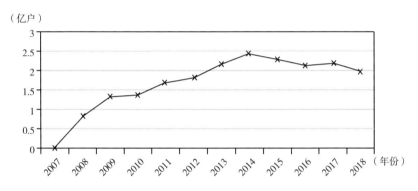

图3-13 2007~2018年我国农业保险参保户次

资料来源：《中国农业保险研究2020》《中国农业保险分析与评价》、银保监会官网。

2. 鼓励了农户扩大种植面积

种植业保险保费补贴政策显著提高了农户种植业保险参保率，农户得以以较低的成本获取风险保障。而种植业保险具有促进灾后恢复生产、平滑农户种植业收入的功能，因此有效地提高了农户从事种植业生产的积极性，鼓励农户积极扩大种植规模。2007~2018年我国农作物播种总面积总体上呈增长趋势，尤其是种植业保险保费补贴政策的扶持重点——稻谷、小麦和玉米三种粮食作物的种植面积分别增长4.2%、2.09%和4.03%（见图3-14）。2016年开始，部分地区如河南省对补贴结构进行了一定调整，总体上来说提高了对大豆保险的中央财政补贴比例，而玉米保险的中央财政补贴比例有所降低。保费补贴比例调整后，农户对各类作物的种植规模也随之改变，2017年玉米的种植面积迅速下降，而大豆种植面积显著增加。

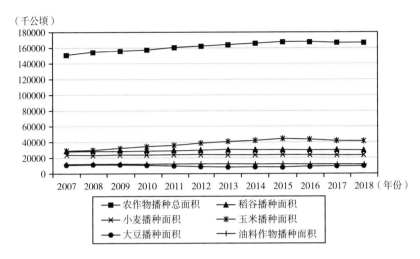

图 3 - 14　2007 ~ 2018 年我国种植业播种面积

资料来源：2008 ~ 2019 年《中国统计年鉴》。

3. 推动了农户调整种植结构

种植业保险保费补贴政策能够提高农户农业生产积极性，保障农产品供给稳定，同时保费补贴政策对于农户生产行为的引导作用，使其能有效地促进农业生产结构优化调整，加速农业现代化进程。首先，种植业保险保费补贴政策的实施会提高被保险农产品的预期收益，激励农民加大对该农产品的生产规模，进而引发传统农业生产方式向专业化、集约化的农业生产方式转变。其次，保费补贴能够导致种植业生产结构转变，如农户根据保费补贴比例的高低调整各类作物的种植规模，增加高补贴作物种植面积，减少低补贴作物耕种面积。我国农业生产实践为其进行了佐证，2007年中央财政开始实施种植业保险保费补贴试点，五类主要粮食作物（小麦、稻谷、玉米、油料作物和大豆等）的种植面积持续调整，种植面积占比也发生了变化。截至 2018 年，低保费补贴作物大豆的种植面积比例下降幅度为 11.05% ，而高保费补贴作物的玉米，其种植面积比例增加了 32.17% ，其余作物的种植面积则相对稳定（见图 3 - 15）。最后，种植业保险保费补贴在提高农户参保意愿的同时，减少了农户在种植业生产中化学要素的投入，有利于维护生态安全。种植业保险作为一种风险管理工具，具有风险保障的功能，而种植业生产中化学要素的投入同样具有减少风险作用，并且化学要素的投入会产生较高的劳动成本和要素成本，农户为追求预期收益最大化，在道德风险驱使下，参加种植业保险后会减少甚至不再施用化学要素。

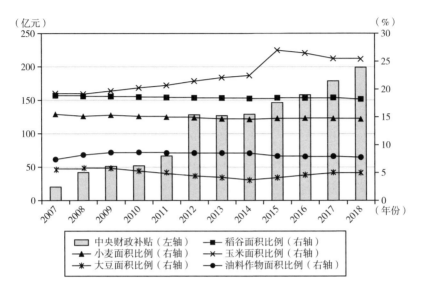

图 3 - 15　2007 ~ 2018 年我国中央财政补贴规模与粮食作物种植结构

资料来源：《中国农业保险研究 2020》、2008 ~ 2019 年《中国统计年鉴》。

4. 促进了农业经济稳定发展

种植业保险日益成为农村经济社会发展的"助推器"和"稳定器"，成为我国现代农业风险管理的重要手段。2007 年我国农业保险提供风险保障 1126 亿元，至 2018 年达到 3.46 万亿元，11 年间增长 30.72 倍，2018 年农业保险为 1.95 亿户次农户提供风险保障，在抗灾救灾和灾后重建中发挥了积极的作用。2013 年，强台风"海燕"袭击海南省，胶农损失惨重，种植业保险对受损胶农支付赔款高达 1.5 亿元，创下了种植业保险史上单一保单下的最大赔款纪录。2014 ~ 2016 年，农业保险的保险金额有所提高，平均每年占农业生产总产值的五分之一；与此同时，农业保险赔款达 267 亿元，是各级政府救灾资金的 7 倍，占农业生产直接经济损失的 9.67%。

此外，随着脱贫攻坚工作的日益推进，种植业保险功能作用的发挥使其成为了脱贫攻坚的利器之一。种植业保险及其配套措施的完善，使得受灾农户能够及时得到赔付，有效地降低了农户因灾返贫的风险。为此，原保监会将农业保险确定为保险业打好脱贫攻坚战的主攻方向之一。

5. 改善了国民收入再分配

保险区别于救济的一个重要方面就是它具有独特的保险再分配作用。政府通过种植业保险保费补贴对收入的影响表现为两个方面：首先，保费补贴通过两种形式重新分配国民收入：一是由于保险经济补偿机制的存在，参保农户所支付的保费可以在时间和空间上，实现受灾农户与非受灾农户之间、受灾地区与非受灾地区之间的收入再分配；二是政府以保费补贴的形式将部分国民收入转移给农户，以便在农业和非农业部门之间重新分配国民收入。其次，保费补贴减轻了参保农户经济负担，而农作物保险赔款总额远远超过农户所支付的保险费（见图 3 - 16），这在一定程度上增加了农户的预期收益，使得受灾农户的收入水平在预期的区间范围之内而不至于出现剧烈波动，进而提高了所有农户的平均收入水平。因此，政府对参保农户的保费补贴实现了收入再分配，能够稳定和增加农户收入。

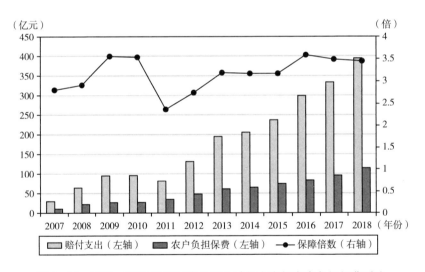

图 3 - 16 2007～2018 年我国农业保险赔付支出与农户负担保费对比

资料来源：2008～2019 年《中国保险年鉴》，原保监会官网。

6. 完善了农村普惠金融体系

制约农业发展、农民增收的重要因素之一是农村普遍存在的金融抑制问题，而较高的农业风险和运行成本是金融抑制问题的成因。[①] 我国实施种植业保险的实践证明，种植业保险不仅可以促进农业生产恢复，提高农业发展稳定性，还通过和其他金融产品的结合，大大改善了农村金融环境，尤其是促进了小农信贷增长和农业风险管理手段的改善。

在天气指数保险、价格指数保险等指数型保险推出后，种植业保险有了新的发展方向，"保险＋期货""保险＋信贷"的新形式不仅为种植生产和发展上了"双重保险"，指数产品保险单作为标准化的金融产品，可以通过在二级市场上交易实现种植业风险的转移和分散，保险公司也可以和期货公司签订场外看跌期货、期权合约实现"再保险"。同时这些新形式也促进了农产品期货市场和小额信贷市场的发展。中国社科院于 2016 年发布《中国"三农"互联网金融发展报告》提到，我国的"三农"金融缺口大于 3 万亿元。而财产保险公司作为种植业保险的供应者，同时还可以提供种植业保险保单质押、小额贷款保证保险等服务，可以将种植业保险和小额融资相结合。例如中国人民保险集团 2015 年探索"保险＋融资"的新模式，扩展到为"三农"提供融资服务。截至 2016 年底，这一项目已在全国 27 个省份展开，服务"三农"和小微企业 5.6 万户，平均每笔融资 6.3 万元。种植业保险已经成为农村普惠金融体系的重要组成部分。

（二）种植业保险保费补贴政策的负面影响

在我国农户众多且经营分散的背景下，加之种植业保险具有"三高"的特点，即高风险、高成本和高赔付，使得种植业保险市场的有效运行极为困难。2007 年我国开始实施种植业保险财政补贴试点工作，在政府的大力支持和政策的强力推动下，种植业保险市场蓬勃发展，但补贴政策的有效性仍存在诸多不足。

1. 出现"高补贴、低覆盖"现象

自政策性种植业保险发展以来，我国财政扶持力度不断提高。2004 年，由中央和省级财政提供的保费补贴比例合计为 50％的，次年中央和省级财政

---

① 王德宝，王国军. 我国农业保险的发展成就、存在问题及对策建议 ［J］. 保险职业学院学报，2014，28（04）：58 – 64.

对东部和中西部的补贴比例分别提高为60%和65%，加上市县配套财政补贴资金补贴比例可达80%，高补贴状况一直延续至今。然而，从我国种植业保险的承保覆盖面积看，承保比例仍有待提高。截至2013年底，农业发达国家例如美国的种植业保险承保面积占全部农作物播种面积的3/4，与之形成强烈对比的是，我国承保农作物的总面积仅为45%，即使在承保面积最大的2018年，我国种植业保险承保面积刚达到全年农作物播种面积的70%。也就是说，目前我国的种植业保险承保面积有待进一步提高。此外，除主要粮食作物（水稻、小麦、玉米）和油料作物（大豆、花生、油菜）的保险覆盖面较广外，其他作物的覆盖面较小。不仅如此，能够得到中央政府补贴的农作物只有玉米、水稻、小麦、棉花、马铃薯、油料作物以及糖料作物，种植业保险覆盖范围有限。

与高补贴比例形成鲜明对比的是，我国种植业保险保障水平明显偏低，尤其种植业保险保障水平与农业产业发展布局不匹配，农业大省的种植业保险保障水平远低于其他省份。据《中国农业保险保障研究报告（2019）》，2018年我国农业保险总体保障水平是美国的1/5，加拿大的1/3和日本的1/2。目前，种植业中除大豆、油料作物保障广度不足50%，玉米保障广度在60%的水平，水稻、小麦、棉花、甘蔗等其他主要作物保险保障广度均超过70%，但保障深度及增速相对保障广度而言略显滞后，多数产品保险保障深度处于30%～45%（小麦：43.44%、玉米：44.57%、水稻：34.78%、花生：30.24%、油菜籽：34.27%），即平均保额不到每亩产值的一半，种植业保险赔付对种植户的损失赔偿明显不足。[①]

2. 种植业保险有效需求不足

种植业保险具有双重正外部性，在经营中容易出现供给不足和需求不足。为了提高种植业保险需求，政府提供了种植业保险补贴，然而较高的种植业保险补贴比例和补贴形式的单一化，使得我国种植业保险对财政补贴具有较强的依赖性，加之种植业保险保障水平较低，种植业保险有效需求明显不足。目前农户购买种植业保险主要是通过全村统一购买或者保险公司现场销售，

① 张峭，王克，李越，王月琴. 我国农业保险风险保障：现状、问题和建议［J］. 保险研究，2019（10）：3-18.

主动购买种植业保险的农户占比极小。2007～2018 年我国农业保险累计保费收入 3347. 59 亿元，其中中央和各级财政累计保费补贴高达 2516. 9 亿元，占同期保费收入的 74. 56%。[1] 种植业保险发展对财政补贴依赖严重，导致农户有效需求不足，对未实行补贴政策的农作物缺乏投保动力，也抑制了保险公司对新保险品种、产品的探索和尝试。指数型种植业保险产品在我国开展试点工作已久，但至今为止仍未在大范围内推广，每年推出的新试点数量有限。

我国的种植业保险补贴比例高达 80%，补贴方式比较粗放，直接以保险费的形式补贴给保险公司，过高的补贴比例和单一的补贴形式造成边际收益递减严重，对农户参保率和对保险公司产品供给的积极影响都将减弱，长此以往不仅不能提振需求，还会加重财政负担，尤其是处于经济欠发达地区的地方政府将无力对种植业保险进行长期补贴，影响种植业保险财政补贴项目的可持续发展。[2]

3. 套取国家财政资金现象频发

在种植业保险的开展过程中，国家投入了大量财政资金支持种植业发展。但在这一过程中，也出现了套取国家财政资金现象，如虚假承保、虚假理赔、不法挪用等，严重阻碍了种植业保险发展。据不完全统计，我国种植业保险中道德风险给保险公司造成的经济损失占保险赔款的 20% 以上。[3]

套取国家财政资金的现象主要体现在四个方面：一是乡镇、村委违规操作。具体而言，在投保阶段，部分地区乡镇政府或村委会以统收或垫交保费的方式为农户统一投保，乡镇营销人员有可能和保险公司基层人员串通，利用农户信息进行虚假投保和骗保。在理赔阶段，部分基层政府对农户保险资料的管理较为混乱，使得参保农户在受灾时索赔无证。另外，由于保险公司采取将赔款打包直接统赔给乡政府或行政村的形式，理赔结果的不透明和理赔不能到户极易造成赔款在参保农户间分配不公，甚至出现赔款被截留或贪污挪用现象。二是险企虚假承保。保险公司为了自身利益夸大种植业保险保

---

① 安华研究所. 中国农业保险研究（2019）［M］. 北京：中国农业出版社，2019：13 - 15.

② 刘吉军. 我国农业保险保费财政补贴存在的问题［J］. 合作经济与科技，2017（03）：176 - 178.

③ 王德宝，王国军. 我国农业保险的发展成就、存在问题及对策建议［J］. 保险职业学院学报，2014，28（04）：58 - 64.

障效果，做出"稳赚不赔"等虚假承诺，甚至同有关职能部门、乡镇、村组伪造土地承包合同和虚报承保数量等骗取财政补贴。三是农业企业虚假投保。目前种植业保险没有详细、明确的投保标的特征，在勘查定损中又不能将承保人与实际种植人对应，加上基层承保公司的玩忽职守，给了一些不具备投保资格的地方农业龙头企业有机可乘的空间，进而借机对虚拟标的进行投保。四是部分地方政府"截留""挪用""强占"层层财政拨付的保费补贴，致使保险机构面临"应收保费"难题，影响保险机构的正常经营，也影响财政专用资金合规和安全使用问题。

其中，"应收保费"指投保人没有如期交纳的保险费挂账。具体到农业保险，主要是指基层政府拖欠保险公司的各级财政（中央、省、市）已经拨下来的保险费补贴。"应收保费"问题已成为阻碍农业保险高质量发展的绊脚石，严重影响了政府财政资金的使用效率。据庹国柱（2019）的调研，某省做农业保险业务最多的三家公司，历年积累的"应收保费"比当年的全部保费还多。其中一家公司账面上的保费收入是 6.1 亿元，但"应收保费"却是 6.9 亿元，是当年保费收入的 113%。另外调查的一家省分公司，2019 年农业保险保费账面总收入约 15 亿元，不算当年未结清的保费补贴款，2019 年之前积累的"应收保费"就有 3.3 亿元，占 2019 年保费总收入的 22%。①"应收保费"问题的凸显也从侧面反映出县级财政吃紧、财政监管不到位、财政部门的农业保险费补贴专项资金拨付程序有瑕疵等问题。②

4. 加剧地区间不公平和农户收入差距

当前我国种植业保险发展过程中存在发达地区高保障、欠发达地区低保障的状况，将会导致东西部农户的收入差距进一步加大，使得政府的财政支出结果显失公平。我国实行"补贴联动"的资金拨付制度，只有地方财政有能力并且在配套资金到位的情况下，中央财政才给予资金支持。"补贴联动"的补贴方式虽然有效地规避了地方政府的道德风险，却有失公平性。部分地区由于资金周转原因，上年的财政补贴款直到下年初才陆续下拨到县级保险

---

① 庹国柱. 让农业保险在打赢脱贫攻坚战中作出更大贡献 [N]. 中国银行保险报，2020 - 02 - 10 (002).

② 庹国柱. 农险"应收保费"难题盼解 [N]. 中国保险报，2018 - 12 - 25 (003).

机构，导致补贴资金不能足额及时到位。2016 年中央一号文件提出取消产粮大县的县级财政补贴，转而由中央提供补贴，但对于一些不符合产粮大县补贴标准的经济欠发达地区，虽然政策性种植业保险边际效用更高，但受限于地方财力不足，导致上级财政补贴的不到位或不及时等问题，产生明显的补贴累退效应，严重影响保险赔款的及时支付，挫伤了农民的投保积极性。而相对富裕的地区先行和更多地享受上级政府财政补贴。如果发达地区高保障、欠发达地区低保障的现状不能得以改变，将会导致政府财政支出结果的不公平。因此，在经济差距和地方财政实力悬殊的情况下，亟须设计一种既在各级政府财政实力承担范围之内，又能确保不同地区农民能享有同等财政支持力度的种植业保险补贴模式。

小　结

我国种植业保险自 1982 年恢复试办以来，经历了"恢复试办期""高峰期""持续萎缩期""改革期""创新发展期"五个时期。在国家经济稳定发展、粮食安全问题日益凸显的背景下，保险业务结构调整和种植业保险等现实需求促成了种植业保险保费补贴政策的诞生。自 2007 年种植业保险保费补贴政策试点以来，我国种植业保险迅速发展，对农户的投保和生产决策产生了显著的积极影响，同时有效地发挥了促进农业稳定发展、改善国民收入再分配、完善农村金融体系等社会功能。在此期间，我国逐步建立起比较完备的种植业保险财政补贴的政策体系：处于行政法规层面的《农业保险条例》以及农业部及财政部等部门出台的一系列相关部门规章制度及规范性文件，均对种植业保险保费补贴政策和相关配套措施做出指示，对种植业保险的指导和规范具有纲领性、宏观性的意义。在政策多次调整、完善的过程中，一方面，我国种植业保险保费补贴的水平不断提高、补贴范围逐步扩大、补贴种类更加丰富、补贴结构趋于合理，整体保障水平呈上升趋势。另一方面，我国保费补贴政策也呈现出以保成本为主、以保费补贴为主要形式、保费补贴比例过高且区域内差异较小等特点。需要注意的是，我国现有种植业保险财政补贴相关的政策法规均未上升至法律层面，《农业保险条例》仅作为《农业法》和《保险法》的配套法规出现，立法层次较低，实际上缺乏对相关主体权利义务关系的明确规定。而相关部门规章、规范性文件的法律级次较低，在实践操作中缺乏权威性，且相关政策及文件对保险组织架构、业务经营、定价核算、巨灾转移等方面的相关规定存在模糊甚至空白。实践中，我国种植业保险保费补贴政策在矫正种植业保险市场失灵、推进种植业结构调整的同时，也产生了补贴比例过高不利于可持续发展、套取国家财政资金现象频发等消极影响。

| 第四章 |

种植业保险保费补贴对农户生产行为的影响

——基于情景模拟的实证研究

实施乡村振兴战略，必须坚持质量兴农、绿色兴农，以农业供给侧结构性改革为主线。进入经济新常态后，我国种植业发展面临的问题已经由供应量不足转变为供需结构性矛盾，资源节约型、环境友好型和生态保育型农业成为导向。种植业保险保费补贴政策在我国实施时间已逾十年，保费补贴政策能否适应种植业发展现状，引导农户转变生产行为，助力种植业结构性调整和绿色发展成为值得关注的问题。本章基于农户生产行为角度，探究种植业保险及保费补贴政策是否以及如何对农户生产行为施加影响，进而激励种植业结构性调整，为保费补贴政策在制度和实践上的调整提供理论依据和实证支撑。

一、引言

种植业保险保费补贴政策推行至今，对我国种植业保险的发展产生了巨大的推动作用。2018 年，我国种植业保险保费收入 430 亿元，其中中央财政保费补贴达 199.3 亿元，承保农作物 9.85 亿亩，玉米、水稻、小麦粮食作物承保覆盖率已超过 68%。[①] 我国粮食作物同期总产量为 65789.2 万吨，油料作物、蔬菜瓜果等经济作物的产量也稳定提高。[②] 与此同时，种植业生产面临的内外部矛盾也越发凸显，日益特色化、多样化、品质化的农产品需求和迫切要求改善的生态环境，以及向精细化、规模化转变的种植业生产要求，与我国现阶段以农业化学用品依赖性较高、小规模生产为主的单一种植模式

[①] 安华研究所. 中国农业保险研究（2019）［M］. 北京：中国农业出版社，2019：1–2.
[②] 数据来自 2019 年《中国统计年鉴》。

相冲突。截至 2018 年底，全国各类新型农业经营主体和服务主体快速发展，总量超过 300 万家，其中家庭农场达到近 60 万家，经营土地面积 1.62 亿亩。同时研究表明农业污染问题越趋严重，农业化学品的过量施用是影响我国农业污染的重要原因。如何改善农户生产行为，激励农户向环境友善型的新型农业经营主体转变，推动种植业结构性调整和绿色发展已成为现实问题。因此，研究种植业保险保费补贴政策对农户生产行为是否有影响、作用方向和影响程度，不仅为保费补贴政策的调整提供理论依据，而且为通过种植业保险这一政策工具助推种植业结构性调整提供现实思路。

国内外研究表明，农业保险保费补贴政策会对农户生产行为产生影响，相关研究主要集中于种植行为和农业生产要素投放。在种植规模和结构方面，研究者普遍认为保费补贴对种植行为有一定的激励作用，尤其是对于农户种植规模、结构有一定的正向影响，而对生产要素特别是化肥、农药等化学要素的投放作用，学界目前还有一定争议。[①] 综合来看，国内外对保费补贴政策影响农户生产行为的实证研究较少，缺少对农户生产行为的直接观察。农户是保费补贴的作用主体，其种植收益受补贴水平和结构的间接影响，保费补贴下农户如何调整种植规模、保费补贴的影响程度如何有待探究。

有鉴于此，本书首先构建适合农户特点的生产行为理论模型并提出相关假设，随后运用情景模拟的组间实验，以河南省农户问卷数据为基础，构建 Ordered Probit 模型实证分析保费补贴政策对农户生产行为的影响，具体包括保费补贴政策对农户种植规模决策、人力投入决策以及农用化学要素的影响，以期完善种植业保险保费补贴作用于农户生产行为机理的相关理论，并为保费补贴政策的调整提供决策参考和现实依据。

二、我国农户种植行为现状概述

我国规模化、集约化种植业的发展速度正在加快。与小规模的生产方式相比，规模化种植具有明显的成本优势，主要在于规模化种植中的大量劳动

---

① 本书第二章已对现有文献进行梳理，此处不再罗列。

作业由农用机械完成，人工成本较低，极大地降低了非土地成本，且机械化种植可以充分发挥规模效益。规模化种植的一个重要前提是实现土地规模化，2013 年中央一号文件中提到"加强土地承包经营权流转管理和服务，建立健全土地承包经营权流转市场"，随着我国城乡一体化加剧，土地流转的限制性条件逐渐放松，为规模化种植创造了条件，也为培育新型农业经营主体奠定了前提。党的十八大报告中首次明确提出"构建集约化、专业化、组织化、社会化相结合的新型农业经营体系"，自 2013 年以来，国家陆续出台多项政策和文件，从国家层面为新型农业经营主体发展提供政策支持（见表 4 - 1）。

表 4 - 1　　　　　　　与培育新型农业经营主体相关的法律和政策文件

年份	文件名	相关内容
2013	《关于加快发展现代农业 进一步增强农村发展活力的若干意见》	创新金融产品和服务，优先满足农户信贷需求，加大新型生产经营主体信贷支持力度；创新适合合作社生产经营特点的保险产品和服务
2014	《关于全面深化农村改革 加快推进农业现代化的若干意见》	鼓励地方政府和民间出资设立融资性担保公司，为新型农业经营主体提供贷款担保服务
2014	《关于金融支持农业规模化生产和集约化经营的指导意见》	引导银行业金融机构重点满足新型农业经营主体和农业社会化服务组织的服务需求
2014	《关于做好家庭农场等新型农业经营主体金融服务的指导意见》	加大对新型农业经营主体的信贷支持力度；拓宽新型农业经营主体多元化融资渠道
2015	《关于加大改革创新力度 加快农业现代化建设的若干意见》	完善对新型农业经营主体的金融服务
2015	《关于财政支持建立农业信贷担保体系的指导意见》	推动形成覆盖全国的政策性农业信贷担保体系，为农业尤其是粮食适度规模经营的新型农业经营主体提供信贷担保服务
2015	《金融支持新型农业经营主体共同行动计划》（2015 年农业部与财政部、人民银行、银监会、保监会以及主要银行保险机构）	开展金融支持农业规模化集约化经营试点；着力完善针对新型农业经营主体的保险服务
2016	《关于落实发展新理念加快农业现代化 实现全面小康目标的若干意见》	完善"三农"贷款统计，突出新型农业经营主体贷款；积极开发适应新型农业经营主体需求的保险品种
2016	《关于完善支持政策促进农民增收的若干意见》	健全新型农业经营主体支持政策，加强农村金融服务

续表

年份	文件名	相关内容
2017	《关于深入推进农业供给结构性改革 加快培育农业农村发展新动能的若干意见》	推进农业保险扩面、增品、提标，开发满足新型农业经营主体需求的保险产品；支持金融机构开展适合新型农业经营主体的订单融资和应收账款融资业务
	《关于加快构建政策体系培育新型农业经营主体的意见》	综合运用税收、奖补等政策，鼓励金融机构创新产品和服务，加大对新型农业经营主体、农村产业融合发展的信贷支持；建立健全全国农业信贷担保体系；支持龙头企业为其带动的农户、家庭农场和农民合作社提供贷款担保；建立新型农业经营主体生产经营直报系统，点对点对接信贷、保险和补贴等服务，探索建立新型农业经营主体信用评价体系，简化贷款流程
	《关于做好2017年三农金融服务工作的通知》	银行业金融机构要努力将金融业务覆盖到种养大户、家庭农场、农民专业合作社等适度规模主体；银行业金融机构要建立和完善符合各类新型农业经营主体特点的信用评价体系，设计信贷产品和服务方式，加大贷款投放；督促银行业金融机构不断完善支农金融服务机制，细化各类新型农业经营主体和产业专项统计制度，建立系统性的考核激励约束办法
	《关于开展国家现代农业产业园创建工作的通知》	推进适度规模经营，建设新型农业经营主体创业创新孵化区
	《关于做好全国农业信贷担保工作的通知》	省级农业担保公司政策性业务的服务对象聚焦家庭农场、种养大户、农民合作社、农业社会化服务组织、小微农业企业等农业适度规模经营主体，以及国有农（团）场中符合条件的农业适度规模经营主体
	《关于做好粮食主产省农业大灾保险试点工作有关事宜的通知》	因地制宜探索创新符合适度规模经营农户需求、投保理赔程序便捷的具体保险模式，包括保险产品、投保理赔、组织保障等
	《关于促进农业产业化联合体发展的指导意见》	鼓励地方采取财政贴息、融资担保、扩大抵（质）押物范围等综合措施，努力解决新型农业经营主体融资难题
	《中华人民共和国农民专业合作社法》（修订版）	国家通过财政支持、税收优惠和金融、科技、人才的扶持以及产业政策引导等措施，促进农民专业合作社的发展；国家鼓励商业性金融机构采取多种形式，为农民专业合作社及其成员提供金融服务

续表

年份	文件名	相关内容
2018	《关于实施乡村振兴战略的意见》	切实发挥全国农业信贷担保体系作用，通过财政担保费率补助和以奖代补等，加大对新型农业经营主体支持力度
	《2018年农村经营管理工作要点》	探索开展面向新型农业经营主体的精准化土地流转管理服务，促进新型农业经营主体土地流转信息、生产经营信息和政府服务信息有效对接；发展多种形式适度规模经营，推进家庭经营、集体经营、合作经营、企业经营共同发展、深度融合
	《乡村振兴战略规划（2018-2022年)》	培育发展家庭农场，提升农民专业合作社规范化水平，鼓励发展农民专业合作社联合社；积极开发适应新型农业经营主体需求的保险品种；强化推动农产品流通企业与新型农业经营主体对接龙头企业、合作组织联农带农激励机制
	《乡村振兴科技支撑行动实施方案》	以专业大户、家庭农场经营者、农民合作社带头人、农业龙头企业负责人和农业社会化服务组织负责人等为培训对象，重点培训提高综合素质和职业能力
2019	《关于坚持农业农村优先发展做好"三农"工作的若干意见》	突出抓好家庭农场和农民合作社两类新型农业经营主体，启动家庭农场培育计划，开展农民合作社规范提升行动，深入推进示范合作社建设，建立健全支持家庭农场、农民合作社发展的政策体系和管理制度
	《2019年农业农村科教环能工作要点》	推进新型农业经营主体带头人轮训计划
	《关于促进小农户和现代农业发展有机衔接的意见》	在坚持家庭经营基础性地位的同时，促进小农户之间、小农户与新型农业经营主体之间开展合作与联合；发挥新型农业经营主体对小农户的带动作用，健全新型农业经营主体与小农户的利益联结机制，实现小农户家庭经营与合作经营、集体经营、企业经营等经营形式共同发展
2020	《新型农业经营主体和服务主体高质量发展规划（2020-2022年)》	推动建立健全农业保险体系，探索从覆盖直接物化成本逐步实现覆盖完全成本。推动开展中央财政对地方优势特色农产品保险奖补试点。鼓励地方建立针对新型农业经营主体和服务主体的特色优势农产品保险制度，发展农业互助保险。鼓励各地探索开展产量保险、气象指数保险、农产品价格和收入保险等保险责任广、保障水平高的农业保险品种，满足新型农业经营主体和服务主体多层次、多样化风险保障需求

资料来源：中国政府网、财政部官网、农业农村部（农业部）官网、银保监会官网。

在各项政策的扶持下，我国种植业规模化生产的速度显著加快，家庭承包耕地土地流转面积从 2007 年的 0.64 亿亩增长到 2018 年的 5.69 亿亩。农户流转出的承包耕地中，用于种植粮食作物的面积为 2.86 亿亩，占流转总面积的 55.8%。种植大户数量及合作社数量也有所增加，根据农业农村部（农业部）官网的统计，2011~2018 年，我国种植大户（种植面积在 50 亩以上）数量由 276 万户增长至 423.9 万户，增加 147.9 万户，农民合作社数量由 52.2 万个增长至 217.3 万个，增加 165.1 万个（见图 4-1）。①

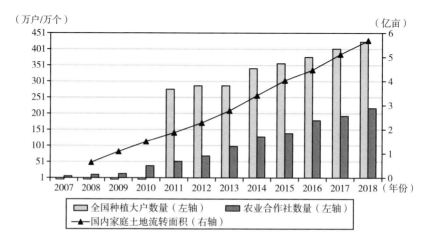

图 4-1　2007~2018 年我国家庭土地流转面积及新型农业经营主体数量变化

资料来源：智研咨询报告：《2018-2024 年中国土地流转行业运营态势及发展趋势研究报告》《新型农业经营主体和服务主体高质量发展规划（2020-2022 年）》。

我国从事农业生产的人口基数较大，虽然新型农业经营主体快速增长，但是从事小规模生产的农户数量在各类农业主体中仍占到 98% 以上，其占有的耕地数量占我国总耕地面积的 70%。据初步测算，近 10 年来我国农村土地流转面积的年均增速约为 3%，但到 2020 年，经营规模在 50 亩以下的小农户仍将有 2.2 亿户左右，经营的耕地面积约占全国耕地总面积的 80%。②

对农药、化肥等化学用品的施用近几年也呈现下降的趋势。2015 年，农

---

① 数据来源于中国农村网《2018 年农村家庭承包耕地流转情况》，http://journal.crnews.net/ncjygl/2018n/d10q/bqch/107638_20181106111529.html。

② 姜华. 新时期、新定位、新目标下的农业保险高质量发展研究 [J]. 保险研究，2019（12）：10-17。

业部制订《到 2020 年化肥使用量零增长行动方案》和《到 2020 年农药使用量零增长行动方案》的通知提出我国化肥施用存在亩均施用量高、施肥不均衡、有机肥利用率低、施肥结构不平衡等问题，要向"增产施肥、经济施肥、环保施肥"转变。同时我国农药使用量大、施药方式不科学，导致农业生产成本增加、农药残留超标、作物要害和环境污染等问题，要以"绿色防控、统防统治、科学用药"为目标推行精准、科学施药，使用高效低毒低残留的农药。截至 2018 年底，我国农药使用量在 30 万吨左右，实现连续四年负增长，化肥使用量首次实现负增长，化肥和农药利用率也有所上升。但与欧美等发达国家相比，我国化肥、农药利用率依然有 10% ~20% 的差距，大部分小规模农户仍没有树立科学、合理施用农用化学要素的观念。

培育新型农业经营主体、发展绿色农业将是一项长期坚持的任务，转变我国目前以小规模、粗放型生产为主的生产格局，还需要更多政策的扶持和引导。种植业保险及保费补贴政策作为我国实施已久的农业间接补贴政策，在种植业结构性调整的过程中也应当发挥其引导农户生产行为的作用，加速种植业规模化、集约化、绿色化发展。

三、理论基础与研究假设

（一）理论基础

1. 保费补贴对种植业规模、人力资本投入的作用机制

为阐述保费补贴政策对农户生产行为的影响机理，本书借鉴速水和鲁坦（Hayami & Ruttan，1985）及张伟（2014）的做法进行理论分析。为简化理论模型，假设农户拥有的生产要素包括土地、人力及化肥和农药等化学要素，且只生产一种农产品。[1][2] 以 x_A 代表土地，x_L 代表人力，x_C 代表化学要素，假设生产出的该农产品的市场价格为 p_0，而农户的生产成本包括土地成本、

---

[1]　Hayami, Yujiro, and Vernon W. Ruttan. The green revolution: inducement and distribution [J]. The Pakistan Development Review, 1984: 37–63.

[2]　张伟，罗向明，郭颂平. 农业保险补贴，农民生产激励与农村环境污染 [J]. 南方农村，2014（05）：37–44.

人力成本及化学要素成本，p_A、p_L、p_C 分别为土地、人力和化学要素的价格，则农户的种植成本和收益为：

$$C = p_A x_A + p_L x_L + p_C x_C \qquad (4-1)$$

$$y = p_0 f(x_A, x_L, x_C) - (p_A x_A + p_L x_L + p_C x_C) \qquad (4-2)$$

进一步考虑存在自然灾害的情况，假设土地的风险等级为 μ，发生自然灾害造成的经济损失为 m，发生自然灾害的概率为 $p(\mu)$，则农户期望收益变为：

$$E(y) = \{p_0 f(x_A, x_L, x_C) \times [1 - p(\mu)] + p_0[f(x_A, x_L, x_C) - m] \times p(\mu)\} - C$$
$$(4-3)$$

以上分析的前提为不存在种植业保险及保费补贴，在农户投保了种植业保险，且政府提供保费补贴的前提下，假设保险保障水平，即保险金额为 α，保险费率为 β，补贴比例为 γ，则农户的预期种植收益可以分为两种情况：

$$E(y) = \begin{cases} p_0[f(x_A, x_L, x_C) - m] - C - \alpha\beta(1-\gamma)f(x_A, x_L, x_C), & if\ m \leqslant (1-\alpha)f \\ \alpha p_0 f(x_A, x_L, x_C) - C - \alpha\beta(1-\gamma)f(x_A, x_L, x_C), & if\ m > (1-\alpha)f \end{cases}$$
$$(4-4)$$

式（4-4）中第一个表达式中，$m \leqslant (1-\alpha)f$ 指农作物受自然灾害影响较小，种植业经济损失尚未达到理赔标准，一般为低风险等级土地；第二个公式则表示农作物受自然灾害影响，经济损失额较大，因此获得了保险机构的赔付，一般为高风险等级土地。式（4-4）中第二个公式经过变换可得：

$$E(y) = \alpha f(x_A, x_L, x_C)[p_0 - \beta(1-\gamma)] - C, if\ m > (1-\alpha)f \qquad (4-5)$$

对于高风险土地而言，预期收益与农产品产出水平、农产品市场价格以及种植业保险保障水平和保费补贴比例相关，且保费补贴比例越高，$\beta(1-\gamma)$ 项越小，在既定产出下农户的预期收益越大。土地、农用化学要素、人力资本等投入成本与产量之间一般呈正相关关系，因此存在保费补贴时，理性的农户将开垦土地（x_A），扩大种植面积，并投入更多的化学（x_C）和人力要素（x_L），提高农作物产量和种植业毛收益，即 $\alpha f(x_A, x_L, x_C)[p_0 - \beta(1-$

$\gamma)]$。①

进一步考虑种植业的要素分配，若农户从事 a、b 两种作物的种植业生产，a 为财政补贴保费的政策性种植业保险品种，b 为不享受财政补贴的商业性种植业保险品种，则发生损失的情况下 a、b 的预期收益分别为：

$$E(y_a) = \alpha f_a(x_A, x_L, x_C)[p_{0a} - \beta(1 - \gamma)] - C, if\ m > (1 - \alpha)f_a$$

$$(4 - 6)$$

$$E(y_b) = \alpha f_b(x_A, x_L, x_C)[p_{0b} - \beta] - C, if\ m > (1 - \alpha)f_b \quad (4 - 7)$$

在存在保费补贴的情况下，农产品 a 的预期收益相对上升，将会打破农户原有的生产决策平衡。在既定的要素资源约束下，只要农产品 a 的收入 $\alpha f_a(x_A, x_L, x_C)[p_{0a} - \beta(1 - \gamma)]$ 大于生产成本 C，理性的农户就会在 a 产品的生产上投入更多的土地、人力资本和化学要素，以便获得更大的收益，这也意味着农户种植业生产的规模化、精细化、专业化程度提高，传统农户在补贴的激励下会逐渐向新型农业主体的生产方式转变，自觉地向农业现代化和农业产业化靠拢。

2. 农户参保行为对化学要素投入的作用机制

本书采用类似霍洛维茨和利希滕贝格（Horowitz & Lichtenberg，1993）的农户生产模型对种植业保险与农户化学要素投入倾向进行理论分析。② 首先，设定农户生产函数为 $y = f(x, \omega)$，其中，x 是生产要素投入，ω 表示农户生产面临的不确定环境，ω 的取值为 $\{1, 2\}$，$\omega = 1$ 和 $\omega = 2$ 分别表示农户在无风险灾害条件下和灾害发生条件下进行农业生产，并且灾害发生的概率设为 P，每单位产出品和投入的生产要素价格分别为 p 和 w。

其次，本书进一步对生产要素的类型进行定义，通常假设 $\frac{\partial f(x, 1)}{\partial x} > 0$。如果 $\frac{\partial f(x, 1)}{\partial x} \leqslant \frac{\partial f(x, 2)}{\partial x}$，即投入要素使得无风险灾害条件下的边际产量小于灾害发生条件下的边际产量，则该要素定义为"风险减少型"投入；若 $\frac{\partial f(x, 1)}{\partial x} \geqslant$

---

① 学者们对农用化学要素与产量之间的关系存在争论，但大部分学者的实证研究表明农用化学要素与当期农产品产量之间为正相关关系。

② Horowitz J K, Lichtenberg E. Insurance, moral hazard, and chemical use in agriculture [J]. American Agricultural Economics, 1993, 75 (4): 926 - 935.

$\frac{\partial f(x, 2)}{\partial x} \geqslant 0$，定义该要素为"弱风险增加型"投入；如果 $\frac{\partial f(x, 1)}{\partial x} \geqslant \frac{\partial f(x, 2)}{\partial x}$，

其中 $\frac{\partial f(x, 2)}{\partial x} < 0$，定义该要素为"强风险增加型"投入。[①]

最后，对参保农户和未参保农户的生产行为进行分析。对于未参保的农户，使其种植业生产的利润函数最大化，利润函数 π 表示为：

$$\pi = (1 - P)pf(x,1) + Ppf(x,2) - wx \tag{4-8}$$

进一步可得边际利润函数表示为：

$$\frac{\partial \pi}{\partial x} = (1 - P)p\frac{\partial f(x,1)}{\partial x} + Pp\frac{\partial f(x,2)}{\partial x} - w \tag{4-9}$$

农户要实现利润函数最大化，只需 $\frac{\partial \pi}{\partial x} = 0$。

对于参保的农户，支出保费为 C，如果农户的种植业产量 $y \leqslant y^*$ 时，其中 y^* 为临界赔付产量，农户可获得的赔付金额为 $\gamma(y^* - y)$，γ 为赔付率，并且 $\gamma > 0$。参保农户的种植业生产利润函数 π^* 表示为：

$$\pi^* = (1 - P)pf(x,1) + Ppf(x,2) + \gamma(y^* - y) - wx - C \tag{4-10}$$

边际利润函数为：

$$\frac{\partial \pi^*}{\partial x} = (1 - P)p\frac{\partial f(x,1)}{\partial x} + Pp\frac{\partial f(x,2)}{\partial x} - \gamma\frac{\partial f(x,2)}{\partial x} - w \tag{4-11}$$

同样，$\frac{\partial \pi^*}{\partial x} = 0$ 是参保农户实现利润最大化的条件。

由以上分析可知，如果农户投入的生产要素是"强风险增加型"，则 $\frac{\partial \pi^*}{\partial x} > \frac{\partial \pi}{\partial x}$；投入其他类型的生产要素时，$\frac{\partial \pi^*}{\partial x} \leqslant \frac{\partial \pi}{\partial x}$。

通过上述分析可知，种植业保险通过影响农户的收益预期作用于要素投入倾向，引导农户的生产要素投入行为。简言之，购买种植业保险的农户会倾向增加"强风险增加型"要素的投入，减少其他类型要素的投入。化肥和

[①] Wu J J. Crop Insurance, Acreage Decisions, and Nonpoint-source Pollution [J]. American Journal of Agricultural Economics, 1999, 81 (2): 305-320.

农药能够分散风险，使得无风险灾害条件下的亩产量小于灾害发生条件下的亩产量，即化肥和农药属于"风险减少型"要素。

（二）研究假设

根据理论分析，种植业保险保费补贴会影响农户的预期收益，为追求收益最大化，面对潜在损失和预期收益的改变，理性的农户会对农业生产行为做出调整，比如改变种植规模、优化种植结构、增减农资投入等以提高收益。我国各级财政对种植业保险保费补贴比例高达80%，高额保费补贴直接大幅降低了农户的参保成本，使农户得以较小的成本获得风险保障。然而，实践中我国种植业保险通常以村为单位统一办理，许多农户对种植业保险和相应的保费补贴政策不甚了解，现行补贴政策对农户生产行为的激励作用有限。如果告知保费补贴政策的存在及其比例，农户很可能改变原有的生产决策，通过扩大种植规模，增加人力资本的投入量提高总产量，进而提高种植收益。基于上述分析，本书针对种植业保险保费补贴政策对农户种植规模、人力资本投入行为的影响提出以下两点研究假设：

假设1：保费补贴提高了农户的单位面积种植收益，在提供80%的种植业保险保费补贴的情境下，农户倾向于扩大种植作物的种植规模。

假设2：保费补贴使得特定农产品的相对收益上升，在提供80%的种植业保险保费补贴的情境下，农户倾向于增加补贴品种的人力资本投入。

同时根据前述种植业保险对化学要素投入的作用机制分析，本书认为参保农户会倾向于减少化肥和农药的投入。然而，这一理论成立的前提需要保证农户对种植业保险政策有相当程度的了解，但是在现实中，农户对种植业保险政策的曲解时有发生，并且化肥和农药的"增产、增收"作用在农户心中根深蒂固。由此，针对种植业保险对化学要素投入行为的影响提出以下两点研究假设：

假设3：较低的政策凸显性将减弱参保行为对农户化肥和农药投入的作用效果。①

---

① "凸显性"这一名词源于国内外学者对"财政政策凸显性"的研究，例如，柴提（Chetty，2009）、陈力朋（2017）等国内外学者对相关"税收凸显性"的研究，柴提对"税收凸显性"的定义为：税收对纳税人（或税负承担者）的易见程度。在此基础上本书引入"政策凸显性"并将其理解为农户对种植业保险政策的认知和理解程度。而农户只有在对种植业保险认知和理解的基础上，做出生产行为的调整。

假设4：在政策凸显性较高情景下，参保行为对农户化肥和农药的投入倾向具有显著的负向影响。

需要强调的是，假设3和假设4的成立需要种植业保险定损到户和理赔到户提供条件。然而，在政策性种植业保险实际的推行中，保险公司出于简化理赔程序、防范农户道德风险等目的，以整村或整片区域为赔付单位，当该划分单位所遭受的灾害损失达到理赔点及其以上时，保险公司对该划分单位进行统一赔付。尽管所隐含的种植业保险理赔程序和实践中有所差别，但定损到户和理赔到户是《农业保险条例》等相关政策法规文件中所倡导的、较为规范的理赔程序，也是未来种植业保险理赔开展的方向。因此，在假定种植业保险定损到户和理赔到户的前提下，进行不同政策凸显情景中参保行为对农户化学要素投入倾向的研究具有前瞻性，对种植业保险的开展具有指导意义。

四、研究设计与计量模型

（一）实验设计

为了实证研究种植业保险保费补贴对农户生产行为的影响，笔者负责的课题组于2018年对我国粮食生产核心区的河南省进行实地调研，调查范围覆盖开封、许昌、洛阳、安阳、信阳、新乡、周口等18个地市，且主要以粮食生产的重点村镇为主。另外，为保证农户能够对种植业保险及调查问题有一定的认知，被调查对象均为年龄在18周岁以上并且从事农业生产劳动的农户。调查方式采取调查人员入户提问的形式，以此来避免因农户对问卷选项的不了解而产生错答或误答的现象。在被调查农户完成问卷的作答后，课题组收回问卷并完成数据的采集。

1. 保费补贴对种植业规模、人力资本投入影响的实验设计

为了研究保费补贴是否会影响农户的生产行为及其影响程度，采用情景模拟的组间实验方法，研究所采用的问卷数据主要包括农业生产行为倾向，以及被调查者的年龄、受教育程度、种植情况和收入等其他问题。调查实验组被告知了保费补贴的存在及其具体比例，而在控制组中假设不存在保费补贴。实验共区分了两种情境并设计了三组实验，包括粮食作物种植规模实验、经济作物种植规模实验、人力资本投入实验。问卷的具体说明如下：

（1）问卷设计。

区别不同情境并考察农户生产行为，实验中的问卷分为 A、B 两套，分别为实验组问卷和控制组问卷。问卷分组依据为被调查农户的生日尾数，调查人员向尾数为单数的被调查农户发放实验组问卷，尾数为双数则发放控制组问卷，以此对实验对象进行随机分组。

为明确保费补贴政策对农户生产行为的影响，实验组和控制组的区别在于，实验组问卷中明确告知现行保费补贴政策实行 80% 的补贴比例，即投保种植业保险需缴纳的保费中由各级政府承担的比例合计达 80%，剩余 20% 由农户承担，并以小麦保险的投保举例说明。而控制组问卷中明确说明不存在保费补贴政策，即农户购买种植业保险完全自费。在不同的情境设置下，两组被调查农户分别对"您愿意扩大粮食/经济作物的种植面积吗？""您愿意在种植业上投入更多时间和精力吗？"三个涉及生产决策的问题做出回答，让农户在不同情境下做出选择。基于相关理论研究及实验设计，本书认为实验组中的被调查农户更倾向于扩大种植面积，并且愿意投入更多时间和精力。因此，本书设定实验组中的核心解释变量是否存在保费补贴（experiment）的取值为"1"，表示存在保费补贴，而控制组中核心解释变量取值为"0"，表示不存在保费补贴。

（2）样本说明及变量测度方法。

本书研究种植业保险保费补贴政策对农户种植规模和人力资本投入的影响，实验共发放 1062 份问卷，根据研究内容对无效问卷进行剔除后，有效问卷共 775 份，即样本量为 775。

在反映农户生产行为的问题上，实验采用五点李克特量表法，每个问题下设置"非常不愿意""不太愿意""不确定""比较愿意""非常愿意"五个选项，作为实证分析的被解释变量，并从 1 到 5 分别赋值。农户在不同情境下，对"您愿意扩大粮食/经济作物的种植面积吗""您愿意在种植业上投入更多时间和精力吗？"三个问题在"非常不愿意""不太愿意""不确定""比较愿意""非常愿意"五个选项中进行选择。为了满足实证分析的需要，问卷中还设置了相关问题，对农户的年龄、受教育情况等人口统计信息，以及种植业收入、家庭中务农人数、种植业风险等种植业生产信息做出询问，以上变量将作为实证分析中的控制变量。主要控制变量的说明和赋值情况如表 4 – 2 所示，变量名称中的英文表示相关变量在计量模型中的指代。

表 4 – 2　　　　　　　　　　　主要控制变量的定义与说明

变量名称	变量说明	赋值
年龄 （age）	您的年龄？	1 表示 "18 以下"，2 表示 "18 ~ 24"，3 表示 "25 ~ 34"，4 表示 "35 ~ 44"，5 表示 "45 ~ 54"，6 表示 "55 ~ 64"，7 表示 "65 以上"
教育程度 （education）	您的文化程度？	1 表示 "未上过学"，2 表示 "小学"，3 表示 "初中"，4 表示 "高中或中专"，5 表示 "大专及以上"
种植面积 （plan_area）	您家的耕地情况？	种植面积为实际耕种面积，由被调查农户填写
务农人数 （agri_popu）	您家的人口情况？	家庭中从事农业生产的人口数，由被调查农户填写
种植业收入 （cr_income）	您家庭种植业的年收入情况？	1 表示 "0.3 万元以下"，2 表示 "0.3 万 ~ 0.6 万元"，3 表示 "0.6 万 ~ 0.9 万元"，4 表示 "0.9 万 ~ 1.2 万元"，5 表示 "1.2 万 ~ 1.5 万元"，6 表示 "1.5 万 ~ 1.8 万元"，7 表示 "1.8 万 ~ 2.2 万元"，8 表示 "2.2 万 ~ 2.6 万元"，9 表示 "2.6 万 ~ 3 万元"，10 表示 "3 万 ~ 3.5 万元"，11 表示 "3.5 万 ~ 4 万元"，12 表示 "4 万 ~ 4.5 万元"，13 表示 "4.5 万 ~ 5 万元"，14 表示 "5 万 ~ 6 万元"，15 表示 "6 万 ~ 8 万元"，16 表示 "8 万 ~ 10 万元"，17 表示 "10 万 ~ 12 万元"，18 表示 "12 万元以上"
粮食作物 种植成本 （gra_cr_cost）	您认为种植粮食作物的成本怎样？	1 表示 "非常低"，2 表示 "比较低"，3 表示 "一般"，4 表示 "比较高"，5 表示 "非常高"
经济作物 种植成本 （com_cr_cost）	您认为种植经济作物的成本怎样？	1 表示 "非常低"，2 表示 "比较低"，3 表示 "一般"，4 表示 "比较高"，5 表示 "非常高"
种植业保险 认可度 （insur_import）	您认为种植业保险的重要性如何？	1 表示 "非常不重要"，2 表示 "不太重要"，3 表示 "一般"，4 表示 "比较重要"，5 表示 "非常重要"
自然灾害 发生率 （disa_incidence）	您认为种植业发生自然灾害的可能性大吗？	1 表示 "非常小"，2 表示 "比较小"，3 表示 "一般"，4 表示 "比较大"，5 表示 "非常大"

（3）数据采集及统计性描述。

实验问卷由调查人员负责发放并回收，根据分组完成数据采集。对数据进行初步处理后可以发现，从统计结果来看，实验组和控制组中的被调查农户在农业生产行为上确实存在不同的倾向。表4-3报告了实验中被调查农户的生产行为倾向的统计结果。

表4-3 被调查农户的生产行为倾向

生产行为	分组		非常不愿意	不太愿意	不确定	比较愿意	非常愿意	合计
扩大粮食作物种植面积	控制组	样本数	64	140	64	74	30	372
		比例（%）	17.20	37.63	17.20	19.89	8.06	100
	实验组	样本数	22	99	79	143	60	403
		比例（%）	5.46	24.57	19.60	35.48	14.89	100
扩大经济作物种植面积	控制组	样本数	46	116	73	96	41	372
		比例（%）	12.37	31.18	19.62	25.81	11.02	100
	实验组	样本数	31	79	80	165	48	403
		比例（%）	7.69	19.60	19.85	40.94	11.91	100
投入更多时间和精力	控制组	样本数	68	151	51	71	31	372
		比例（%）	18.28	40.59	13.71	19.09	8.33	100
	实验组	样本数	55	134	67	110	37	403
		比例（%）	13.65	33.25	16.63	27.30	9.18	100

从表4-3的统计结果中可以看出，在"是否愿意扩大粮食作物种植面积"的问题上，控制组中选择"比较愿意"和"非常愿意"的农户比例分别为19.89%和8.06%，而实验组中对应比例为35.48%和14.89%，实验组中对应比例分别提高15.59%和6.83%。在"是否愿意扩大经济作物种植面积"的问题上，控制组中分别有25.81%和11.02%的农户选择"比较愿意"和"非常愿意"，而实验组中比例提高到40.94%和11.91%，实验组中对应比例分别提高15.13%和0.89%。在"是否愿意投入更多的时间和精力"的问题上，控制组农户选择"比较愿意"和"非常愿意"的比例为19.09%和8.33%，而实验组农户的比例为27.3%和9.18%，实验组中对应比例分别提高8.21%和0.85%。对同一问题的回答中，实验组中对"比较愿意"和"非常愿意"做出肯定回答的比例综合显然高于控制组，由此可见，保费补贴会影响农户生产行为。另外从统计结果中可以看出，各实验组中选择"比较愿意"的比例增长幅度

较大，而"非常愿意"增长幅度显然小于前者，即保费补贴对农户生产行为的激励作用可能是有限度的；同时可以发现对于问卷中涉及的三种种植行为，实验组中的农户在扩大粮食作物和经济作物的种植面积这一问题上，"比较愿意"和"非常愿意"的增长比例大于投入更多时间和精力，说明保费补贴政策对扩大种植规模的激励作用可能强于扩大人力资本要素的投入。

表4－4为主要变量的描述性统计结果，包括被解释变量和控制变量。

表4－4　　　　　　　　　主要变量的描述性统计结果

变量类别	变量名称	组别	样本数	最小值	最大值	均值	标准差
被解释变量	扩大粮食作物规模的倾向	控制组	377	1	5	2.64	1.21
		实验组	403	1	5	3.30	1.15
	扩大经济作物规模的倾向	控制组	377	1	5	2.92	1.23
		实验组	403	1	5	3.30	1.14
	投入更多时间精力的倾向	控制组	377	1	5	2.59	1.22
		实验组	403	1	5	2.85	1.22
控制变量	年龄	控制组	377	2	7	4.60	1.21
		实验组	403	1	7	4.52	1.30
	受教育程度	控制组	377	1	5	2.83	1.10
		实验组	403	1	5	2.95	1.11
	种植面积	控制组	377	0	35	7.07	5.56
		实验组	403	0	20	6.00	3.69
	务农人数	控制组	377	0	7	2.05	0.92
		实验组	403	0	6	2.01	0.85
	种植业收入	控制组	377	1	16	4.22	3.09
		实验组	403	1	14	3.74	2.56
	粮食作物种植成本	控制组	377	1	5	3.42	0.91
		实验组	403	1	5	3.32	0.90
	经济作物种植成本	控制组	377	1	5	3.65	0.83
		实验组	403	1	5	3.62	0.88
	种植业保险认可度	控制组	377	1	5	2.97	1.00
		实验组	403	1	5	3.07	1.01
	自然灾害发生率	控制组	377	1	5	2.97	1.02
		实验组	403	1	5	2.92	1.04

从表4-4可以看出，在扩大粮食作物规模的倾向上，实验组和控制组的均值分别为3.3和2.64。在扩大经济作物规模的倾向上，实验组和控制组的均值分别为3.3和2.92，实验组和控制组生产行为倾向的均值存在较大的差异。在投入更多时间和精力的倾向上，实验组和控制组的均值分别为2.85和2.59，在后两个问题上，控制组和实验组之间的均值差有所降低，但依然存在差异。

此外，根据调查问卷的结果来看，对于"您了解种植业保险吗"这一问题，775位被调查农户中有635位，即将近81.94%的人选择了"非常不了解""不太了解""一般"，而选择了"比较了解""非常了解"的只有18.06%；在问题"您了解种植业保险的保费补贴政策吗"上，仅有15.35%的农户选择了"比较了解"和"非常了解"。

2. 农户参保行为对化学要素投入影响的实验设计

采用情景模拟的组间实验来研究不同政策凸显性下农户参保行为是否对化肥和农药投入倾向存在显著的影响，研究数据通过问卷进行采集，主要包括农户化肥和农药投入倾向，以及被调查者是否参加了种植业保险、被调查者年龄、文化程度、风险灾害感知度、从事农业生产人口、家庭收入、种植生产成本、水利设施状况和交通运输状况等问题。为了对种植业保险政策凸显性的高低进行明显的区分，课题组成员在进行情景模拟实验时，根据被调查农户所在组别的不同选择是否告知其现行种植业保险政策以及保费补贴等具体的情况，从而人为地控制了种植业保险政策凸显性。具体而言，研究设计了如下两个实验：①政策凸显性较低情景下，参保行为对农户化肥和农药投入倾向影响的实验（简称"政策凸显性较低情景模拟实验"）；②政策凸显性较高情景下，参保行为对农户化肥和农药投入倾向影响的实验（简称"政策凸显性较高情景模拟实验"）。实验的具体说明如下：

（1）问卷设计。

对调查农户进行随意分组，被调查农户的生日尾数是双数则为"政策凸显性较低情景模拟实验"的样本，生日尾数是单数则为"政策凸显性较高情景模拟实验"的样本。"政策凸显性较高情景模拟实验"中的被调查农户在回答问题之前，课题组成员会对其进行种植业保险政策的讲解；与之相对，

"政策凸显性较低情景模拟实验"中的被调查农户则根据自己现有认知水平做出化肥和农药投入倾向的选择，以此人为地区分政策凸显性的高低。为了便于实证分析，在两组实验中被调查农户如果未参加种植业保险，则赋值为"0"，被调查农户如果参加了种植业保险，则赋值为"1"。

（2）样本说明及变量测度方法。

根据研究内容对调研数据进行筛选，剔除数据不明确、缺失和没有种植业收入的样本，最后剩余样本 858 个，其中"政策凸显性较低情景模拟实验"样本 403 个，未参保农户 245 个、参保农户 158 个；"政策凸显性较高情景模拟实验"样本 455 个，未参保农户 255 个、参保农户 200 个。

同样采用李克特五点量表法来测度被调查农户化肥和农药投入倾向，即让被调查农户在不同政策凸显性情形下，回答"您愿意在种植业上投入更多的化肥和农药吗"，并且在"非常不愿意""不太愿意""不确定""比较愿意""非常愿意"五个选项间作出唯一选择，对应赋值 1、2、3、4、5。另外，根据该部分实证分析的需要，课题还选取了年龄（age）、文化程度（education）、风险灾害感知度（disa_percept）、农业生产人口（agri_popu）、家庭年收入（ann_hou_income）、种植业生产成本（cr_cost）、水利设施状况（wat_cons_facility）和交通运输状况（traffic）等作为控制变量（见表4－5）。

表4－5　　　　　　　　　　主要控制变量的定义与说明

变量名称	变量说明	赋值
年龄（age）	年龄	1 表示 "18 以下"，2 表示 "18～24"，3 表示 "25～34"，4 表示 "35～44"，5 表示 "45～54"，6 表示 "55～64"，7 表示 "65 以上"
文化程度（education）	文化程度	1 表示 "未上过学"，2 表示 "小学"，3 表示 "初中"，4 表示 "高中或中专"，5 表示 "大专及以上"
风险灾害感知度（disa_percept）	您认为种植业发生自然灾害（干旱、洪涝、雹灾、病虫害等）的可能性大吗？	1 表示 "非常小"，2 表示 "比较小"，3 表示 "一般"，4 表示 "比较大"，5 表示 "非常大"
农业劳动人口（agri_popu）	家里从事农业生产人口数？	家庭中总人口数，由被调查农户填写

续表

变量名称	变量说明	赋值
家庭年收入 （ann_hou_income）	您的家庭年收入大概有多少？	1 表示"0.5 万以下"，2 表示"0.5 万~1 万"，3 表示"1 万~1.5 万"，4 表示"1.5 万~2 万"，5 表示"2 万~2.5 万"，6 表示"2.5 万~3 万"，7 表示"3 万~3.5 万"，8 表示"3.5 万~4 万"，9 表示"4 万~4.5 万"，10 表示"4.5 万~5 万"，11 表示"5 万~5.5 万"，12 表示"5.5 万~6 万"，13 表示"6 万~6.5 万"，14 表示"6.5 万~7 万"，15 表示"7 万~7.5 万"，16 表示"7.5 万~8 万"，17 表示"8 万~12 万"，18 表示"12 万~15 万"，19 表示"15 万以上"
种植业生产成本 （cr_cost）	您认为种植业的生产成本如何？	1 表示"非常低"，2 表示"比较低"，3 表示"一般"，4 表示"比较高"，5 表示"非常高"
水利设施状况 （wat_cons_facility）	您所在地的农田水利设施是否完善？	1 表示"非常不完善"，2 表示"不太完善"，3 表示"一般"，4 表示"比较完善"，5 表示"非常完善"
交通运输状况 （traffic）	您所在地的交通运输状况怎样？	1 表示"非常差"，2 表示"比较差"，3 表示"一般"，4 表示"比较好"，5 表示"非常好"

（3）数据采集及统计性描述。

从总体样本的统计特征来看（见表4－6），本书所选取的样本基本符合我国农业生产的现状。例如，务农者以中年劳力为主，并且文化程度不高；种植业经营过程中发生自然灾害的可能性较大。少数农业大户通过土地流转经营较多的土地，对种植面积的均值产生较大的影响。

表4－6　　　　　　　　　　主要变量的描述性统计结果

实验组分类	变量名称	分类	样本数	最小值	最大值	均值	标准差
政策凸显性较低情景模拟实验	化肥和农药投入倾向	未参保农户	245	1	5	2.19	1.09
		参保农户	158	1	5	2.20	1.09
	年龄	未参保农户	245	2	7	4.57	1.28
		参保农户	158	2	7	4.77	1.03
	文化程度	未参保农户	245	1	5	2.86	1.14
		参保农户	158	1	5	2.75	1.00
	风险灾害感知度	未参保农户	245	1	5	3.06	1.04
		参保农户	158	1	5	2.79	0.94
	农业生产人口	未参保农户	245	1	7	2.04	0.89
		参保农户	158	1	6	2.15	0.92

实验组分类	变量名称	分类	样本数	最小值	最大值	均值	标准差
政策凸显性较低情景模拟实验	家庭年收入	未参保农户	245	1	19	8.99	4.95
		参保农户	158	1	19	9.95	4.77
	种植业生产成本	未参保农户	245	1	5	3.62	0.83
		参保农户	158	1	5	3.22	0.95
	水利设施状况	未参保农户	245	1	5	2.91	1.03
		参保农户	158	1	5	3.19	0.94
	交通运输状况	未参保农户	245	1	5	3.12	0.96
		参保农户	158	1	5	3.24	0.91
政策凸显性较高情景模拟实验	化肥和农药投入倾向	未参保农户	255	1	5	2.54	1.16
		参保农户	200	1	5	2.20	1.09
	年龄	未参保农户	255	2	7	4.61	1.31
		参保农户	200	2	7	4.49	1.15
	文化程度	未参保农户	255	1	5	2.93	1.12
		参保农户	200	1	5	2.99	1.05
	风险灾害感知度	未参保农户	255	2	7	2.98	1.05
		参保农户	200	2	7	2.95	1.05
	农业生产人口	未参保农户	255	1	6	2.05	0.77
		参保农户	200	1	8	2.20	1.03
	家庭年收入	未参保农户	255	1	19	9.53	5.00
		参保农户	200	1	19	9.95	4.90
	种植业生产成本	未参保农户	255	1	5	3.16	0.93
		参保农户	200	1	5	3.51	0.78
	水利设施状况	未参保农户	255	1	5	2.89	1.02
		参保农户	200	1	5	3.21	0.96
	交通运输状况	未参保农户	255	1	5	3.14	0.93
		参保农户	200	1	5	3.26	0.95

为了直观比较不同政策凸显性情景下,参保行为对农户化肥和农药投入倾向影响的差异,本书取两组实验中参保农户和未参保农户的化肥和农药投入倾向("非常不愿意""比较不愿意""不确定""比较愿意""非常愿

意"）各自所占的百分比之差的绝对值，以此绘制折线统计图 4 - 2。由图 4 - 2 可知，政策凸显性较高情景实验中参保农户和未参保农户的投入倾向的差异明显大于政策凸显性较低情景实验中参保农户和未参保农户的投入倾向的差异。由此可见，相较于政策凸显性较低情景，在政策凸显性较高情景下，参保行为对农户化肥和农药投入倾向的影响更为显著。

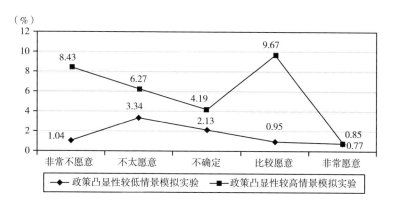

图 4 - 2　不同政策凸显性情景实验中参保农户和未参保农户的
各个投入倾向所占百分比之差绝对值

（二）计量模型

1. 保费补贴对种植业规模、人力资本投入影响的模型

被解释变量为农户的生产行为倾向，根据农户的意愿程度取值为 1、2、3、4、5，属于有序离散变量。为分析种植业保险保费补贴对农户生产行为倾向的影响，在参考国内外学者相关研究（Welsch & Kühling，2010；陈力朋，郑玉洁，徐建斌，2016）的基础上，构建 Ordered Probit 计量模型。[①] 具体模型如下：

$$y_{ij} = \alpha_0 + \alpha_1 \, experiment_i + \alpha_2 \, X_i + u_i \qquad (4-12)$$

其中，$experiment_i$ 表示第 i 个农户面临的是否存在保费补贴的不同情境，处在实验组的农户 $experiment_i = 1$，表示存在保费补贴，而控制组的农户

① Welsch, Heinz, and Jan Kühling. "Pro-environmental behavior and rational consumer choice: Evidence from surveys of life satisfaction." Journal of Economic Psychology 31.3 (2010): 405–420.

$experiment_i = 0$，表示不存在保费补贴。y_{ij} 表示第 i 个农户对第 j 个问题的行为倾向的取值，$j = 1$，2，3，y_{ij} 分别为扩大粮食作物规模的倾向、扩大经济作物规模的倾向、投入更多时间精力的倾向。X_i 表示控制变量，包括年龄、受教育程度、种植面积、务农人数、种植业收入、粮食作物种植成本、经济作物种植成本、种植业保险认可度、自然灾害发生率，而 u_i 为随机扰动项。

2. 农户参保行为对化学要素投入影响的模型

选取农户化肥和农药投入倾向为被解释变量，其取值范围为 1 ~ 5，并且是有序离散变量。为了实证分析参保行为对农户化肥和农药投入倾向的影响，本书在参考国内相关研究的基础上（陈力朋等，2016），[①] 构建 Ordered Probit 计量模型如式（4－13）、式（4－14）所示：

$$Fert\_pes_i = \alpha_0 + \alpha_1 Pic\_insur_i + X_i + \mu_i \qquad (4-13)$$

$$Fert\_pes_j = \beta_0 + \beta_1 Pic\_insur_j + X_j + \mu_j \qquad (4-14)$$

其中，式（4－13）为政策凸显性较低情景模拟实验的模型，式（4－14）为政策凸显性较高情景模拟实验的模型。在式（4－13）中，被解释变量 $Fert\_pes_i$ 是政策凸显性较低情景模拟实验中农户化肥和农药的投入倾向，此时 Pic_insur_i 表示该实验中被调查农户 i 不同的参保（Pic_insur）的情景，当农户 i 未参保时，$Pic\_insur_i = 0$，当农户 i 参保时，$Pic\_insur_i = 1$；在式（4－14）中，被解释变量 $Fert\_pes_j$ 是政策凸显性较高情景模拟实验中农户化肥和农药的投入倾向，此时 Pic_insur_j 表示该实验中被调查农户 j 不同参保（Pic_insur）情景，当农户 j 未参保时，$Pic\_insur_j = 0$，当农户 j 参保时，$Pic\_insur_j = 1$；X 为一组控制变量，即年龄、文化程度、风险灾害感知度、农业生产人口、家庭年收入、种植业生产成本、水利设施状况和交通运输状况等控制变量；μ_i、μ_j 表示与解释变量的无关的随机扰动项。在 *Ordered Probit* 模型中，如果 μ 与 X 不相关，则采用极大似然估计的参数即为一致估计量。

---

① 陈力朋，郑玉洁，徐建斌. 消费税凸显性对居民消费行为的影响——基于情景模拟的一项实证研究 [J]. 财贸经济，2016（07）：34－49.

五、实证检验结果与讨论

（一）保费补贴对种植业规模、人力资本投入影响的实证分析

1. 基本估计结果与分析

本书采用 Ordered Probit 模型，分别对有无保费补贴情况下，农户扩大粮食作物规模的倾向、扩大经济作物规模的倾向、投入更多人力资本的倾向进行实证分析。为增强实证结果的稳健性，采用逐步回归法对模型进行极大似然估计。

（1）保费补贴对扩大粮食作物规模的影响。

表 4－7 中第（1）～（3）列为保费补贴对扩大粮食作物规模倾向影响的回归结果。在逐步回归方法下，依次加入了粮食作物种植成本、种植业保险认可度、种植面积、种植业收入、家庭中务农人数、自然灾害发生率、年龄和受教育水平，代表保费补贴对扩大粮食作物种植规模的影响。

表 4－7　　　　　　保费补贴对扩大种植规模行为倾向的回归结果

被解释变量	扩大粮食作物规模的行为			扩大经济作物规模的行为		
解释变量	（1）	（2）	（3）	（4）	（5）	（6）
Experiment	0.602 ***	0.602 ***	0.603 ***	0.326 ***	0.339 ***	0.334 ***
	(0.0775)	(0.0772)	(0.0779)	(0.0770)	(0.0767)	(0.0771)
Gra_cr_cost	0.191 ***	0.176 ***	0.180 ***			
	(0.0433)	(0.0440)	(0.0441)			
Com_cr_cost				0.266 ***	0.265 ***	0.271 ***
				(0.0487)	(0.0504)	(0.0517)
Insur_import		0.106 **	0.119 ***		0.103 **	0.103 **
		(0.0418)	(0.0445)		(0.0424)	(0.0450)
Plan_area		0.0144	0.0128		0.00903	0.00831
		(0.0107)	(0.0107)		(0.0103)	(0.0104)
Cr_income		-0.0156	-0.0198		0.0222	0.0232
		(0.0162)	(0.0166)		(0.0169)	(0.0172)

被解释变量	扩大粮食作物规模的行为			扩大经济作物规模的行为		
解释变量	（1）	（2）	（3）	（4）	（5）	（6）
Agri_popu			0.0628			-0.00556
			(0.0474)			(0.0511)
Disa_incidence			-0.0289			-0.0184
			(0.0391)			(0.0415)
Age			-0.00629			0.0636
			(0.0394)			(0.0413)
Education			-0.0339			0.0661
			(0.0478)			(0.0482)
N	775	775	775	775	775	775
Wald 检验 χ^2	80.34	88.86	91.43	48.12	61.75	65.20
Prob $> \chi^2$	0.0000	0.0000	0.0000	0.0000	0.0000	0.0000
伪 R^2	0.0325	0.0369	0.0382	0.0221	0.0283	0.0297

注：括号内数字为稳健标准误，***、** 分别表示变量的估计系数在 1%、5% 的水平上显著。

从回归结果中可以看出，第（1）~（3）列，核心解释变量即是否存在保费补贴的估计系数为正数，尽管随着控制变量的加入，核心解释变量的估计结果发生了细微的变化，但其估计系数始终在 1% 的水平上显著，估计结果具有稳健性，说明在控制一系列因素的情况下，保费补贴对农户扩大粮食作物规模的倾向具有显著的正面影响，即在存在保费补贴的情况下，农户倾向于扩大粮食作物的种植规模，即本书的研究假设 1 对于粮食作物而言是成立的，保费补贴提高了单位产量的农产品的预期收益，农户愿意扩大粮食作物的种植面积以增加产量，提高总收益。

控制变量中，粮食作物的种植成本在 1% 的显著性水平上为正，说明粮食作物的种植成本对农户扩大粮食作物的种植规模有正向影响，表面上看似乎与实践经验不符，实际上由于问卷设计问题为"您认为种植粮食作物的成本怎样"，更多地体现了农户的主观感受，即农资投入成本的高低，投入成本较高的农户通常也具有较高的期望收益，因此倾向于扩大种植面积。种植业保险认可度在 1% 的显著性水平上为正，说明农户对种植业保险重要性的认知度也会影响其种植行为。当农户认为种植业保险比较重要，对其风险保障功能给予认可时，农户的预期收益将更稳定，因此扩大生产的愿意更高。

（2）保费补贴对扩大经济作物规模的影响。

表4-7中第（4）~（6）列为保费补贴对扩大经济作物规模倾向影响的回归结果，在逐步回归下，依次加入了经济作物种植成本、种植业保险认可度、种植面积、种植业收入、家庭中务农人数、自然灾害发生率、年龄和受教育水平，代表保费补贴对扩大经济作物种植规模的影响。

从回归结果中可以看出，第（4）~（6）列，核心解释变量即是否存在保费补贴的估计系数始终在1%的显著性水平上为正，说明在控制经济作物成本、年龄等一系列因素的情况下，保费补贴对农户扩大经济作物规模的倾向具有显著的正面影响，即在存在保费补贴的情况下，农户扩大经济作物种植规模的倾向将增加，即本书的研究假设1对于经济作物而言成立的，保费补贴提高了农户的预期收益，追求收益最大化的农户将会扩大经济作物的种植面积。回归结果显示，随着控制变量的加入，保费补贴的估计系数稳定在0.33左右，且估计系数的显著性没有明显改变，说明回归结果是稳健的。

从经济作物的种植成本和种植业保险认可度这两个变量来看，两者都在1%的显著性水平上为正，第（6）列中种植业保险认可度的显著性略有下降，但依然在5%的显著性水平上成立，说明经济作物的种植成本和种植业保险认可度的提高，同样会使得农户倾向于扩大经济作物的种植规模。

（3）保费补贴对扩大人力资本行为的影响。

表4-8为保费补贴对扩大经济作物规模倾向影响的回归结果。在逐步回归方法下，第（1）~（6）列依次加入了自然灾害发生率、年龄、种植面积、种植业保险认可度、种植业收入、家庭中务农人数、受教育水平、粮食作物种植成本和经济作物种植成本。

表4-8　　　　　保费补贴对扩大人力资本投入倾向的回归结果

	被解释变量：投入更多时间和精力的行为倾向					
解释变量	（1）	（2）	（3）	（4）	（5）	（6）
Experiment	0.267 *** (0.0784)	0.271 *** (0.0786)	0.270 *** (0.0787)	0.256 *** (0.0787)	0.260 *** (0.0788)	0.252 *** (0.0789)

解释变量	(1)	(2)	(3)	(4)	(5)	(6)
被解释变量：投入更多时间和精力的行为倾向						
Disa_incidence	0.214***	0.215***	0.211***	0.191***	0.192***	0.196***
	(0.0401)	(0.0401)	(0.0394)	(0.0403)	(0.0403)	(0.0416)
Age		0.0736**	0.0733**	0.0896***	0.0921***	0.131***
		(0.0309)	(0.0309)	(0.0323)	(0.0323)	(0.0425)
Plan_area			0.0426***	0.0421***	0.0289**	0.0291**
			(0.0115)	(0.0116)	(0.0135)	(0.0141)
Insur_import				0.108**	0.106**	0.0930**
				(0.0445)	(0.0446)	(0.0456)
Cr_income					0.0381**	0.0338*
					(0.0168)	(0.0174)
Agri_popu						0.0447
						(0.0520)
Education						0.0734
						(0.0474)
Gra_cr_cost						−0.0209
						(0.0578)
Com_cr_cost						−0.0100
						(0.0599)
N	749	749	749	749	749	749
Wald 检验 χ^2	39.06	42.22	64.04	69.54	81.40	83.55
Prob > χ^2	0.0000	0.0000	0.0000	0.0000	0.0000	0.0000
伪 R^2	0.0191	0.0217	0.0284	0.0316	0.0338	0.0355

注：括号内数字为稳健标准误，***、** 和 * 分别表示变量的估计系数在1%、5%和10%的水平上显著。

从表4-8的回归结果中可以看出，核心解释变量即是否存在保费补贴的估计系数始终在1%的显著性水平上为正，说明保费补贴对农户投入更多时间和精力这一农业生产行为具有正向影响，即存在保费补贴的情况下，农户在种植业中投入更多精力和时间的意愿更高，期望通过投入更多人力资本，提高农产品产量，增加总收益，即本书的研究假设 2 是成立的。第（1）~（6）列的回归结果显示，随着控制变量的逐步加入，估计系数的显著性呈现稳定的上升趋势，说明回归结果比较稳健。

　　自然灾害发生率和年龄两项变量在 1% 的显著性水平上为正，种植业保险认可度在 5% 的显著性水平上为正，说明以上因素都对农户投入更多时间和精力的倾向有正面影响，随着自然灾害发生率的增加以及种植业保险认可度的提高，年龄越大的农户，越有意愿在种植业中投入更多的时间和精力。这可能是由于随着年龄的增长，农户外出务工的意愿减弱，更倾向于留在农村中从事种植活动。

　　综上所述，保费补贴对扩大种植规模、在种植业中投入更多时间和精力等农户生产行为均有显著影响，在提供保费补贴的情况下，农户将倾向于扩大粮食作物和经济作物的种植面积，在种植业生产中投入更多的时间和精力。这主要是因为种植业保险保费补贴大幅降低了农户购买种植业保险的成本，使农户以较低的成本获得风险保障。一般来说，高产土地的生产效率较高，产量也比较稳定，在满足基本产量需求后，农户对扩大种植规模的热情不高，且对高产土地增加人力资本投入带来的边际收益较小，农户增加投入量的意愿较低。但对资源禀赋较差的中低产耕地和潜在的未开垦耕地，高比例的保费补贴可能激励农户重新耕种或开垦新耕地，以期获取更多的收益。

　　此外，种植业保险认可度在多个模型中都存在显著的正向影响。种植业保险降低了农户的农业生产风险，有效地减少了种植业收入波动，降低了自然灾害带来的损失，因此随着种植业保险重要性的认识加深，农户扩大种植规模、投入更多时间精力的倾向会逐步提高。

2. 边际效应估计与分析

　　通过 Ordered Probit 模型可以证实保费补贴会影响农户生产行为，但估计结果只能确定补贴对生产行为倾向影响的方向和显著性，不能具体地分析影响程度。因此，为了分析保费补贴对农户生产行为选择概率的影响，本书在表 4－7 第（3）、（6）列和表 4－8 第（6）列的基础上，进一步计算了包括 Experiment 等模型中显著性较高的变量对农户生产行为倾向的边际影响，计算结果如表 4－9 所示。

表 4 – 9　　　　　　　保费补贴对农户生产行为倾向影响的边际效应

被解释变量：农户生产行为倾向

分类	解释变量	Y = 1	Y = 2	Y = 3	Y = 4	Y = 5
（a）扩大粮食作物规模的行为倾向	Experiment	– 0.106 ***	– 0.127 ***	0.005	0.121 ***	0.106 ***
		(0.016)	(0.018)	(0.005)	(0.018)	(0.015)
	Gra_cr_cost	– 0.031 ***	– 0.039 ***	0.001	0.037 ***	0.032 ***
		(0.008)	(0.010)	(0.001)	(0.009)	(0.008)
	Insur_import	– 0.020 ***	– 0.026 ***	0.001	0.025 ***	0.021 ***
		(0.008)	(0.010)	(0.001)	(0.009)	(0.008)
（b）扩大经济作物规模的行为倾向	Experiment	– 0.054 ***	– 0.068 ***	– 0.009 ***	0.072 ***	0.059 ***
		(0.013)	(0.016)	(0.003)	(0.018)	(0.014)
	Com_cr_cost	– 0.044 ***	– 0.056 ***	– 0.008 ***	0.059 ***	0.049 ***
		(0.008)	(0.012)	(0.003)	(0.012)	(0.009)
	Insur_import	– 0.017 **	– 0.021 **	– 0.003 *	0.022 **	0.018 **
		(0.007)	(0.009)	(0.002)	(0.010)	(0.008)
（c）投入更多时间和精力的行为倾向	Experiment	– 0.061 ***	– 0.045 ***	0.012 ***	0.057 ***	0.037 ***
		(0.018)	(0.013)	(0.004)	(0.017)	(0.011)
	Disa_incidence	– 0.044 ***	– 0.033 ***	0.009 ***	0.041 ***	0.027 ***
		(0.010)	(0.008)	(0.002)	(0.009)	(0.006)
	Age	– 0.030 ***	– 0.022 ***	0.006 ***	0.028 ***	0.018 ***
		(0.009)	(0.008)	(0.002)	(0.009)	(0.006)
Observations		775	775	775	775	775

注：限于篇幅，仅报告了计算结果较为显著的变量。

　　表 4 – 9 中的（a）列出了保费补贴对农户扩大粮食作物种植规模行为倾向的边际影响。从计算结果（a）中可以看出，保费补贴对农户"非常不愿意（Y = 1）"扩大粮食作物种植规模的行为倾向的边际影响为 – 0.106，对农户"不太愿意（Y = 2）"扩大粮食作物种植规模的行为倾向的边际影响为 – 0.127，两者均在 1% 的显著性水平上为负。这说明与控制组中的农户相比，实验组中的农户"非常不愿意"和"不太愿意"扩大粮食作物种植规模的概率分别下降了 10.6% 和 12.7%，即提供保费补贴后，农户拒绝扩大粮食

作物种植规模的可能性有所下降。而保费补贴对农户"比较愿意（Y=4）"和"非常愿意（Y=5）"扩大粮食作物种植面积的行为倾向的边际影响为0.121和0.106，并在1%的显著性水平上成立。说明与控制组中的农户相比，实验组的农户"比较愿意"和"非常愿意"扩大粮食作物种植面积的概率分别增加了12.1%和10.6%，即提供保费补贴后，农户扩大粮食作物种植规模的意愿有所上升。

表4-9中的（b）列出了保费补贴对农户扩大经济作物种植规模行为倾向的边际影响。可以看出，保费补贴对农户"非常不愿意（Y=1）""不太愿意（Y=2）"扩大经济作物种植面积和"不确定（Y=3）"是否愿意扩大经济作物种植规模行为倾向的边际影响均在1%的显著性水平上为负，分别为-0.054、-0.068、-0.009。说明与控制组中的农户相比，实验组中的农户"非常不愿意""不太愿意""不确定"扩大经济作物种植规模的概率下降了5.4%、6.8%和0.9%，即提供保费补贴的情况下，农户"非常不愿意""不太愿意""不确定"扩大经济作物种植规模的概率分别下降了5.4%、6.8%、0.9%。而实验组农户"比较愿意（Y=4）""非常愿意（Y=5）"扩大经济作物种植规模行为倾向的边际影响在1%的显著性水平上为正，分别为7.2%和5.9%，意味着提供保费补贴后，农户"比较愿意"和"非常愿意"扩大经济作物种植面积的概率上升了7.2%和5.9%。

表4-9中的（c）列出了保费补贴对农户投入更多时间和精力的行为倾向的边际影响。表4-9中（c）中可以看出，保费补贴对农户"非常不愿意（Y=1）"和"不太愿意（Y=2）"投入更多时间和精力的边际影响在1%的显著性水平上为负，分别为-0.061和-0.045。说明相对于控制组的农户，实验组农户"非常不愿意"和"不太愿意"投入更多时间和精力的概率下降了6.1%和4.5%，即提供了保费补贴的情境下，农户"非常不愿意"和"不太愿意"投入更多时间和精力的概率下降了6.1%和4.5%。而农户"不确定（Y=3）""比较愿意（Y=4）""非常愿意（Y=5）"投入更多时间和精力的行为倾向的边际影响在1%的显著性水平上为正，分别为0.012、0.057和0.037。说明实验组中的农户"不确定""比较愿意""非常愿意"投入更多时间和精力的概率增加了1.2%、5.7%和3.7%，即在提供保费补贴的情境下农户"不确定""比较愿意""非常愿意"投入更多时间和精力

的概率增加了 1.2%、5.7% 和 3.7%。

同时从表 4-9 中可以发现，保费补贴对农户"比较愿意"和"非常愿意"扩大种植规模以及投入更多时间和精力的边际影响显然大于种植成本、种植业保险认可度、年龄等其他控制变量的边际影响，说明保费补贴对农户生产行为的影响较为重要。

综上所述，保费补贴对农户生产行为的边际影响是显著且正向的，即在提供保费补贴的情境下，农户愿意扩大种植业规模，在种植业生产中投入更多时间和精力的概率也有显著上升，而不愿意改变原有农业生产行为的概率有所下降，这进一步证实了本书提出的研究假设 1 和研究假设 2。

（二）农户参保行为对化学要素投入影响的实证分析

为了检验不同政策凸显性情景下参保行为对农户化肥和农药投入倾向是否存在显著影响，在控制农户年龄、文化程度等相关因素的情况下，采用 Ordered Probit 模型进行调查数据估计，同样采用逐步回归的方法以增强回归结果的稳健性和可信度。

1. 政策凸显性较低情景实证分析

表 4-10 报告了政策凸显性较低情景下参保行为对农户化肥和农药投入倾向影响的估计结果。为了便于比较分析，表 4-10 第（1）列报告的是在未控制任何变量的情况下，参保行为对农户化肥和农药投入倾向影响的估计结果；第（2）~（4）列则依次加入了年龄、文化程度、风险灾害感知度、农业生产人口、家庭年收入、种植业生产成本、水利设施状况和交通运输状况等控制变量。由表 4-10 可知，作为核心解释变量的参保行为，其估计系数在第（1）~（4）列中均不显著，这说明在控制年龄、文化程度、发生自然灾害的可能性、农业生产人口、家庭年收入、种植业生产成本、水利设施状况和交通运输状况等一系列因素的情况下，参保行为对农户化肥和农药投入倾向不会产生显著影响，即农户参不参加种植业保险均不会改变其原有化肥和农药的投入量，这也验证了本书的研究假设 3，即较低的政策凸显性将减弱参保行为对农户生产要素投入的作用效果。

表 4 - 10 政策凸显性较低情景下参保行为对农户化肥和农药投入倾向影响的回归结果

被解释变量：农户化肥和农药投入倾向

解释变量	（1）	（2）	（3）	（4）
Pic_insur	- 0. 00354	0. 0466	0. 0618	0. 114
	(0. 110)	(0. 112)	(0. 113)	(0. 118)
Age		- 0. 0969	- 0. 0927	- 0. 0875
		(0. 0613)	(0. 0620)	(0. 0621)
Education		0. 0244	0. 0299	0. 0320
		(0. 0671)	(0. 0680)	(0. 0688)
Disa_percept		0. 0897 *	0. 0912 *	0. 114 **
		(0. 0537)	(0. 0548)	(0. 0531)
Agri_popu			- 0. 0603	- 0. 0767
			(0. 0657)	(0. 0634)
Ann_hou_income			- 0. 0104	- 0. 0138
			(0. 0123)	(0. 0124)
Cr_cost				- 0. 151 ***
				(0. 0583)
Wat_cons_facility				0. 0941
				(0. 0694)
Traffic				- 0. 0529
				(0. 0708)
N	403	403	403	403
Wald 检验 χ^2	0. 00	8. 44	10. 23	22. 60
Prob > χ^2	0. 9742	0. 0766	0. 1151	0. 0072
伪 R^2	0. 0000	0. 0078	0. 0094	0. 0171

注：括号内数字为稳健标准误，*** 、** 和 * 分别表示变量的估计系数在 1% 、5% 和 10% 的水平上显著。

　　然而，种植业生产成本的估计系数在表 4 - 10 第（4）列中在 1% 的显著性水平上为负，即种植业生产成本对农户化肥和农药投入倾向具有显著的负向影响，种植业成本越高，农户倾向于投入越少化肥和农药，这与人们的商品消费意识相符合。此外，年龄、文化程度、农业生产人口、家庭年收入、水利设施状况和交通运输状况均不显著。

2. 政策凸显性较高情景实证分析

（1）农户参保行为对农户化肥和农药投入倾向的影响。

表4－11报告了政策凸显性较高情景下参保行为对农户化肥和农药投入倾向影响的回归结果。为了便于比较分析，表4－11第（1）列报告的是在未控制任何变量的情况下，参保行为对农户化肥和农药投入倾向影响的估计结果，第（2）~（4）列则依次加入了年龄、文化程度、风险灾害感知度、农业生产人口、家庭年收入、种植业生产成本、水利设施状况和交通运输状况等控制变量。由表4－11可知，作为核心解释变量的参保行为，其估计系数在第（1）~（4）列中均在1%的显著性水平上为负，这说明在控制年龄、文化程度、风险灾害感知度、农业生产人口、家庭年收入、种植业生产成本、水利设施状况和交通运输状况等一系列因素的情况下，参保行为对农户化肥和农药投入倾向具有显著的负向影响，即在政策凸显性较高的情境下，参保农户在种植业生产中倾向于投入更少的化肥和农药。由表4－11第（1）~（4）列可知，参保行为的估计系数随着控制变量的依次加入略有变动，但是其估计系数的符号和显著性水平均未发生改变，这表明在政策凸显性较高情景下，参保行为对农户化肥和农药投入倾向的估计结果是比较稳健的，这也验证了本书的假设4，即在政策凸显性较高情景下，参保行为对农户化肥和农药的投入倾向具有显著的负向影响。

表4－11　政策凸显性较高情景下参保行为对农户化肥和农药投入倾向影响的回归结果

	被解释变量：农户化肥和农药投入倾向			
解释变量	（1）	（2）	（3）	（4）
Pic_insur	−0.314 ***	−0.324 ***	−0.305 ***	−0.216 ***
	（0.102）	（0.102）	（0.102）	（0.102）
Age		−0.0558	−0.0524	−0.0537
		（0.0568）	（0.0568）	（0.0568）
Education		0.0345	0.0334	0.0316
		（0.0610）	（0.0608）	（0.0628）

	被解释变量：农户化肥和农药投入倾向			
解释变量	（1）	（2）	（3）	（4）
Disa_percept		0.0269	0.0327	0.0354
		（0.0495）	（0.0496）	（0.0494）
Agri_popu			−0.0851	−0.0806
			（0.0569）	（0.0582）
Ann_hou_income			−0.0175	−0.0116
			（0.0103）	（0.0102）
Cr_cost				−0.152 ***
				（0.0588）
Wat_cons_facility				−0.131 **
				（0.0629）
Traffic				−0.00735
				（0.0650）
N	455	455	455	455
Wald 检验 χ^2	9.51	14.74	18.64	31.12
Prob > χ^2	0.0020	0.0053	0.0048	0.0003
伪 R^2	0.0075	0.0108	0.0149	0.0257

注：括号内数字为稳健标准误，***、**和*分别表示变量的估计系数在1%、5%和10%的水平上显著。

此外，从种植业生产成本和水利设施状况两项变量来看，种植业生产成本的估计系数和水利设施状况的估计系数在表4−11第（4）列中分别在1%和5%的显著性水平上为负，这表明种植业生产成本和水利设施状况对农户化肥和农药投入倾向具有显著的负向影响，即种植业生产成本越高、农户所耕种的田地水利设施越完善，农户越不愿意投入更多的化肥和农药。究其原因，收入相对较低的农户比较关注种植业生产成本；水利设施状况反映了农户块地状况的好坏，水利设施状况完善程度与土地质量呈正相关关系。对水利设施不完善、土地质量较差的耕地，农户可能更倾向于多施用化肥和农药，而对于质量好的耕地农户的选择可能与之相反。此外，年龄、文化程度、风险灾害感知度、农业生产人口、家庭年收入和交通运输状况对农户化肥和农药投入倾向的影响均不显著。

（2）边际效应估计与分析。

鉴于上述 Ordered Probit 模型的估计结果只能确定在政策凸显性较高情景下，参保行为对农户化肥和农药投入倾向影响的方向和显著性，而不能确定参保行为对农户化肥和农药投入倾向取值概率的影响，因此，本书在表 4－12 中第（4）列的基础上，进一步计算了在政策凸显性较高情景下，参保行为对农户化肥和农药投入倾向的边际影响，具体计算结果如表 4－12 所示。

表 4－12　政策凸显性较高情景下参保行为对农户化肥和农药投入倾向影响的边际效应

解释变量	Y = 1	Y = 2	Y = 3	Y = 4	Y = 5
Pic_insur	0.068 **	0.013 *	－ 0.016 *	－ 0.057 **	－ 0.009 *
	（0.033）	（0.007）	（0.008）	（0.028）	（0.005）
Cr_cost	0.048 **	0.010 **	－ 0.011 **	－ 0.040 ***	－ 0.006 **
	（0.019）	（0.005）	（0.005）	（0.016）	（0.003）
Wat_cons_facility	0.041 **	0.009 *	－ 0.010 *	－ 0.035 **	－ 0.005 *
	（0.020）	（0.005）	（0.005）	（0.017）	（0.003）

注：括号内数字为稳健标准误，***、** 和 * 分别表示变量的估计系数在 1%、5% 和 10% 的水平上显著；限于篇幅，本书仅报告了计算结果中显著的变量。

由表 4－12 的估计结果中可知，在政策凸显性较高情景下，参保行为对农户"非常不愿意（Y＝1）"在种植业上投入更多的化肥和农药的边际影响在 5% 的显著性水平上为正，且具体的边际影响分别为 0.068，表明与未参保农户相比，参保农户"非常不愿意"在种植业上投入更多的化肥和农药概率增加了 6.8%，即在政策凸显性较高的情况下，参保农户"非常不愿意"在种植业上投入更多的化肥和农药的概率增加了 6.8%。但是，参保行为对农户"比较愿意（Y＝4）"和"非常愿意（Y＝5）"在种植业上投入更多的化肥和农药的边际影响分别在 5% 和 10% 的显著性水平上显著为负，且具体的边际影响分别为 － 0.057 和 － 0.009，这表明与未参保农户相比，参保农户"比较愿意"和"非常愿意"在种植业上投入更多的化肥和农药的概率分别减少了 5.7% 和 0.9%，即在政策凸显性较高的情况下，参保农户"比较愿意"和"非常愿意"在种植业上投入更多的化肥和农药的概率分别减少了 5.7% 和 0.9%。

六、研究结论

本章首先构建了农户生产行为的理论分析模型并提出相关假设，随后采用情景模拟的组间实验，构建 Ordered Probit 模型，以问卷数据为基础实证分析了种植业保险及保费补贴政策对农户生产行为倾向的影响，实证结果表明：保费补贴政策确实对农业生产行为有显著的影响。第一，在提供保费补贴的情况下，农户将有更强的意愿扩大粮食作物和经济作物的种植规模，对于种植业投入更多时间和精力的意愿也显著上升，尤其是保费补贴对于农户扩大种植规模的正向激励作用更显著。保费补贴对农户生产行为倾向影响的边际效应分析进一步证实了，在提供保费补贴的情况下，农户扩大种植规模、投入更多时间和精力从事种植业生产的概率上升，保费补贴政策对农户的上述种植行为有显著正向影响。同时种植业保险认可度也是农业生产行为的重要影响因素之一。第二，在政策凸显性较低情景下，参保行为对农户化肥和农药投入倾向的影响不显著，而在政策凸显性较高情景下，参保行为对农户化肥和农药投入倾向具有显著的负向影响。与未参保农户相比，参保农户在种植业经营中会倾向投入较少的化肥和农药，但是不可回避的是随之强化的道德风险。进一步的边际效应估计结果表明，在政策凸显性较高情况下，参保农户"非常不愿意"和"比较不愿意"增加化肥和农药投入的概率有一定程度的提高。

小　结

我国已进入种植业转型期，如何加速种植业结构性调整，转变农户种植行为和观念成为现阶段关注重点。本章首先介绍我国农户种植行为的现状，对新型农业经营主体的发展情况及农业化肥使用量进行分析，认为在一系列政策文件的支持下，我国农业大户、农业合作社、龙头企业等新型农业经营主体数量均有显著增长，土地流转速度加快也为规模化种植提供基础，但我国以小规模、粗放式生产为主的种植业生产方式仍未发生根本性改变。其次，一方面从理论角度出发，通过建立农户预期收益和生产函数理论模型并引入保费补贴、种植规模、农业要素等变量分析得出，种植业保险保费补贴政策将激励农户扩大种植面积并增加人力资本要素投入，种植业保险政策凸显情境下农户参保行为对化学要素投入量则有一定负向影响；另一方面从实证角度出发，通过 Ordered Probit 模型分析证实保费补贴政策能有效地促进农户扩大种植规模，增加人力资本投入。政策凸显性的高低与参保行为对农户化学要素投入倾向作用的发挥也有着较为密切的联系。在政策凸显性较高情景下，农户的参保行为对其化肥和农药投入倾向具有显著的负向影响，为保费补贴政策的后续研究及优化调整提供参考和借鉴。

第五章

种植业保险保费补贴政策绩效的定量分析

——以河南省为例

　　种植业保险保费补贴政策是农业支持保护政策体系的一项重要内容，也是市场经济条件下增加农民收入、提高农业比较收益的有效手段。自 2007 年我国实施种植业保险保费补贴政策以来取得了显著效果，在未来长时间的农业经济转型期中，仍需进一步发挥保费补贴政策的导向和激励作用，调动农民务农种粮的积极性，从而实现保障粮食安全、优化种植结构、改善农业生态等政策目标。为保证政策的持续、高效和创新，亟须对种植业保险保费补贴政策的绩效进行科学评价，以此作为政策完善的参考依据。本章以河南省为例，探讨如何构建种植业保险保费补贴政策绩效水平的评价体系，在此基础上对其经济绩效及社会绩效进行测算，并分析保费补贴政策近几年的绩效水平变动趋势。

一、引言

　　长期以来，种植业都以其提供生活、生产资料的重要功能，为我国经济持续发展奠定了坚实的基础。我国经济发展进入新常态后，寻求经济转型以促进经济高质量发展迫在眉睫，在经济转型的过程中，种植业必将承担更大的责任。正如习近平主席强调，"我们必须把饭碗牢牢端在国人自己的手里，而且碗里要装自己的粮食"，发展优质种植业在保障粮食安全和经济社会稳定、防范社会风险方面有着更重要的意义。随着种植业保险的快速发展，同期粮食总产量从 2004 年 46946.95 万吨增加到 2018 年 66789 万吨，年平均增速 2.55%，一方面标志着我国粮食综合生产能力连续多年稳定在较高水平，另一方面也意味着我国种植业发展问题已转变为消费者日益多样化、品质化的消费需求与我国现有农产品生产结构之间的供需矛盾，推动农业发展由注重数量增长向数量质量效益并重的转变正逢其时。① 种植业保险作为种植业扶持政策和风险管理手段，其保障种植业生产、促进生产规模和结构调整的作用已得到广泛认可，种植业保险及其保费补贴政策 2004～2021 年 17 次出现在中央一号文件中。国家大力鼓励和补贴种植业保险的经营和创新，2018 年农业保险的中央财政补贴规模达到 199.34 亿元，其中对种植业保险的补贴投入占比超过 50%。

河南是农业大省，小麦、油料作物等产量多年来稳居全国第一。根据《中国统计年鉴》《河南统计年鉴》《中国保险年鉴》数据整理得出，2018 年河南省粮食产量达到 6649 万吨，在全国粮食总产量中占比 10.11%，居全国第二位，其中小麦产量 3603 万吨，占全国比重更是达到 27.41%，花生等油料作物产量为 631 万吨，占全国油料作物总产量的 18.38%，位居全国第一，是全国重要的粮食核心产区和优质农产品生产基地。2008 年河南省被纳入中央补贴种植业保险保费试点后，种植业保险迅速发展起来，2008～2018 年，河南省种植业保险保费收入从 1.65 亿元增长至 16.46 亿元，累计达到 143.02 亿元，参保农户由 126.63 万户增长至 1515.33 万户次，各级政府拨付种植业保险补贴资金累计超过百亿元。2018 年河南省农业保险市场规模已增长为 45.5 亿元，在全国排名第二位，种植业保险体量和补贴规模也居全国前列。由此可见，河南省农业和农业保险在全国农业和农业保险市场中具有特殊的重要地位。

自 2011 年起，我国开始对种植业保险的保费补贴绩效开展评价工作，内蒙古和四川成为首批绩效评价试点。2013 年时我国绩效评价试点已包括十个省份。河南省从 2014 年起被纳入绩效评价试点，但绩效评价制度和结果并未公布。河南省种植业保险的发展是全国种植业保险的缩影，具有代表性，因此对河南省种植业保险保费补贴政策的绩效进行研究，其研究结论在一定程度上可以推广和应用至全国，以探究我国种植业保险和保费补贴政策存在的问题，以及探讨如何优化和调整相关政策。然而由于种植业保险相关数据不易搜集，且河南省种植业保险保费补贴绩效评价情况未予公开，因此有关保费补贴政策绩效评价的研究成果较少。因此，构建合理的种植业保险保费补

---

① 数据来源于国家统计局官网。

贴指标评估体系并采取有效的计量分析方法，基于农户生产行为的角度，对河南省种植业保险保费补贴政策的绩效水平进行评价，对河南省乃至我国种植业保险保费补贴的制度设计和实践优化均有重要的现实意义。

二、河南省种植业保险保费补贴政策的历史演变

河南省自 1951 年开始试点发展农业保险，其发展路径与我国农业保险整体发展情况相符，直到 2007 年前，河南省农业保险都在曲折中缓慢发展。2007 年，河南省出台《河南省政策性农业保险试点方案》，迈出了经营政策性农业保险的第一步。首先在洛阳和三门峡市试点政策性烟叶保险，每亩保费确定为 24 元，保险金额 500 元，由中华联合保险河南分公司承办，由财政部门联合当地龙头企业共同提供保费补贴，财政补贴比例为 50%，烟草公司补贴比例 40%，剩余 10% 的保费由农户承担。[①] 2008 年 2 月，财政部印发《中央财政种植业保险保费补贴管理办法》，标志着中央补贴种植业保险的方案正式出台。该方案对试点地区的确定实行申请制，方案出台后河南省积极申请，2008 年起成为中央财政补贴种植业保险的试点。

种植业保费补贴政策实施以来，河南省不断丰富保险品种体系，调整保险保费补贴结构。自 2012 年起，玉米、小麦、水稻、棉花及油料作物保险的补贴区域由部分地市拓展至全省范围，中央、省、市、县财政分别承担40%、25%、5%、10% 的保费补贴，各级财政保费补贴比例合计达到 80%。2016 年随着中央保费补贴政策的调整，河南省也取消了省内产粮大县的县级财政补贴，转而由中央和省级负担。

2017 年起，河南省结合种植作物供需失衡状况，对保险品种进行调整，取消玉米保险中央和省级财政补贴，以此调整玉米种植面积，来达到降低玉米库存压力的目标。同时降低县级财政补贴比例 5%，提高省级财政补贴比例，鼓励种植优质花生。此外，为继续支持肉牛、奶牛产业发展，河南省调整了奶牛保险保费补贴比例，增加省级保费补贴比例 10%，降低市、县保费

---

① 徐晓洁. "河南省政策性农业保险试点方案" 出台，https://www.henan.gov.cn/jrhn/system/2007/10/15/010044619.shtml，2007 - 10 - 15.

补贴负担。在 37 个县试点基础母牛保险，省市县分别负担保费补贴 30%、20% 和 20%。[①] 2018 年起，水稻、玉米、小麦三大粮食作物制种保险被纳入中央补贴品种，河南省种植业保险补贴品种进一步补充。

三、研究设计与数据说明

（一）研究方法

在对财政补贴政策进行绩效评价时，数据包络分析（DEA）、层次分析法（AHP）、Topsis 以及平衡计分卡（BSC）等使用较广泛，各类方法有优有劣。Topsis 方法的难点在于赋权，包括人为和数学模型赋权两种方式，其中人为赋权容易导致选取的指标过于主观，而数学模型赋权对数据要求较高，操作难度较大；AHP 方法也需要提前确定权重，赋权方式是先由数位小组专家共同确定权重，后通过计量方法检验该权重是否合理；而 DEA 方法具有较强的客观性，且不需要假设权重和经济模型，是目前最为成熟的"成本—效益"评价方法，其优势在于能够处理多输入、多输出的决策单元的效益，所做出的决策单元政策绩效评价是从静态角度出发的，并由各决策单元的松弛变量考察目标完成度。而 Malmquist 指数方法可以测算决策单元跨时期的绩效水平情况，属于动态评价，两者结合可以对保费补贴政策的绩效水平进行较为全面的评价。

1. 超效率模型（SE-DEA 模型）

DEA 是数据包络分析法的简称，1957 年法雷尔（Farrell）首次提出相关理论，随后查恩斯·库珀（Charnes Coopor，1978）将其拓展为 CRS 模型，CRS 模型以规模报酬不变为前提，在应用上具有一定的限制。1984 年班克（Banker）将其改进为规模报酬可变的 VRS 模型。DEA 方法建立数学模型以实现对投入、产出数据的处理和权重计算，建立生产边界并将决策单元数据与生产边界进行对比，由此得出评价结果，即决策单元的投入—产出是否是

---

① 河南省原保监局. 河南省调整 2017 年农业保险保费补贴政策，http://www.henanjr.gov.cn/portal/jrgl/bxjg/webinfo/2017/03/1490922186590710.htm，2017 - 03 - 31.

有效的。通过对 DEA 结果进行分解，甚至可以进一步分析非有效单元存在的问题。DEA 方法在使用时无须设定权重假设，并且能全面、客观地评价投入产出效益，尤其适合多输入、多输出数据的绩效评价，在非营利组织的绩效评价中得到广泛应用。

DEA 中运用最广泛、理论最成熟的模型是规模报酬不变模型（CRS 模型）和规模报酬变化模型（VRS 模型），在 CRS 模型中加入凸性假设 $\sum\limits_{j=1}^{n} \lambda_j = 1$ 后，衍生出 VRS 模型。在 VRS 模型中，综合效率、纯技术效率和规模效率的取值都在区间 ［0，1］ 内，且综合效率（TE）是纯技术效率（PTE）和规模效率（SE）的乘积，三者的数值越接近 1 表示其有效程度越高，小于 1 时表示决策单元处于相对无效状态，而当其值等于 1 时表示相较于其他单元，该决策单元是有效的。然而，CRS 模型和 VRS 模型进行效率测度时存在区间上限，当多个决策单元都处于有效状态时，模型不能进一步地区别和分析相对有效的单元。1993 年安德森（Andersen）针对该问题改进了传统模型，得到超效率的 DEA 模型（SE-DEA 模型），该模型没有效率值上限，对传统模型中效率值为 1 的决策单元可以进行更深度的分析和对比。

DEA 模型有投入和产出导向两种模式。投入导向意味着在产出数量一定的条件下，探究优化配置中该如何减少投入比例；而产出导向是在不增加投入要素的前提下，探究如何实现产出最大化。在对保险保费补贴政策进行绩效评价时，考虑到投入项即财政补贴资金通常处于政府预算控制之下，因此在现有投入规模下实现产出最大化应该是种植业保险保费补贴的目标。基于上述考虑，本书最终选择了产出导向的规模报酬可变的 SE-DEA 模型。

假定样本中含有 n 个决策单元，每个单元有 m 个投入项，则 VRS 模型为：

$$\min \left[\theta - \varepsilon \left(\sum_{r=1}^{s} S_r^+ + \sum_{i=1}^{m} S_i^- \right) \right] \qquad (5-1)$$

$$\text{s. t.} \ \sum_{j=1}^{n} \lambda_j X_{ij} + S_i^- = \theta X_{ij0} \qquad (5-2)$$

$$\sum_{j=1}^{n} \lambda_j Y_{rj} - S_r^+ = Y_{rj0} \qquad (5-3)$$

$$\sum_{j=1}^{n} \lambda_j = 1 \qquad\qquad (5-4)$$

$$\lambda_j \geqslant 0, j = 1, 2, 3, \cdots, n;$$

$$S_r^+ \geqslant 0, S_i^- \geqslant 0, i = 1, 2, 3, \cdots, m; r = 1, 2, 3, \cdots, s.$$

以上模型中 X_{ij} 表示第 j 个决策单元的第 i 种投入；Y_{rj} 表示第 j 个决策单元的第 r 种产出；S_i^-、S_r^+ 为第 i 项投入、第 r 项产出的松弛变量；θ 为计算得出的效率值；ε 为引入的非阿基米德无穷小量。DEA 的有效性取决于 θ 是否等于 1，当 $\theta < 1$ 时，决策单元为非 DEA 有效；当 $\theta = 1$，$S_i^- \neq 0$ 或 $S_i^+ \neq 0$ 时，决策单元为弱；当 $\theta = 1$，$S_i^- = S_r^+ = 0$ 时，决策单元为 DEA 有效。

SE-DEA 模型是对 VRS 模型的拓展，当模型对 j_0 进行评价时，仅需将其与其他决策单元相比较，即在评价第 j 个单元时，需要将被评价单元 j_0 剔除，而该决策单元的投入和产出指标用其他决策单元的投入和产出的线性组合来代替。当决策单元有效时，生产前沿面将会后移，为了使原有的效率值保持不变，可以增加有效单元投入比例，增加的投入比例则表示为超效率值。该模型下 $\theta < 1$ 时，决策单元无效；$\theta \geqslant 1$ 时，决策单元处于有效状态：

$$\min \left[\theta - \varepsilon \left(\sum_{r=1}^{s} S_r^+ + \sum_{i=1}^{m} S_i^- \right) \right] \qquad (5-5)$$

$$\text{s. t.} \sum_{\substack{j=1 \\ j \neq 0}}^{n} \lambda_j X_{ij} + S_i^- = \theta X_{ij0} \qquad (5-6)$$

$$\sum_{\substack{j=1 \\ j \neq 0}}^{n} \lambda_j Y_{rj} - S_r^+ = Y_{rj0} \qquad (5-7)$$

$$\lambda_j \geqslant 0, j = 1, 2, 3, \cdots, n;$$

$$S_r^+ \geqslant 0, S_i^- \geqslant 0, i = 1, 2, 3, \cdots, m; r = 1, 2, 3, \cdots, s.$$

通过 DEA 方法进行评价包括如下三个层次：一是综合效率，即对各地市保费补贴资金的相对绩效进行整体评价；二是纯技术效率，是对保费补贴资金的管理、配置能力进行评价，考察政府对补贴资金的使用是否有效率；三是规模效率，对保费补贴资金规模是否符合现有制度下的最优规模进行评价。

2. Malmquist 生产率指数法

SE-DEA 模型对绩效水平的分析比较仅限于同一时期内，即静态分析，而 Malmquist 指数分析方法能够对跨期效率进行评估，以此来考察不同时期种植业保险保费补贴绩效的变化状况。Malmquist 指数分析法由瑞典同名经济学家马奎斯特于 1953 年提出。1994 年时经过法尔和格罗斯科普夫（Fare & Grosskopf）改进后，Malmquist 能以 t 时期的技术条件为基期，测度第 t 期至 $t+1$ 期的全要素生产能力的变化状况。Malmquist 方法可以对面板数据进行分析，通过垂直方向的生产率对比对保费补贴政策的绩效水平进行动态的分析。Malmquist 指数可以分解为技术效率变动率和技术进步变动率，技术效率变动率可以进一步分解为纯技术效率变动率和规模效率变动率。其中技术效率变动率反映生产效率的变化，而技术进步变动率反映技术进步或退步程度。

Malmquist 方法的模型基础是距离函数，假设第 t 期的产出距离函数是 $D_0^t(x^t, y^t)$、第 $t+1$ 期的产出距离函数为 $D_0^{t+1}(x^t, y^t)$，分别表示第 t 期样本点的距离函数在第 t 期及 $t+1$ 期的生产前沿面下的取值。同理，$D_0^t(x^{t+1}, y^{t+1})$、$D_0^{t+1}(x^{t+1}, y^{t+1})$ 为第 t 期及 $t+1$ 期生产前沿面下，相关样本第 $t+1$ 期的距离函数值。由此第 t 期至 $t+1$ 期的数学模型表达式为：

$$M_i^t(x^{t+1}, y^{t+1}, x^t, y^t) = \left\{ \left[\frac{D_i^{t+1}(x^{t+1}, y^{t+1})}{D_i^{t+1}(x^t, y^t)} \right] \left[\frac{D_i^t(x^{t+1}, y^{t+1})}{D_i^t(x^t, y^t)} \right] \right\}^{1/2} \quad (5-8)$$

同 SE-VRS 模型一致的是，技术效率变动率可以分解为纯技术效率变动率（pech）和规模效率变动率（sech）的乘积，而 Malmquist 指数（tfpch）又由技术效率变动率（effch）和技术进步变动率（techch）相乘得来，即上式可以表达为：

$$M_0(x^t, y^t, x^{t+1}, y^{t+1}) =$$
$$\frac{S_0^t(x^t, y^t)}{S_0^t(x^{t+1}, y^{t+1})} \times \frac{D_0^t(x^{t+1}, y^{t+1})}{D_0^t(x^t, y^t)} \times \left[\frac{D_0^t(x^{t+1}, y^{t+1})}{D_0^{t+1}(x^{t+1}, y^{t+1})} \times \frac{D_0^t(x^t, y^t)}{D_0^{t+1}(x^t, y^t)} \right]$$

$$(5-9)$$

如果 $M_0^t(x^{t+1}, y^{t+1}, x^t, y^t)$ 小于 1，表示决策单元生产力衰退，如果 $M_0^t(x^{t+1}, y^{t+1}, x^t, y^t)$ 大于 1，则表示在过去一期内，决策单元生产力有所改善。纯技术效率与规模效率与基础模型中的含义一致，技术进步则包括技术、制度、组织创新等非生产性的要素和外部环境改善，它们的改善对于生产前沿面向前移动具有积极意义，将提高最优产出水平，技术进步变动率就是用来衡量当年技术进步对全要素生产率的影响。在保费补贴政策的绩效评价过程中，Malmquist 指数代表绩效水平的变动方向和程度，该年指数大于 1 说明保费补贴政策的绩效有所增长。其中绩效增长可能来源于各种方面，纯技术效率变动率大于 1 表明政府对保费补贴资金的配置水平上升，促进了绩效水平增长，而规模效率变动率大于 1 表示绩效水平上升由保费补贴规模扩大带来，技术进步变动率大于 1 则说明农户参保意愿增强、保费补贴政策优化、组织协调机制健全和资金管理技术创新等为保费补贴政策的绩效水平提供了更多提升空间。

（二）指标构建

随着绩效评价理论和方法的完善，对公共政策的绩效评价越来越全面、多维，涉及经济、政治、社会、可持续发展等多个方面。种植业保险保费补贴政策是我国政府支持农业发展的重要财政支出项目，绩效评价应建立一个多层次、多维度的评价框架，涵盖经济、社会等领域的效果。近年来，部分省份的农业保险保费补贴绩效评价指标相关文件相继公开，为相关绩效评价的研究提供了有益借鉴。

1. 现行农业保险补贴绩效考核指标

目前仅湖南、山西等少数省份公开了农业保险的绩效评价方案与报告。根据公开的评价方案，以上省份在对保费补贴政策进行绩效评价时要求坚持四项原则，即客观公正突出重点、日常检查与年终评价相结合、科学规范注重实效、共性与个性相结合，绩效评价工作从实施过程和政策落实情况两方面着手开展。[1]

在评价对象方面，农业保险保费补贴政策的绩效水平评价内容分为 3 类一级指标，在一级指标下设 9 类二级指标、25 个三级指标（见图 5－1）。3 类一级指标为项目决策、项目管理及项目绩效，具体包括项目实施过程、补贴资金配置和管理、项目产出和效益等。每个一级指标下设若干二级指标，项目决策项下包括项目决策过程、补贴目标和资金分配三项，用以评价绩效目

---

[1] 资料来源于安徽省财政厅《关于印发 2012 年度农业保险保费补贴绩效评价方案的通知》。

标的制定是否明确、可量化并符合农业保险的经营原则，补贴资金的拨付是否及时和合规等。项目管理项下包括资金到位、资金管理、组织实施和监督检查四项，考察资金到位情况、保费补贴资金的管理是否符合预算、决算以及相关管理规范，组织实施和监督检查则指对农业保险公司职责划分、展业、承保和理赔等经营环节的实施过程进行评价和监督；项目绩效项下包括项目产出和效益两项，项目绩效是整个绩效评价中占比最重的一项，其下包括数十个三级指标，较为全面地对参保率、保险覆盖率、理赔兑现率、补贴资金杠杆效应、农户满意程度等情况进行评价。

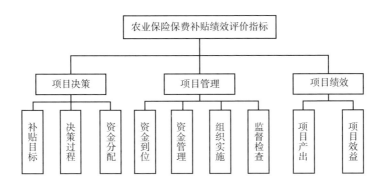

图 5 - 1　2016 年度湖南省农业保险保费补贴绩效评价指标

资料来源：《湖南省财政厅关于开展 2015 年度农业保险保费补贴绩效评价工作的通知》。

　　在绩效评价的方法上，安徽省采用了比较法、专家评议法、公众评判法、成本效益法等。在绩效评价中，安徽省、湖南省均采取了百分制，首先对各级指标均赋予相应分值，其次按照指标评分标准对各项指标进行打分，然后合计各项考评分，根据总分将评价单元划分为优秀、良好、中等和差四种等级。[①] 3 个一级指标中，分值占比最重的为项目绩效，为 49 分；二级指标中的项目效益、项目产出和组织实施，为分值最重的三项指标，由此可以看出政府对农业保险补贴的绩效考核侧重于事中和事后两方面。

　　从现有公开资料可知，农业保险补贴绩效评价已经形成了相对完善、涵盖范围较广的多级指标体系，但仍有不足之处。首先，大部分地区没有公开绩效评价方案和报告，使得深入研究农业保险的保费补贴绩效受到限制。其

---

　　① 资料来源于安徽省财政厅 2013 年《政策性农业保险绩效评价办法》。

次，部分定性考核指标的评分标准具有较大的主观性。部分项目决策和项目管理项下指标缺少量化评价标准，如 2016 年度湖南省的农业保险保费补贴绩效评价指标中，对杠杆效应进行评分的标准为"运用保费补贴方式对'三农'进行支持，资金放大效应是否明显：不够明显为 0 分、比较明显为 2 分、十分明显为 4 分"，而对于如何界定"不够明显""比较明显""十分明显"并没有统一的评价标准。此外，对可持续影响进行评分的标准为"农业保险经营基本稳定（1 分）、制度设计合理（1 分）、基层推进机制运转高效（1 分）、机制健全（1 分）"，而对制度设计是否合理、基层推进机制运转是否高效等的判断相对含糊不清。评分过于主观导致无法通过考核得分直接比较不同地区的农业保险保费补贴政策的绩效水平。最后，现有绩效评价方案在一定程度上忽视了保费补贴政策的社会效益，仅仅通过一个三级指标对社会效益进行考核，其评价标准为"农业保险制度设计合理（1 分）、经营基本稳定（1 分）、基层推进机制健全（1 分）、运转高效（1 分）"，同样存在主观性较大的问题。

2. 平衡计分卡原理及优势

平衡计分卡（the balanced score card，BSC）是评价战略管理业绩的一套核心组织框架，提出者为罗伯特·卡普兰（Robert S. Kaplan）和大卫·诺顿（David Noton），先后在企业、非营利组织和政府部门的绩效评价中被广泛应用。其建立的综合分析模型以平衡为理念，这也是其核心思想。平衡计分卡是一种较全面的绩效评价体系，它不仅考虑了评估主体内外部效益、短期成效和长远目标，还兼顾了经济和社会效益。具体而言，该体系包含四个一级指标：顾客、财务、学习和创新、内部经营流程，并以此为基础设立二、三级目标。评价种植业保险保费补贴政策的绩效水平要与平衡计分卡的"平衡"相结合，需要关注多个方面，如公平和效率、发展和稳定、经济效益和社会责任、短期政绩和长远目标等。[①]

3. 平衡计分卡的运用

通过借鉴 2011 年财政部颁发的《财政支出绩效评价管理暂行办法》和

---

① 李婷，王巧义. 农业保险保费补贴资金绩效评价体系的构建——基于平衡计分卡原理的研究 [J]. 金融与经济，2016（02）：82 - 87.

2014 年中国资产评估协会发布的《财政支出（项目支出）绩效评价操作指引（试行）》以及湖南省颁布的《2016 年度农业保险保费补贴绩效评价指标》，以平衡计分卡为基础，本书构建的种植业保险保费补贴政策的绩效水平评价框架包括四个维度：经济绩效、社会绩效、补贴管理规范以及发展潜力评估（见图 5–2）。

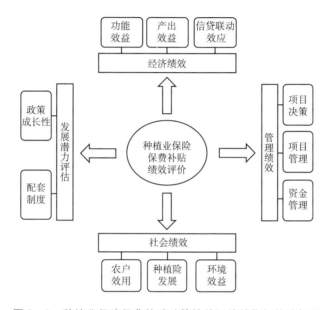

图 5–2　种植业保险保费补贴政策绩效评价的指标构建框架

（1）经济绩效。指种植业保险保费补贴对农业经济发展的作用效果，涉及种植业损失赔付功能的发挥、保费补贴乘数效应的大小和保费补贴能否促进种植业结构调整进而促进农业生产专业化，以及促进农业信贷增长的联动效果等。

（2）社会绩效。即评估主体对社会发展各方面的作用效果，具体到种植业保险保费补贴绩效评估，在实践中通常选取保费补贴政策影响农户生产行为的情况以及种植业发展状况，这两个指标不仅易于观察和量化，而且在保费补贴政策对社会的影响中具有代表性。保费补贴对农户行为的影响包括对农户参保意愿、种植规模及收入的影响，对种植业保险市场发展的衡量则采用保险深度和密度。

（3）管理绩效。涉及对项目决策、资金使用及项目流程管理等进行考察。在种植业保险保费补贴绩效评估中则主要考察两个方面：一是保险公司是否按规定使用补贴资金和提供保险服务；二是保费补贴政策的各个环节是否合理、合规、及时、准确。

（4）发展潜力。主要考察政策的可行性、成长性和配套政策措施是否完善。比如补贴政策能否促进种植业保险产品创新、有无进一步完善的空间。为了使补贴资金的使用达到预期的效果，网点建设、宣传推广和监督机制等在内的配套政策是否完善。

4. 绩效评价指标构建

实践中，由于管理绩效方面的数据难以收集，而经济绩效和社会绩效又在政策绩效评价中占"半壁江山"，按照绩效评价指标选取的重要性和经济性原则，本书主要从社会绩效和经济绩效两方面来评价种植业保险保费补贴政策的绩效水平。

对于指标选择，在 DEA 方法中，基于"成本—收益"分析，决策单元的个数通常要遵循其个数要大于投入指标和产出指标之和两倍的惯例，即产出指标和投入指标呈现相对趋势，前者要尽量大，而后者要尽量小。综合考虑指标间的相互关系和数据的可得性，选择的投入指标为财政补贴额占各市政府农林水事务支出的比例和财政补贴额。其中，补贴额占农林水事务支出的比例代表保费补贴的相对规模，体现了各地市政府对保费补贴工作的重视程度，而财政补贴额代表各地市投入保费补贴的绝对规模，是核心投入指标。

对于产出指标的选择，有学者将一些能够体现农业经济发展情况的指标纳入模型中，如种植业总产值、种植业产量和农户家庭可支配收入等，然而，这些指标数值的稳定性不足，且种植业保险保费补贴对其产生的促进作用较为有限。因此，本书考虑了与保费补贴相关性更强的指标，以已构建的保费补贴绩效评价体系为依据，选取了种植业保险保障水平、种植业保险深度为产出指标，其数据较为完整充分，同时结合第四章实证分析结果，将人均播种面积、参保户次等反映农户生产行为的指标纳入评价体系。[①] 种植业保险

---

① 江生忠，贾士彬，江时鲲. 我国农业保险保费补贴效率及其影响因素分析——基于 2010 ～ 2013 年省际面板数据［J］. 保险研究，2015（12）：66 – 77.

保障水平体现了每年的种植业保险对种植业总产值的覆盖率,量化为种植业保险金额与种植业总产值的比;[①] 种植业发展规模是对产出效益的衡量,人均播种面积指标相比人均亩产值,与保费补贴额的相关性更强,故将种植业发展的代表性指标设定为人均播种面积,这两项均是评价经济效益的指标;对社会效益的考察主要包括两个方面:种植业保险发展状况和农户效用,以种植业保险深度来衡量种植业发展状况;保费补贴在一定程度上使得农户的参保成本降低,在提高农户参保能力的同时,也提高了农户的预期收益,促进农户参保意愿的提升,因此,以参保户次作为衡量农户效用的指标(投入指标和产出指标体系见表5-1)。

表5-1 投入指标和产出指标体系

指标分类		具体指标	经济意义
投入指标	X_1	种植业保险保费补贴额	保费补贴规模
	X_2	地市级补贴额在农林水事务支出中占比	地市政府对政策重视程度
产出指标	Y_1	种植业保险保额/种植业总产值	种植业保险保障水平
	Y_2	人均播种面积	种植业发展规模
	Y_3	种植业保险深度	种植业保险发展水平
	Y_4	参保户次	农户参保状况

(三) 数据来源说明

本书以河南省18个地市为研究样本,由于河南省自2012才开始在全省范围内推行水稻、小麦保险等中央补贴险种,因此选择2012~2018年的平衡面板数据。数据主要来源于2013~2019年《中国保险年鉴》、2013~2019年《河南省统计年鉴》以及原河南省保监局、河南省统计局的统计数据等,其中各地市补贴额是根据河南农业保险工作方案中规定的市级补贴比例5%和保费收入估算得出,种植业保险金额由各地市保费收入和保险费率推导得出。

[①] 安华研究所. 中国农业保险研究(2020)[M]. 北京:中国农业出版社,2020:118-119.

四、实证结果分析

（一）横向分析

1. 绩效水平比较

为了测算和排序河南省 18 个地市的种植业保险保费补贴绩效水平，采用 SE-DEA 模型对 2018 年河南省 18 个地市的绩效水平进行了测算，结果如表 5-2 所示。其中 irs 为规模收益递增，drs 为规模收益递减。

表 5-2　　2018 年河南省各地市种植业保险保费补贴政策 SE-DEA 模型计算结果

绩效水平	名次	地市	超效率值	规模效益
较高	1	济源市	1.638	irs
	2	新乡市	1.218	irs
	3	郑州市	1.197	drs
	4	鹤壁市	1.072	irs
	5	濮阳市	1.045	drs
中等	6	洛阳市	0.932	drs
	7	平顶山市	0.787	drs
	8	许昌市	0.683	drs
	9	南阳市	0.675	irs
	10	驻马店市	0.603	drs
较低	11	开封市	0.563	drs
	12	漯河市	0.515	drs
	13	安阳市	0.513	drs
	14	商丘市	0.500	irs
	15	三门峡市	0.473	irs
	16	焦作市	0.463	drs
	17	信阳市	0.461	drs
	18	周口市	0.390	drs

根据 2018 年 SE-DEA 结果计算的超效率值对河南省内 18 个地市的种植业保险保费补贴绩效水平进行排序，按绩效值分为水平较高、水平中等、水

平较低三个区间。绩效水平较高,即达到了有效状态的只有济源、新乡、郑州、鹤壁、濮阳5个地市。洛阳、平顶山、许昌、南阳、驻马店市绩效水平为0.6~1,属于中等水平。开封、漯河、安阳、商丘、三门峡、焦作、信阳、周口8个地市绩效值低于0.6,绩效水平较低。

2018年河南省农业产值排名前五的南阳、驻马店、周口、信阳和商丘绩效水平发展不尽如人意。驻马店和南阳的绩效水平处于中间位置,而商丘、信阳和周口绩效水平较差,周口最低只有0.390。相比绩效水平较高的郑州和济源,农业基础良好的南阳、驻马店、商丘、信阳水平却比较低。这说明河南省农业保险财政补贴并未充分发挥效应,尤其是农业大市的农业保险发展仍然有非常大的潜力。

绩效水平排在前五的地市中,济源、新乡和鹤壁都处在规模效益递增阶段,排名第三和第五的郑州和濮阳虽然达到了有效状态,但其处于规模递减状态,因此降低了绩效水平。绩效值处于中等水平的南阳处于规模效益递增阶段,其他都处于规模效益递减阶段。绩效水平较低的商丘、三门峡规模效益呈递增,其他地市处于规模效益递减阶段。由此可见,河南省大部分地市种植业保险保费补贴绩效处于规模效益递减阶段,而绩效水平降低的原因很可能是补贴规模不恰当。

2. 综合效率分析

为了进一步分析造成河南省各地市绩效水平不均衡的原因,使用VRS模型测算各地市的综合效率、纯技术效率和规模效率,结果如表5-3所示。

表5-3 **2018年河南省各地市种植业保险保费补贴政策VRS模型计算结果**

绩效水平区间	地区	综合效率	纯技术效率	规模效率	规模效益
较高	鹤壁市	1.000	1.000	1.000	—
	新乡市	1.000	1.000	1.000	—
	济源市	1.000	1.000	1.000	—
	郑州市	1.000	1.000	1.000	—
	濮阳市	1.000	1.000	1.000	—

绩效水平区间	地区	综合效率	纯技术效率	规模效率	规模效益
中等	洛阳市	0.931	1.000	0.931	drs
	平顶山市	0.876	1.000	0.876	drs
	南阳市	0.870	1.000	0.870	Irs
	驻马店市	0.868	1.000	0.868	Irs
	商丘市	0.840	1.000	0.840	drs
	开封市	0.833	0.952	0.875	drs
	安阳市	0.821	0.981	0.837	drs
	许昌市	0.791	0.859	0.921	drs
	漯河市	0.751	0.780	0.963	drs
	焦作市	0.704	0.961	0.732	drs
较低	信阳市	0.686	0.959	0.715	drs
	三门峡市	0.638	1.000	0.638	drs
	周口市	0.531	1.000	0.531	drs
平均值		0.841	0.972	0.867	

从总体来看，河南省的种植业保险保费补贴总体绩效处在中等偏上水平，平均综合效率值为 0.841。据表 5 - 3 显示，2018 年综合效率为 1 的只有鹤壁、新乡、济源、郑州和濮阳 5 个地市，其规模效率和纯技术效率都在生产前沿面上，处于相对最优状态，也说明了这些地市当年绩效水平较高，补贴规模适当。纯技术效率为 1 说明这些地市补贴资金的配置相对合理有效，农业保障水平、参保户次等各项产出都相对达到了较高的水平，保费补贴的作用得到充分发挥，使得当年的绩效目标得以实现。

洛阳、南阳、平顶山、驻马店等 10 个地市的综合效率值均为 0.7~1，绩效水平处于中等区间，而信阳、三门峡、周口这 3 个地市的综合效率在 0.7 以下，处于绩效水平较低区间，其中周口市的综合效率仅为 0.531，意味着保费补贴政策对以上地市的种植业保险保障水平、人均播种面积等产生的积极效应相对有限。

从整体来看，河南省各地市种植业保险保费补贴政策的综合效率差异较大，各地市绩效水平并不均衡，大部分地市绩效水平在中等或低水平区间（见图5-3）。河南省内6个地市的纯技术效率和规模效率均小于1，说明这些地市的实际产出没有达到目标，绩效水平未达到最优状态，而资金配置和投入规模存在问题是绩效水平没有达到最优的主要原因。对于河南省各地市绩效水平差异的具体原因，需要从纯技术效率和规模效率的角度做进一步解释。

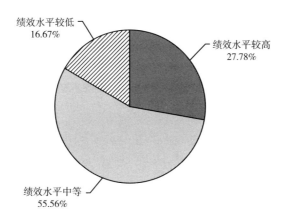

图5-3　2018年河南省种植业保险保费补贴政策绩效
水平区间分布情况

3. 纯技术效率分析

河南省各地市的纯技术效率平均值为0.972，处于较高水平。河南省内过半数地市的纯技术效率都为1。纯技术效率不为1的地市中，除漯河为0.78外，其他地市的纯技术效率均在0.8以上。部分地市的纯技术效率相对较低，可能是由于保费补贴目前采用的是"层层补贴、倒补联动"的机制，对中央财政补贴的保险品种，只有县级政府对农户、龙头企业的保费资金到位后，才能接着落实市、省、中央级的补贴资金。因此在保费补贴资金的拨付过程中，任一政府层级的资金拨付发生延期都会降低补贴资金的周转速度和效率，尤其是对于农业大县和财政穷县，很有可能出现基层财政部门资金到位速度慢、上级资金拨付不及时的现象，削弱了种植业保险及保费补贴政策的积极效应。

整体来看，河南省各地市的纯技术效率相差并不大，各地市纯技术效率均为 0.7～1，对此有两种可能：一是省内大部分地市补贴资金的配置和使用处于较好的状况，各地财政部门对保费补贴资金的使用效率较高，因此多数地市通过对补贴资金的配置和管理均实现了提高投保率、保障农业损失补偿的绩效目标。二是 DEA 方法是一种相对绩效评价方法，其评价标准来源于各决策单元数据计算得到的生产前沿面，纯技术效率的地区差异较小说明各地市的种植业保险保费补贴政策的实施细则，如补贴范围、补贴内容、补贴比例等方面较为趋同，进而导致各地市财政部门对于补贴资金的管理和配置水平具有高度一致性。对比河南省与各地市历年公布的农业保险工作方案，可以发现各地市的农业保险工作方案基本按照河南省方案制订，在政策制定上没有体现地区特点，由此认为河南省各地市纯技术效率差异较小主要由于地区间种植业保险保费补贴政策的差异性较小。

4. 规模效率分析

通过对规模效率进行分析可以发现，河南省各地市的规模效率有显著的差异，郑州、新乡等 5 个地市规模效率为 1 且处于规模收益不变的状态，而其他地市规模效率高低不一，周口的规模效率仅有 0.531。结合河南省纯技术效率相差不大的事实，可以认为河南省各地市综合效率不均衡主要是由于各地市的规模效率差距较大。

对河南省的规模效率进行分区域分析可以发现，地处河南省中部的漯河、许昌地区规模效率普遍高于纯技术效率，而位于河南省的种植业主产区豫南、豫东地区的地市规模效率相比纯技术效率普遍偏低（见图 5 - 4），导致周口、商丘、信阳等种植业主要地市绩效水平相对其他地市较低。豫南、豫东地区的种植业保险的总补贴额要远高于省内其他地市，但种植业保险保障水平、保险深度等相对指标并未体现优势，虽然其人均种植面积、参保户次等绝对指标比其他地区高，却未能保持同比例增长于补贴额，这反映出补贴资金的边际效益递减，说明这些地市的种植业经济虽然较其他地区比较发达，保费补贴资金投入较多，但规模效益递减较严重。

此外，河南省大部分地市均进入了规模收益递减状态，继续扩大补贴资金投入难以取得同等水平的效益，种植业保险及保费补贴政策对种植业保险保障水平、种植面积、参保户次等产出指标带来的增量效应将进一步削弱。

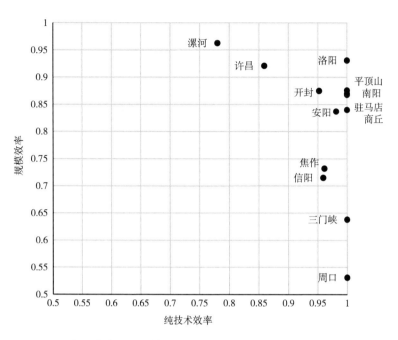

图 5 – 4　2018 年河南省除郑州等 13 市种植业保险保费补贴政策效率值分布情况

值得注意的是，最优补贴规模的确定以目前实行的补贴制度为基础，因此规模收益递减是指现有补贴规模已超过当前制度下确定的最优规模，结合我国种植业保险和保费补贴政策的现状，即"高比例补贴，低保障水平"，转变规模收益递减状态的关键在于调整保费补贴政策，即优化种植业保险财政补贴结构，而非消极地削减补贴规模。

5. 松弛变量分析

DEA 模型利用给定的投入指标和产出指标等相关数据，不仅可以计算生产前沿面以及各决策单元的效率值，还可以测算出松弛变量，即每个决策单元的纯技术效率值若要达到 1，在此状态下各项产出指标和投入指标的目标值（projection），以及实际值和目标值之间的差距。松弛变量代表了该决策单元能够改进的空间，即可以改进的值（movement），以此分析各决策单元应在哪些方面进行改进，并作为调整投入和产出变量数额的参考依据。为了进一步分析河南省各地市是否存在产出不足，通过 Mydea 对综合效率小于 1 的地市的产出指标进行松弛变量分析，分析结果如表 5 – 4 所示。

表 5 - 4   2018 年河南省种植业保险保费补贴政策 SE-DEA 模型产出松弛变量分析

地市	纯技术效率	规模效率	种植业保险保障水平	人均播种面积	种植业保险深度	参保户次
洛阳市	1.000	0.931	0.099	5.058	0.006	124.519
平顶山市	1.000	0.876	0.007	0.125	0	5.216
南阳市	1.000	0.870	0.014	0.453	0.001	4.486
驻马店市	1.000	0.868	0.102	2.4	0.006	81.224
商丘市	1.000	0.840	0.056	0.54	0.003	28.182
开封市	0.952	0.875	0.058	5.788	0.004	31.59
安阳市	0.981	0.837	0.067	4.666	0.003	49.151
许昌市	0.859	0.921	0.103	5.027	0.008	27.794
漯河市	0.780	0.963	0.125	4.943	0.007	45.274
焦作市	0.961	0.732	0.075	5.458	0.004	30.452
信阳市	0.959	0.715	0.081	5.855	0.005	69.654
三门峡市	1.000	0.638	0.014	0.453	0.001	4.486
周口市	1.000	0.531	0.072	1.703	0.004	82.182

表 5 - 4 中四个产出松弛变量, 即种植业保险保障水平、人均播种面积、种植业保险深度和参保户次的松弛变量[①], 若产出松弛变量为正表示存在产出不足, 决策单元在现有投入水平下还可以实现更多产出, 综合效率小于 1 的部分地市存在负的产出不足, 可以理解为该地市相应指标的实际值低于目标值, 即财政补贴并没有充分发挥作用, 绩效目标还未实现。

对产出指标进行松弛变量分析, 发现河南省产出不足的情况较普遍, 各地市的种植业保险保障水平、人均播种面积、种植业保险深度以及参保户次均存在不同程度的改进值。

除济源、新乡等五个地市外, 河南省其他地市种植业保险保障水平相对目标值较低, 也导致了种植业保险市场发展水平不足, 种植业保险深度较低。根据表 5 - 4, 河南省内大部分地市存在种植业保险保障水平不足的问题, 其中驻马店、许昌、洛阳、漯河、信阳五个地区种植业保险保障水平偏低, 导

---

① 松弛变量是目标产量与实际产量的差值, 若产出松弛变量为正即实际值低于目标值, 其表示存在产出不足。

致其绩效目标仍未实现。河南省种植业保险保障水平偏低主要有两方面原因，一是保险保额相对较低，对农户保障程度不足；二是农户参保率低，尤其是除三大粮食作物外的其他险种参与率严重不足。

虽然自 2010 年以来，河南省政府对种植业保险金额进行了数次调整，例如小麦保险每亩保额从 311 元上涨至 447 元，但种植业保险依然没有摆脱以保物化成本为主的现状，随着土地流转成本、人力成本等种植业非物化成本的逐年上涨，种植业保险对实际生产成本的保障能力严重不足。2015 年，河南省三大粮食作物的保险保障水平对直接物化成本覆盖率约为 84%，但对完全生产成本的覆盖率仅有 33%，截至 2018 年对农户种植业收入的保障程度仅有 11.1%（见图 5 – 5）。[①]，而全国种植业保障水平也只有 12%（见图 5 – 6），说明农业保险保障水平低是导致我国农业保险发展水平低的重要原因。尽管河南省自 2015 年已经开始试点开展区域内产量保险、价格指数保险等保障水平较高的创新型保险，但政府目前仅选择了极少数市、县作为试点，这对河南省种植业保险整体保障水平的提高仍是杯水车薪，从"保物化成本"全面转向"保完全成本""保产量""保收入"仍需要大量时间和资金投入。

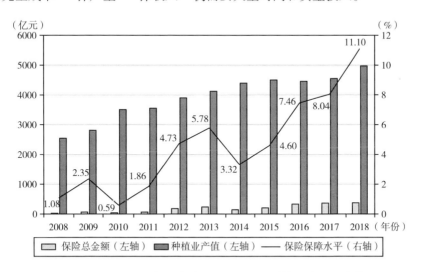

图 5 – 5　2008 ~ 2018 年河南省种植业保险对种植业产值保障情况

资料来源：2009 ~ 2019 年《河南统计年鉴》。

---

① 赵力文 . 河南农险破解保障难题，http：//newpaper. dahe. cn/hnrb/html/2016 – 06/07/content_39043. htm.

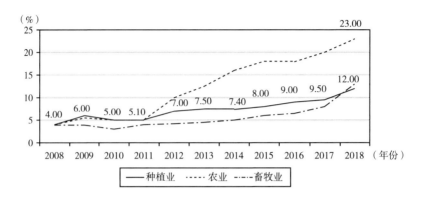

图 5－6　2008～2018 年全国种植业与畜牧业保障水平情况

资料来源：2020 年《中国农业保险保障分析与评价》、2018～2020 年《中国农业保险研究》。

　　农户参保率低也是造成河南省种植业保险整体保障水平偏低的重要原因之一。从表 5－4 中参保户次指标可以看出，河南省大部地市的种植业保险参保户次没有达到当前补贴规模下的目标值，尤其是信阳、驻马店和周口等种植业重要地市的参保户次缺口较大（见图 5－7），而以上地区的新型农业经营主体数量均处于省内前列，一般而言新型农业经营主体参与保险意愿及支付水平更高，以上地区农业保险参保户次缺口应该较小，但实际参保户次很不尽如人意，可能由于现行的农业保险政策及产品不能满足新型农业经营主体的多元化需求。

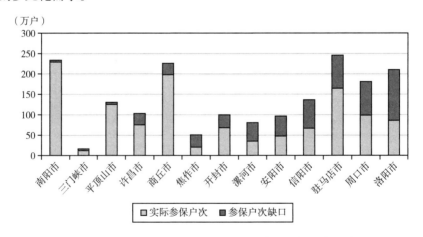

图 5－7　2018 年河南部分地市实际参保户次与参保户次缺口

资料来源：根据 2019 年《中国保险年鉴》以及河南省统计局、保监局的统计数据整理。

　　种植业保险参保率较低的问题在河南省种植业及保险发展现状中也有所反映：首先，种植业保险亩均保额低于种植成本，较低的保障水平使得农户参保积极性下降；其次，河南省种植业结构正处在调整过程中，2017 年河南省粮食作物播种面积开始下降，蔬菜及食用菌、瓜果类作物播种面积增长明显（见表 5–5），在河南省农作物播种面积中占比逐渐上升至 13.94%（见图 5–8），然而中央补贴品种涵盖范围较少，多种经济作物未被纳入补贴目录内，种植结构和补贴结构的偏离抑制了农户参保率的提高；如焦作、漯河等地农业保险不能满足经营主体发展的需要，资金短缺问题制约新型农业经营主体的发展。一方面由于政策性农业保险保额较低、保险覆盖面窄、宣传不到位，农民参保意愿不强。另一方面，现有的保险大多仅承办小麦、玉米、大豆等粮食作物保险产品，而焦作等市农业种植除粮食作物外还包括四大怀药、林果等产业，保险产品未涉及部分依旧存在风险成本，所以保险种类少，且未能适应当地种植业发展。

表 5–5　　　　　　　　2012～2018 年河南省农作物播种面积变化　　　　　　单位：千公顷

年份	粮食播种面积	油料作物播种面积	蔬菜及食用菌、瓜果种植面积
2012	10434.56	1378.05	1984.82
2013	10697.43	1361.87	1992.71
2014	10944.97	1339.01	1951.89
2015	11126.3	1311.84	1963.72
2016	11219.55	1302.35	1994.48
2017	10915.13	1397.49	2054.38
2018	10906.08	1461.40	2039.33

资料来源：2013～2019 年《河南统计年鉴》。

　　此外，种植业保险相关政策的宣传建设不足导致农户对种植业保险的认知度和认可度较低，并且河南省为"劳动力输出大省"，年轻及高素质人员外流严重，省内务农从业人员年龄偏大、文化素质偏低，制约了农村经济结构调整和农业科技的推广，在一定程度上降低了保险保费补贴政策的宣传效果，阻碍政策全面实施。课题组对河南省农户进行的问卷调查中，对种植业保险及保费补贴政策"比较了解"和"非常了解"的比例均在 20% 以下。

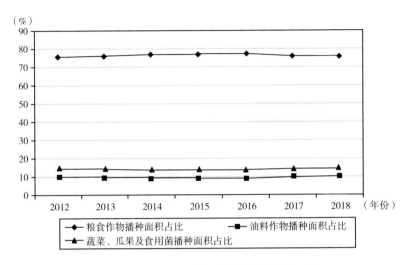

图 5 - 8　2012～2018 年河南省种植业结构变化

资料来源：2013～2019 年《河南统计年鉴》。

目前，河南部分地市已将蔬菜、瓜果等特色产品种植作为区域重要产业，根据 2019 年《河南统计年鉴》，2018 年三门峡市农林牧渔业总产值达到 207.41 亿元，按可比价计算（下同）增长 4.2%。其中果、牧、菌、菜、烟等八大特色产业产值达 175.1 亿元，占农林牧渔业总产值的 84.4%。但是近年来河南的农业保险工作方案显示，种植业保险保障产品并未包含蔬菜、水果等经济作物，一概而论采用的农业保险风险补贴方案不能满足不同地区的保险需求。如在中原农险精准扶贫的兰考和息县模式中，开封兰考县苹果、莲藕、红薯、泡桐等特色产业发展迅速，信阳息县的火龙果和葡萄等水果逐渐成为当地经济发展的优势产业，但兰考和息县都没有取得相应产品的保费补贴，使当地的农业保险不够深入覆盖当地农业，极大地降低了从事经济作物、地区特色作物生产的农户的参保积极性，同时也阻碍了当地精准扶贫工作[1]。近年来，河南省三大粮食作物的参保率已有较大提升，但对于玉米、小麦、水稻外的其他粮食作物以及经济作物，相关险种的参保率远低于国际水平。截至 2018 年，河南省小麦保险参保率为 89.5%，水稻保险参保率为 63%，而花生等油料作物的参保率仅有 55.74%[2]。

---

① 河南省统计局《2016 年三门峡市国民经济和社会发展统计公报》。

② 赵力文. 近三年河南大宗农作物参保率大幅提升 小麦参保率近九成. https：//www. henandai-ly. cn/content/fzhan/2018/0509/100129. html.

最后，大部分地市的人均播种面积指标也存在不同程度的产出不足（见表 5 - 4），说明保费补贴政策对扩大农户种植规模促进作用有限。根据 2020 年《河南统计年鉴》，2019 年河南省总耕地面积为 8152.7 千公顷，但河南省人口众多尤其农业从业人员较多，2019 年省内从事第一产业的人员数为 2277.42 万，占河南省总人口的 34.7%，人均耕地面积为 0.36 公顷/人，人均播种面积增长空间小、增长速度较慢。人均播种面积指标产出不足也反映出河南省农业产业化发展的现状。随着新型农业经营主体数量增加，河南省种植业逐步向产业化、规模化发展，但目前的生产格局中小规模农户仍然占据主导地位。根据经济日报《新型农业经营主体发展报告（2019）》，截至 2018 年底，河南省内规模经营户有 28 万户，农业经营单位达到 12.42 万个，两者实际耕种的耕地面积在全省占比达到 14.1%。此外，城镇化和工业化对于农业的经济发展功能和社会保障功能具有较强的替代作用。近年来部分地市如许昌、三门峡、焦作、洛阳等第二产业迅速发展，工业基础建设不断扩张，而区域产业结构优化会引发工业企业的搬迁和改造，因此可能会减弱保费补贴的作用效果。据 2019 年《河南统计年鉴》，2018 年许昌、焦作的农作物播种面积分别为 344.01 千公顷、196.67 千公顷，相较于 2016 年的 345.07 千公顷、236.73 千公顷有所下降。以上因素的存在会导致种植业用地被占用，造成地区内种植业分散化，以致保费补贴政策推行受到影响，抑制了保费补贴的作用效果。

（二）纵向分析

1. Malmquist 指标分析

通过 Deap 2.1 软件计算出河南省 18 个地市 2012～2018 年的 Malmquist 指数值（见表 5 - 6），以此纵向分析河南省内各地市的种植业保险保费补贴绩效。Malmquist 生产率指数反映了种植业保险保费补贴绩效的变动情况，指数小于 1 表示与年初相比，本年度的绩效水平有所下降，指数大于 1 则代表绩效水平出现上升趋势。此外，技术变化率、纯技术效率变化率、规模效率变化率分别代表制度改善、资金配置、规模效益等对绩效水平的影响，小于 1 代表该分解指标本年度绩效水平降低，反之则绩效水平提高。

表 5 - 6   2012 ~ 2018 年河南省保费补贴政策绩效水平的 Malmquist 指数及分项值

时间	技术效率变化	技术变化	纯技术效率变化	规模效率变化	Malmquist 指数
2012 ~ 2013 年	1. 019	0. 771	1	1. 019	0. 786
2013 ~ 2014 年	1. 104	1. 223	0. 983	1. 123	1. 35
2014 ~ 2015 年	1. 067	0. 894	1. 038	1. 028	0. 954
2015 ~ 2016 年	0. 853	1. 176	0. 991	0. 861	1. 004
2016 ~ 2017 年	1. 16	0. 846	0. 965	1. 202	0. 98
2017 ~ 2018 年	0. 719	2. 621	0. 991	0. 725	1. 883
年平均值	0. 987	1. 255	0. 995	0. 993	1. 160

表 5 - 6 显示，河南省 2012 ~ 2018 年保费补贴的 Malmquist 指数均值为
1. 160，表明河南省总体绩效在观测期间基本平稳，种植业保险保费补贴促进
了农业经济和社会稳定，虽然近几年保费补贴政策产生的积极效应水平普遍
较低，但总体上有显著的扩大，尤其是 2017 ~ 2018 年保费补贴的 Malmquist
指数值达到最高为 1. 883。其中，2012 ~ 2013 年保费补贴的 Malmquist 指数值
为 0. 786，主要原因是：2012 年起，河南省在全省范围内开始推行中央补贴
的种植业保险品种，推行初期由于经验缺乏及补贴制度的不完善产生了一系
列问题，如宣传、基础设施建设工作不足、政策主体缺少磨合、农户接受度
较低等，保费补贴还没有充分发挥其应有的效果。2013 ~ 2014 年保费补贴政
策的 Malmquist 指数迅速提高至 1. 35，期间绩效水平实现了 35% 的增长率，
说明保费补贴政策促进保费收入和参保率提高、加速农业产业化发展等积极
影响逐渐显现。然而在种植业保险迅速发展、补贴资金投入不断扩大的同时，
基层单位中出现了违规投保、虚假承保、违规截留和挪用财政补贴资金等一
系列问题，自 2014 年起，河南省原保监局及财政部门加强对种植业保险保费
补贴拨付、使用等方面的监管，各地市多笔"虚假业务"被查处，对种植业
保险"虚高"的经营数据进行了一定程度的纠正，而且迫于监管压力保险公
司停止部分保险业务，使得绩效水平在 2014 ~ 2015 年出现下降趋势，Malmquist
指数降至 0. 954。2015 ~ 2016 年，Malmquist 指数小幅度上升为 1. 004。原因
可能在于经过两年多市场的有效监管和干预，农业保险市场由于受到自然灾
害和秋粮种植结构调整的影响，2016 年河南省粮食总产量大幅度减产，2016

年省内粮食总产量仅为 594.66 亿千克，比 2015 年减产 12.05 亿千克，减产幅度为 2.0%，2016～2017 年的 Malmquist 指数小于 1，为 0.98。2017 年河南为调整农业产业结构，对多个险种的补贴政策进行了调整，尤其是对于花生补贴政策的调整，进一步满足了省内的花生种植农户的农业保险需求，同年9 月为精准对接贫困人口农业保险服务需求，充分发挥农业保险助推脱贫的作用，河南省财政厅出台了农业保险助推脱贫攻坚一揽子优惠政策，实现"贫困人口愿保尽保"尤其在很大程度上促进了农户参保率的提高，使农业保险财政补贴效用得到充分发挥。截至 2018 年，河南省开展农险业务的保险机构已发展到 17 家，市场竞争机制发挥积极作用，农业保险市场运行效率逐年提高。以 2018 年农业保险收入超亿元的 7 大保险公司的保费收入份额为例（见图5 - 9），农业保险市场集中度较低，市场的有效竞争提高农业保险运行效率，使农业保险财政补贴效率得到显著提高，2017～2018 年 Malmquist 指数大于 1。

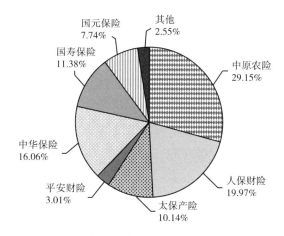

图 5 - 9 2018 年河南省保险机构农险保费收入份额

资料来源：2019 年《中国保险年鉴》。

2. 技术进步变化率分析

从分项的角度来看，平均技术效率变化率为 0.987，平均技术变化为1.255，表明整体绩效提高的主要原因是资金使用效率提高，即资金投入和配置的改善引起政策绩效提高。技术效率变化可以拆分为纯技术效率变化和规模效率变化的乘积，其中平均纯技术效率变化和平均规模效率变化分别为0.995 和 0.993，说明现阶段保费补贴规模和资金使用存在着问题，不利于补贴绩效的提高，同时也反映出河南省近年来保费补贴资金投入过大导致规模效率减小，偏离最优状态，而且资金的配置和使用上也不尽合理。2012～2013 年，技术进步变动率仅有 0.771，正如前文分析中提到，种植业保险保费补贴政策在河南省全面推行的初期，由于地方经验不足、农户认可度极低、基础设施不完善等原因，导致保费补贴政策的实施环境较差。2014 年起，河南省被纳入了保费补贴政策的绩效评价试点，对保费补贴政策进行绩效评价这一举措显著地提高了政府对保费补贴政策的重视程度，有效地促进了补贴资金管理和监督、效益评价等制度的逐步建立，极大地改善了保费补贴政策的实施环境，2013～2014 年的技术进步变动率因此提高至 1.223。2014～2015 年的技术进步变动率降至 0.894，则是由于河南省原保监局和财政部门加强对种植业保险经营及保费补贴政策的监管，此举虽然抑制了种植业保险经营中出现的违规现象，但也在一定程度上影响了地方推行种植业保险的积极性，降低了农户参保意愿。2015～2016 年的技术进步率为 1.176，主要由于 2016 年初，财政部出台《关于加大对产粮大县三大粮食作物农业保险支持力度的通知》，河南省各级政府在此基础上进一步制定农业保险的县级实施细则，极大地降低了省内济源市、兰考县等 22 个省财政直管县产粮大县以及 81 个非财政直管县产粮大县在种植业保险保费补贴方面的财政负担，一定程度上优化了保费补贴资金的供给结构，使得 2015～2016 年的技术进步变化率提高至 1.176。2017 年我国在黑龙江、河南等 13 个粮食主产省 200 个产粮大县开展农业大灾保险试点，在小麦、玉米和水稻三大主粮基本保障金额覆盖直接物化成本基础上，开发面向适度规模经营农户的专属大灾保险产品，保障水平覆盖"直接物化成本＋地租"，中央财政对中西部和东部试点县的保费补贴比例分别提高到 47.5% 和 45%。农业保险财政补贴规模扩大，2017～2018 年技术进步变化率大幅度提升为 2.621。

3. 规模效率和纯技术效率变化率分析

技术变化率可以拆分为纯技术效率变化和规模效率变化的乘积，其中纯技术效率变化和平均规模效率变化分别为 0.995 和 0.993，说明各地市政府对补贴资金的配置和使用以及保费补贴规模扩大对绩效增长的促进作用都不明显，主要在于较低的实际保障水平、单一的补贴方式和比例等因素，导致扩大补贴规模带来的积极效应逐渐减弱，即河南省保费补贴政策开始进入规模收益递减状态。从图 5-10 也可以看出,河南省纯技术效率变化率较平稳,在 1 附近小幅度波动,河南省种植业保险保费补贴的纯技术效率变化率仅有2014~2015 年大于 1,在大多年份都是等于或小于 1,说明近年来保费补贴的资金配置尽管在一定程度上得到了优化,但并不显著。而技术效率变化率的曲线与规模效率变化率的曲线变化趋势一致,重合度较高,因此技术效率变化率主要受规模效率变化率的作用。

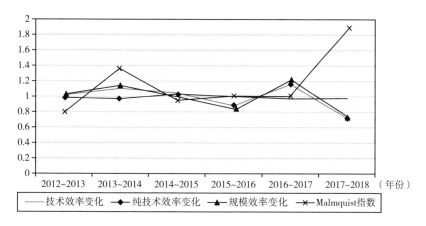

图 5-10 2012~2018 年河南省种植业保险保费补贴政策技术效率变化率分解指标折线

对河南省 2012~2018 年的规模效率变化率进行分析后发现,近年来河南省对种植业保险金额多次进行调整,以小麦保险为例,2002~2016 年,其保额从每亩 311 元上涨为每亩 447 元,各级政府投入的财政补贴资金也随着种植业保险金额的上升、保险投保和承保规模的持续扩大而提高。2012~2015 年,河南省规模效率变化率始终大于 1,说明补贴规模的扩大对保险保障水平、农户参保情况等产生了正向积极的影响。然而较低的实际保障水平、单一的补贴方式和比例等因素,导致扩大补贴规模带来的积极效应逐渐减弱,即河南省保费补贴政策开始进入规模收益递减状态。自2015 年起规模效率变化率开始下降,进入 2016 年后,规模效率变化率已降至 0.861,阻碍了保费补贴政策绩效水平的进一步提高,直到 2017 年有了小幅度的提高为 1.202,这可能是由于受 2016 年河南省严重的自然灾情带来大幅度粮食产量减产的影响,有相当数量的农户没有购买农业保险而损失严重,而后农户为寻求良好的风险规避效果,全省农户参保积极性大幅度提高。而 2017～2018 年规模效率出现大幅下降为 0.725，原因在于 2017 年河南省为调整农业产业结构，对多个险种的补贴政策进行了调整，短期内影响到农业保险规模。这一方面是因为保费补贴主要险种——三大粮食作物的保险覆盖率已达到一定程度，如小麦保险为 89.5%，参保率和承保覆盖率增长开始放缓；另一方面河南省已经开始种植业结构性调整，绿色农业、特色农业发展速度加快，新型农业经营主体数量迅速增长，农业现代化、规模化程度提高，但种植业保险保费补贴政策尚未作出相应的调整。

五、研究结论

本章结合平衡计分卡原理和 SE-DEA 模型，构建种植业保险保费补贴政策的绩效评价体系，实证分析了 2018 年河南省 18 个地市种植业保险保费补贴政策的绩效水平以及 2012～2018 年河南省整体绩效水平的变动趋势，以评价保费补贴政策对河南省种植业保险保障水平、种植业保险深度、农户播种面积和参保户次等方面的积极效应。考虑到 DEA 模型在指标选取上存在数量和相关性的限制，化肥、农药等农用化学要素的使用量不能全面反映绿色农业发展水平，因此本书暂未将绿色农业相关指标纳入评价体系。

根据 2018 年的横向分析结果，济源、郑州、濮阳等地市的绩效水平较高，种植业保险保障水平、人均播种面积等指标增长较稳定，而周口、信阳、三门峡等地市绩效水平较低，驻马店、许昌、漯河等地市的种植业保险保障水平未达到目标值，焦作、南阳、驻马店等地市的种植业保险保障水平未达到目标值，信阳、驻马店、周口等地市的参保户次有待进一步提高。河南省各地市纯技术效率差异较小，说明大部分地市保费补贴政策的运作和管理较为相似，对于保费补贴政策的绩效目标，即促进种植业保险保障水平提高、激励农户扩大播种面积、深化种植业保险市场发展和提高农户参保积极性等，各地市因补贴资金的管理和配置而产生的目标推动作用具有一致性，保费补贴政策存在进一步细化的空间。与近年来保费补贴规模越来越大形成鲜明对比的是，河南省大多数地市都进入了规模报酬递减阶段，表明仅靠补贴规模扩大，而不注重调整和完善补贴机制及补贴结构，已难以继续推动农户参保率提高和调动农业生产的积极性，这成为种植业保险保费补贴政策绩效降低的重要原因。大部分地市的补贴规模与最优规模均存在一定差距，造成河南省各地市间绩效水平差异大。纵向分析也表明，2012～2018 年保费补贴的 Malmquist 指数均值为 1.160，表明河南省总体绩效在观测期间基本平稳，种植业保险保费补贴在促进种植业保险保障水平提高、激励农户扩大播种面积、深化种植业市场发展和提高农户参保积极性等方面产生了一定积极效益。虽然近几年保费补贴政策产生的积极效应水平普遍较低，但总体上有显著的扩大，尤其是 2017～2018 年保费补贴的 Malmquist 指数值达到最高为 1.883。2012～2017 年，财政补贴的效应水平增长主要是由保费补贴政策管理的改进和补贴规模扩大两方面引起，而 2017～2018 年财政补贴的效应水平增长在于河南省配合农业生产结构的优化升级积极调整农业保险补贴政策带来的。但近两年来补贴规模因素对绩效水平的促进作用开始减弱，甚至在 2016 年开始对河南省整体的绩效水平产生了负面影响，同时面临河南省经济农作物、特色农产品及绿色产品占比越来越大及农业保险低层次、单一化的现状，花生等油料作物补贴政策的调整只是一个起点，为落实我国农业发展战略要求，必须结合种植业结构调整优化保险需求，完善和创新种植业保险补贴政策并改善资金管理水平迫在眉睫。

小　结

保费补贴是种植业保险市场形成和快速发展的充分和必要条件。近年来，随着政府对种植业保险保费补贴政策的有效运用，与保费补贴政策绩效相关的问题成为研究热点。本章以全国农业大省、粮食核心产区、重要的优质农产品生产基地——河南省为例，对其种植业保险保费补贴政策的绩效水平进行分析。该部分首先梳理了河南省种植业保险保费补贴政策的演变；其次结合平衡计分卡与 SE-DEA 模型，从种植业保险保障水平、种植业保险深度、人均播种面积和参保户次四个方面对河南省种植业保险保费补贴政策的绩效水平进行测算。研究发现河南省内各地市绩效水平不均衡，郑州、济源等地市的绩效稳定地保持在高水平，农户扩大种植面积、积极参与农业保险的效应较显著，而周口、信阳等种植业重要地市的绩效水平相对较低，而周口、信阳等种植业重要地市的绩效水平相对较低，驻马店、许昌、漯河等地市的种植业保险保障水平未达到目标值，信阳、驻马店、周口等地市的参保户次有待进一步提高。进一步研究发现，绩效水平不均衡主要由规模效益递减导致，即河南省普遍存在保费补贴资金规模效益递减的现象，各地市受规模效益递减影响程度有所区别。目前，河南省的保费补贴规模已超过现行制度下的最优点。同时发现，河南省种植业保险保费补贴政策近年绩效水平在波动中保持总体平稳且有所提高，对促进种植业保险保障水平提高、激励农户扩大种植面积等有一定的促进作用，但随着补贴规模逐步扩大，其为绩效水平带来的积极影响在 2016 年迅速减弱，可能产生了补贴规模效益递减，而 2017 年补贴结构调整后补贴技术效率有显著提高，因此需要进一步完善创新保费补贴制度和提高资金管理水平。

一、研究结论及原因分析

（一）研究结论

河南省是农业大省、粮食核心产区和重要的优质农产品生产基地，其种植业保险的发展是我国种植业保险的缩影，因此以河南省为例研究种植业保险保费补贴政策的绩效水平，具有很强的代表意义和借鉴价值。本书首先对我国种植业保险及保费补贴政策的演变逻辑和趋势进行分析，然后从理论和实证两个层面分析保费补贴政策对农户生产行为的影响机制和影响因素，结果显示保费补贴政策对农户种植规模、要素投入量的决策等有很强的引导作用。在此基础上，本书创新性地将人均播种面积、参保户次等反映农户生产行为的指标纳入保费补贴绩效评价体系，对种植业保险保费补贴政策的绩效水平进行测算和评价，并进一步分析保费补贴政策在制度设计和实践操作中存在的问题。具体研究结论如下：

1. 我国初步建立了相对完善的种植业保险保费补贴政策体系

种植业保险的政策法规与其市场实践两者相互伴随、互相促进。在坚持"政府引导、市场运作、自主自愿、协同推进"的总体原则下，我国种植业保险保费补贴的政策法规逐步健全，保费补贴结构不断优化，相关配套措施愈加完备。

（1）保费补贴的差异化和指向性得到初步增强。2007 年我国选择 6 个省份开展中央财政种植业保险保费补贴试点，2010 年中央一号文件提出"加大中央财政对中西部地区保费补贴力度"，我国种植业保险财政补贴"一刀切"的局面得到改变，此后中央不断调整对东部和中西部的补贴比例，2016 年取消产粮大县的县级财政补贴，针对产粮大县出台相关文件提高种植业保险保费补贴比例，以体现出区域特征和差异，并不断细化农业风险区划，完善保险费率浮动机制。此外，具有地方特色的政策性种植业保险产品层出不穷，初步构建了"中央保基本，地方保特色"的多层次种植业保险保费补贴体系。然而，保费补贴的差异性虽在全国层面有所体现，但保费补贴的区域和主体差异化程度不高，仍有很大的改善空间。

（2）政策法规体系不断完善但效力级次较低。我国种植业保险政策呈现出法规层次不断完善、内容不断深化的态势。《农业保险条例》从法规层面对保险合同、农业保险经营机构、法律责任等作出了规定。农业部、财政部等部门也在促进农业发展的相关部门规章及规范性文件中对农业保险作出指示。此外，2004～2021年，中央一号文件17次强调发展政策性农业保险的必要性以及完善农业保险补贴制度的相关措施。"国十条"和"新国十条"从政策层次支持了农业保险的发展和创新。可见，我国种植业保险政策法规日趋完善，对种植业保险的指导和规范具有纲领性、宏观性的意义。然而，出台的政策法规均未上升至法律层面，作为保障农业保险的基本法律的"农业保险法"始终处于缺位状态，《农业保险条例》虽是指导我国农业保险的第一部专门法规，但位阶不高。相关部门规章、规范性文件级次较低，在实践操作中缺乏权威性导致实施效果不佳，这也是财政资金划拨不到位、非法套取财政资金等一系列违规操作频发的主要原因。此外，一系列有关种植业保险经营的配套措施的政策文件陆续出台，对种植业保险业务规范、定价核算、巨灾转移、税收政策以及业务统计和绩效考核等进行指导和规范，为种植业保险保费补贴作用的发挥提供了条件。

2. 保费补贴政策显著激励农户改变生产行为

在种植业保险保费补贴政策对农户生产行为影响的研究中，实证分析结果显示：保费补贴政策能够改变农户生产行为。首先，在提供80%的种植业保险保费补贴的情境下，农户倾向于扩大种植作物的种植规模、增加补贴品种的人力资本投入。其次，在政策凸显性较低情景下，农户参保行为对化学要素投入倾向的影响是不显著的，而在政策凸显性较高情景下，农户参保行为会显著负向地影响化学要素投入倾向。这是由于种植业保险保费补贴能够通过影响农户预期收益来作用于农户生产行为。

（1）保费补贴能够提高农户的单位面积种植收益，并且使得特定农产品的相对收益上升，打破农户原有的生产决策平衡。在既定的要素资源约束下，为追求收益最大化，面对潜在损失和预期收益的改变，理性的农户会对农业生产行为做出调整，在保费补贴险种的种植上投入更多的土地和人力资本，以便获得更大的收益，这也意味着农户种植业生产的规模化、精细化、专业化程度提高，传统农户在补贴的激励下会逐渐向新型农业经营主体的生产方式转变，自觉地向农业现代化和农业产业化靠拢。

（2）政策凸显性较低使得农户不能充分认识和正确理解种植业保险保费补贴政策的初衷和目的，不能理性看待种植业保险和预期收益，致使种植业保险风险保障功能的发挥受到限制，加上参保农户和未参保农户的风险灾害感知度趋于一致，而农户的风险灾害感知度对农户化肥和农药投入倾向有显著的正向影响，这就使得参保行为对农户化肥和农药投入的作用效果大幅减弱；而在政策凸显性较高情景下，农户能够对种植业保险保费补贴政策含义和内容有较为清晰的认识，农户参保行为的动机得到纠正，不至于曲解种植业保险风险保障的功能，而化肥和农药属于"风险减少型"生产要素，对于收入相对较低的农户来说，种植业保险与化肥和农药投入存在一定程度的排斥。此外，化肥和农药的投入会产生较高的劳动成本和要素成本，对于收入相对较低的参保农户来说，为了使自身预期收益最大化，在道德风险驱使下，会倾向于减少化肥和农药的投入，这也就形成了参保行为对农户化肥和农药投入倾向的传导机制，即参保行为会降低农户化肥和农药的投入倾向。然而，实践中农户对种植业保险及保费补贴政策的认知度不高，相关政策对农户引导作用有限。

3. 保费补贴政策绩效水平已进入增长瓶颈期

在前述结论的基础上，种植业保险保费补贴政策绩效水平的实证研究部分将人均播种面积、参保户次等指标纳入评价体系，结果表明河南省种植业保险保费补贴政策的绩效水平呈现总体稳定趋势。

（1）对2018年河南省各地市绩效水平的横向分析发现，济源、新乡、郑州等地市的绩效水平较高，保费补贴政策对保险保障水平、播种面积和参保户次等指标产生了持续、稳定的促进作用，而周口、信阳等种植业重要地市的绩效水平相对较低，驻马店、许昌、漯河等地市的种植业保险保障水平未达到目标值，信阳、驻马店、周口等地市的参保户次有待进一步提高。河南省各地市纯技术效率相差不大，即各地市对于既定规模补贴资金的管理和配置水平，对扩大播种面积、提高参保户次和保险保障水平等绩效目标产生的推动作用具有一致性，从侧面说明河南省各地市保费补贴政策的运作和管理过程较为相似，保费补贴政策存在进一步细化的空间。随着近年来保费补贴规模的增大，河南省大多数地市都进入保费补贴规模报酬递减阶段，这成为补贴政策绩效降低的重要原因。大部分地市的补贴规模与最优规模均存在不同程度的差距，造成各地市间绩效水平差异大。

（2）2012～2018年河南省总体绩效水平在波动中呈稳定趋势，且平均绩效水平大于1，说明保费补贴政策对提高种植业保险保障水平、深化种植业保险市场发展、激励农户扩大种植面积和积极参与种植业均有一定的积极效应，但并不稳定。绩效水平的增长主要是由两方面引起，即制度管理的改进和补贴规模扩大，然而近两年来补贴规模因素促进绩效水平的作用开始减弱，甚至在2016年开始对河南省整体的绩效水平产生了负面影响。因此，完善和创新种植业保险补贴制度并提高资金管理水平迫在眉睫。

（二）原因分析

通过河南省种植业保险保费补贴政策绩效水平的实证分析，研究表明现行的种植业保险保费补贴政策、保险产品设计与各地的财政支出管理水平、农业生产风险需求产生了一定程度的偏离。河南省种植业保险作为全国种植业保险的缩影，其反映的问题在国家层面具有很强的代表性。结合实证结果与现实情况分析发现，我国现行的种植业保险保费补贴政策在补贴方式、补贴标准、补贴对象等制度设计和实践操作方面存在问题，同时在产品设计上未能及时地进行调整和创新，阻碍了我国种植业保险保费补贴政策绩效水平的进一步提高。

1. 保险保障水平不高

目前，我国的种植业保险市场上仍以"保成本"的险种为主体，完全成本保险、收入保险等保障程度较高的险种仅在小范围的试点区域内经营，且在种植业保险市场上占比极小，导致我国种植业保险陷入"高比例补贴、低保险保障"的困境。

（1）保险保障仅能满足恢复简单再生产需要。表面来看，我国各级政府提供的种植业保险保费补贴比例合计高达80%左右，这在全世界范围内都是较高的，但保险保障水平较低导致遭遇灾害的参保农户得不到充分的补偿，使得政府这种"高补贴"的实惠成为一种假象，且过高的补贴比例也使保费补贴政策失去了继续上调的空间。

近年来，我国第二、三产业生产总值占全国生产总值的比重不断提高，2018已达到92.8%，农业生产总值占比相应萎缩至7.2%。对于中西部省份的农业经营者，家庭年总收入中很大一部分是农业生产收入，而低保障、低赔付的种植业保险对农民家庭年收入的稳定和增长作用极其有限，这对种植业保险的政策效果造成不利影响。据财政部有关规定，原则上政策性种植业保险的保险金额仅覆盖农业项目的直接物化成本，在试点之初各农作物每亩保障水平一旦确定，通常3～5年或更长时间都不会变更。实际上，种植业保险的保额随着经济社会发展和物价水平的上升在不断提高，但是很多地方目前的种植业保险保障水平还不及直接物化成本，两者全国平均差额为30%～50%。截至2015年底，我国三大粮食作物的种植业保险保障程度占直接物化成本的84%，但仅占生产成本的33%。对比种植业保险发展较完善的美国，其产量保障和收入保障水平都可以达到90%。[①] 2018年，我国种植业保险保障水平为11.98%，也就是说还有88%左右的种植业产值处于没有保险保障的风险裸露状态，种植业保险的风险保障作用还没有充分发挥。为了确保农民灾后恢复简单再生产而仅对直接物化成本进行保障，虽然有利于推广种植业保险和提高其覆盖面，但从长远来看，保障过低会对农户参与种植业保险的积极性产生消极影响。目前，主要粮食作物保险只能弥补部分物化成本的支出，保障预期收入的15%～25%，远不能弥补农民的实际损失。如果发生重大自然灾害损失，将会对农民收入的稳定和生产的积极性产生严重影响。此外，保险金额、保险费率未考虑地区之间的产量和风险水平的差异，均以省份为单位统一确定，无法真实地反映各地区的风险水平。近年来，虽然全国各地出现了以保产量、保收入为目的的创新型指数种植业保险，但由于缺

---

① 财政补贴农险十年：保费飙涨50倍，2016年承保利润大幅下滑逾六成，https：//www.sohu.com/a/126170275_465408.

乏中央财政支持，指数保险仍在探索中缓慢前进，试点范围有限，尚未在全国大范围内推广，在提高种植业保险保障水平方面的作用杯水车薪。

（2）补贴方式单一。发达国家通常会对种植业保险经营中的教育训练、保险公司经营费用、产品研究与发展、再保险和巨灾风险等进行补贴。补贴内容涉及种植业保险经营的多个环节，构成了相对完善的补贴流程，不仅鼓励了保险公司积极经营种植业保险、开发创新型产品、加快基层服务的建设和提高服务质量，同时有效地避免了财政资金在单一补贴环节过于集中，导致违规情况增多和补贴效率降低。相较于国外农业发达国家，目前，我国仅通过保费补贴和税收优惠支持种植业保险，且税收优惠力度较小。根据我国相关税收优惠政策，种植业保险公司缴纳的巨灾风险准备金和保险保障基金可以在企业所得税税前扣除，此外保险公司为种植业提供保险业务取得的保费收入，按90%计入收入总额予以纳税，综合来说对种植业保险经营的减税力度有限。因此，我国目前的财政补贴种植业保险仍以保费补贴为主要形式，单一的补贴方式在一定程度上抑制了保险公司提升种植业保险的服务质量、改进费率制定机制、主动开发和研究种植业保险新产品的积极性，同时还容易滋生虚假承保、骗取补贴等违法违规行为，从而在一定程度上引发保费补贴资金的规模收益递减。

2. 保费补贴政策差异化不明显

（1）补贴标准在区域内未体现差异化。我国各地区经济发展状况、农业产业发展水平、农民收入水平和结构、收入来源等都存在较大的差异，东中西区域内部各省份之间，甚至省内也存在区域差异。目前的保费补贴比例仅根据东、中、西部分区划定过于简单，造成补贴水平和风险水平不匹配，影响保费补贴政策的实施效果，也浪费了政府财政资源。具体来说，东部地区的经济发展状况要普遍优于中西部地区，中西部地区尤其是粮食大省往往承保面积大、保费数额高、补贴负担重，但是政府财力有限，只能承担较低的保费补贴，农民可支配收入少与个人缴费负担高不相称。这些地区的保费补贴没能有效发掘农户的潜在需求，发挥保费补贴政策的预期效果。

（2）对特色农产品财政支持不足。截至2018年，中央财政保费补贴品种已由2007年的种植业的5个扩大到种养林3大类共16个品种，但大部分都是关系国计民生的基础农业种类，种植业补贴品种仍以粮食作物为主，经济作物较少，尤其是对区域内特色农产品的财政扶持力度较小，不利于加速种植业的结构性调整和促进农户增收。我国不同地区有各自的特色农业品种，特色农业能够满足市场需求的多样化、提升核心竞争力。但是特色农业同时具有种植面积小、对自然环境条件要求高等特点，使得农业风险更为突出，遭受风险的损失更大，因而特色农业对种植业保险的需求更为迫切。近几年来，全国各省陆续开发了特色农产品保险，如广东省的岭南特色水果，包括香蕉、龙眼、荔枝、木瓜；安徽省的大棚蔬菜、茶叶、中药材、经济果林（包括水果、草莓、核桃、板栗、油茶、毛竹等）特色农产品由地方财政补贴。但是，享受特色农产品保险保费补贴的种类仍然很少，中央政府未将其纳入中央财政补贴范围，补贴力度也难以与基础粮食作物相比。这种没有考虑各地特色的"一刀切"做法，严重影响了种植业保险的供给，进而抑制了种植业保险的有效需求。

（3）对新型农业经营主体补贴力度较小。截至 2018 年底，我国有 217.3 万家农民合作社，农户家庭农场近 60 万家，农业产业化经营组织有 37 万个，各类新型农业经营主体和服务主体快速发展，总量超过 300 万家，成为推动现代农业发展的重要力量。① 与小规模农户的简单再生产相比，新型农业经营主体是商品化经营、追求规模效益的扩大再生产，经营规模较大，承担风险较高，因此他们的风险意识更强，更加需要保险来提供风险保障。然而我国现有的种植业保险仍然以满足小规模农户需求的保险产品为主，对于适合新型农业主体的保险产品，例如高保障型种植业保险、农用机械设备保险等在整个保险市场上仍比较缺乏。另外，政府对现有的新型农业经营主体适用保险的补贴力度较小，尚未针对性地出台对新型农业经营主体的保险财政补贴政策，无法满足农业供给侧结构性改革的需求。

相比普通种植业保险，近年推出的价格指数保险、天气指数保险等显然更符合新型农业经营主体的风险需求，天气指数类保险可以利用遥感、卫星等技术监控种植面积、生长状况和损失情况，对规模化种植的新型农业经营主体来说既便于统计又有利于简化赔付流程。价格指数保险可以保障农作物

---

① 农业农村部.《新型农业经营主体和服务主体高质量发展规划（2020－2022 年）》，http：//www.moa.gov.cn/nybgb/2020/202003/202004/t20200423_6342187.htm.

商品化带来的价格风险，尤其是大灾过后农业价格往往呈现较大的波动。目前指数类保险产品只在少数城市开展试点，覆盖范围极小，配套补贴政策不足，且出于控制风险的目的，目前，试点的农产品价格指数对投保人提出了一定的条件限定，例如规模、专业化程度等，承保农产品种类也极其有限，尚未惠及全国范围的新型农业经营主体。从实践经验和试点推行情况来看，价格保险在大宗农产品价格风险保障上具有一定的局限性，我国的价格保险试点主要是针对蔬菜和肉禽类，这也是拖慢试点推广的原因之一。①

（4）对"绿色农业"缺乏关注。保费补贴比例以及保障水平是目前我国种植业保险制度的主要着力点，这也反映出种植业保险对农民粮食产量的积极影响仍然是政府关注的重点，而对粗放式补贴模式可能造成的农业面源污染则缺少关注。相关研究表明，政府实施差异化补贴政策会改变农户的农业生产决策。如果农户利用绿色环保型农业生产方式进行生产，则给予其较高的财政补贴，那么在经济利益的驱使下，将会有更多的农民采用更生态环保的先进农业生产技术，而摒弃原有粗放、高能耗的生产方式，当前粗放型补贴所产生的不良环境效应会得到改变，将可能转变为激励农民保护农村生态的积极环境效应。② 本书实证研究也表明，在保费补贴政策凸显性较强的情况下，参保农户将减少农药、化肥等农用化学要素的投入量。

在发展"绿色农业"方面，我国种植业保险保费补贴政策仍存在不足之处。首先，我国农户对种植业保险及保费补贴政策的认知程度普遍较低，对于种植业保险的承保范围、保险责任、保险金额以及保费补贴政策的补贴品种、补贴比例等信息缺少了解，阻断了种植业保险及保费补贴政策对农户生产行为的影响传导机制；其次，我国现有保费补贴政策未能较好地识别"绿色农业"，保费补贴政策中未涉及农药、化肥等农用化学要素投入，相关政策也没有体现出对发展"绿色农业"的扶持和鼓励。

3. 保费补贴政策的执行和管理水平较低

（1）目前我国种植业保险"联动"的"倒补贴"保费补贴机制存在诸

---

① 庹国柱，朱俊生. 论收入保险对完善农产品价格形成机制改革的重要性［J］. 保险研究，2016（06）：3-11.

② 罗向明，张伟，谭莹. 政策性农业保险的环境效应与绿色补贴模式［J］. 农村经济，2016（11）：13-21.

多弊端。一是这种"倒补贴"机制使得种植业保险覆盖面直接与县级财政能力相挂钩。而农业大县大多都是财政穷县，承担保费补贴资金的能力有限，进而阻碍上级政府保费补贴资金的划拨，这在一定程度上会对种植业保险覆盖面的扩大产生消极影响。二是过多的财政补贴层次降低了上级财政资金的拨付效率。中央、省、地（市）、县三级或四级补贴联动机制需要各级的财政补贴"环环相扣"，下级财政补贴资金到位后，上级的财政补贴才会随之落实，这就使得上级财政资金拨付存在滞后性，政策性种植业保险财政补贴资金的到位率将受到不利影响，也导致相关基层管理部门和保险公司在制定保险保障水平和保险补偿方案等相关政策时偏保守。

（2）保费补贴资金监督机制尚不完善。一是种植业保险财政补贴资金的监管涉及的主体较多，涉及保险监管、审计、监察、财政等多个部门，各部门之间未能建立起顺畅的协调沟通机制。二是保费补贴资金的监管主要是事后监管，相对薄弱的是事前防范和事中监管。尚不全面的监管范围使得保费补贴资金监管未能发挥预期效力，出现一系列违规操作问题，套取国家财政资金现象频发：乡镇和村委违规操作、险企虚假承保、企业虚假投保、个别部门违规挪用赔款等。

4. 农业生产风险评估与区划工作滞后

虽然我国早在 1994 年就有学者提出要重视农业风险评估与区划方面的研究工作，但并未得到应有重视，2004 年以后国内才有学者陆续开展了这方面的研究。但是由于农业风险评估与区划需要考虑的气候和土壤因素众多，加之农业生产实践千差万别，保险责任难以确定以及农作物保险的损失确定非常复杂，需要高技术手段进行识别，至今没有形成一致认可的评估方法。农业风险评估与区划不仅需要极强的专业手段与技术，还需要保险机构与政府相关部门进行联动，并不是靠单一机构或部门就能完成的工作，由此导致农业风险评估与区划的成本处于较高的水平。另外，农业保险定价权目前虽然在公司，但是实施操作所使用的费率在很多情况下并不怎么考虑精算原理和精算平衡，只考虑政府的接受水平和程度。这个问题是客观条件限制和目前精算制度本身的缺陷造成的。保险公司定价，政府不相信。虽然政府不知道价格到底多少才是合理的和公平的，却总觉得公司定价高了。由于政府对农业保险产品定价的不当干预，尽管理论界对农业风险评估和区划的呼声很高，但是在实践中失去了产品定价不公对风险区划的推力。

我国在 2007 年启动新一轮政策性农业保险试点以前，并没有开展农业生产风险评估及风险区划这一基础性工作。现行农业保险试点省份的风险评估和区划工作相当粗放，一省一个费率，很少有省份根据农业生产风险评估结果进行风险区划和费率厘定。这种状况不仅会产生逆向选择等问题，而且"一省一费"也会阻碍保费补贴的标准在区域内进行差异化，进一步不利于保费补贴监管工作的开展。

二、政策建议

2004 年以来，种植业保险保费补贴作为国家支农、惠农、富农的一项重要的政策工具，推动了保费快速增长、保障能力显著提升、政策效果日益凸显。但是，由于保费补贴制度设计和资金管理等问题，保费补贴已呈现规模递减现象，阻碍了我国种植业保险保费补贴政策绩效水平的进一步提高。当前，我国农业生产基础还不牢固，保障粮食和重要农产品供给任务仍然艰巨。在农业保险高质量发展背景下，《关于加快农业保险高质量发展的指导意见》明确了我国农业保险未来三年的发展目标，即到 2022 年"稻谷、小麦、玉米三大主粮作物覆盖率达到 70% 以上，农业保险深度达到 1%，农业保险密度达到 500 元"，作为农业保险的重要组成部分，种植业保险需要保费补贴政策的支持来助推农业保险高质量发展。为更好地服务于推进农业现代化建设、乡村振兴的战略目标，种植业保险保费补贴政策调整应根据事权与财权相结合的原则，以深入推进保费补贴结构性调整为主线，以引导农户生产行为调整为着力点，以粮食生产功能区和重要农产品生产保护区的区划为依托，以绿色农业和新型农业经营主体为导向，实行补贴结构差异化、补贴资金精准化管理，切实提升保费补贴绩效水平。

（一）优化险种间保费补贴结构

为了提高种植业保险保障水平及承保面积，引导农户种植结构调整，提升质量效益和农产品竞争力，我国种植业保险保费补贴政策应当针对农业产业调整方向做出适应性的调整。调整关键在于改变各险种补贴比例"一刀切"的做法，提高保费补贴政策的指向性和导向性，即以保证国家粮食安全和重要农产品有效供给为目标，对不同险种进行差异化补贴。建议：①扩大种植业保险保费补贴范围。在保证粮食战略安全的前提下，坚持种植业保险增品、提标、扩面，保持对口粮等基本粮食作物的保障水平持续提高，同时适当扩大中央财政补贴品种目录，逐步将更多经济作物纳入中央补贴品种。②根据市场状况调整不同险种的补贴比例。提高对高质量、高端绿色、有机农产品保险的补贴力度，对阶段性过剩的农产品保险适当降低补贴比例，实行差异化、可调整的因地制宜的补贴方案，从而实现我国种植业补贴结构的平稳过渡和调整。③提供高保障型种植业保险和农业机械设备保险保费补贴，加快推进指数类保险、收入保险等，以加大对新型农业经营主体的补贴力度。加快建立适应新型农业经营主体生产特点的多层次种植业保险体系，引导农户向新型农业经营主体转变，从质量和结构等多方面加速农业供给侧结构性改革。

（二）优化区域间保费补贴结构

本书研究表明河南省内大部分地市的种植业保险保费补贴已呈现规模递减趋势，事实上该问题也是国内大部分地区面临的共同难题。因此，保费补贴政策应注重优化资金投放结构，在稳定提高现有保障水平的前提下，针对不同种植业产区合理分配资金。建议：①提高粮食生产功能区的保险保障水平。在粮食生产功能区加快完全成本保险、收入保险等高保障型种植业保险的试点和推广工作，保险金额覆盖土地成本、人力成本、物质与服务费用等农业生产总成本，保障风险扩展到价格风险，并对创新型保险给予财政补贴，保障农户种粮积极性。②加强区域间补贴政策差异化程度。针对重要农产品保护区和特色农产品优势区的不同发展重点和模式，坚持"中央保基本，地方保特色"的原则，支持地方政府根据自身财力状况，有选择地扩大种植业保险保费补贴品种，以此优化和调整种植业结构，并争取中央财政补贴或"以奖代补"。通过优化保费补贴资金的地区投放结构，提高农户尤其是粮食生产功能区和重要农产品保护区农户的参保积极性，激励其扩大口粮谷物和地方特色农产品的种植面积。

（三） 实行补贴比例与保险费率挂钩的制度

近年来种植业保险赔付支出常低于按现行费率收取的保费收入，种植业保险赔付率和费率一直处于失衡状态。从全国角度来看，由于地理和气候状况、地方经济发展、种植品种和观念等原因导致各省份种植业保险赔付率存在较大差异，部分省份同样存在赔付率长期较低的现象，在一定程度上降低了保费补贴资金使用效率。2019 年《关于加快农业保险高质量发展的指导意见》中，在"科学确定""保费机制"问题项下，强调"如何才能将费率定得科学合理，符合风险损失水平实际和合理利润水平"。建议：①调整不同险种间的保险费率结构。各地保险机构可以根据当地种植情况和自身经营状况，建立分级费率制度，调整险种间的保费结构以降低保险的整体费率，控制保险赔付支出保持在合理范围内，进而完善和优化产品结构。②实行补贴比例和保险费率挂钩的补贴制度。通过构建普惠型的"保成本"的基本补贴和非普惠的"保收入"的额外补贴两种保费补贴方式，将补贴比例与保障水平、保险费率相挂钩。在"保收入"型保险上加大对新型农业经营主体的扶持力度，进而鼓励农业生产的规模化运营，并将补贴资金使用重点放在保障水平提高、产品创新和农业机械设备投保上，以满足新型农业经营主体的风险保障需求。通过建立保险费率及补贴分级体系，提高补贴资金配置和使用效率，真正实现补贴资金支持灾后恢复生产、促进农户收入增长的效果。

（四） 建立和推广绿色补贴模式

传统的农业生产模式是小规模、多样化的自给自足模式，在农业向现代化、集约化生产转变的过程中，粗放的补贴制度容易导致化学要素过度使用，造成环境污染和可持续发展能力下降。要准确把握绿色农业发展的深刻内涵，提高对绿色农业的识别度，合理利用种植业保险及保费补贴政策对农户种植行为的引导作用，发挥保费补贴政策对发展"绿色农业"的促进作用。建议：①提高对绿色农业的识别度，为绿色农业生产技术提供保费补贴。加强保费补贴政策对"低碳农业"和"高碳农业"、"单一农业经济"和"多样化循环农业经济"、"绿色农业技术"和"非绿色农业技术"的区分度，提高对绿色农业保险产品的补贴水平或给予额外补贴，激励农户发展种养结合的循环农业，实现化学投入减量化、高效化，增加有机肥使用量，发展低碳农业，促进农业产业模式的生态化。利用保费补贴的环境效应，通过将种植业保险补贴额度与农业生产技术选择相关联、为环保型生产设备提供财产险补贴等方式，引导农民采用环保型农业生产技术。②对采用绿色发展技术和良种的新型农业经营主体给予合理的"以奖代补"的奖励。基于绿色发展导向，加强金融政策、财政政策以及产业政策之间的衔接和协同联动作用，建立保费补贴、税收优惠、信贷担保等一系列奖励制度，以鼓励龙头企业、农业合作社和家庭农场等新型农业经营主体科学、高效、精准地应用和推广绿色环保、安全高效、低碳可循环的农业技术及产量足、质量高的良种，充分发挥新型农业经营主体对绿色技术推广的示范和带动作用，推动农业生产绿色化、标准化、品牌化发展。

（五）建立合理的种植业保险事权分担机制

为了改善现行"层层补贴，倒补联动"的资金划拨机制对补贴资金周转时间和效率的负面影响，同时提高财政补贴的公平性、减轻县级政府财政压力，我国应加快建立合理的农业保险事权分担机制，实现各级政府在种植业保险的事权和支出责任上相匹配。建议：①合理划分中央和省市县级政府在种植业保险中承担的事权。种植业保险是落实粮食安全战略、促进我国种植业结构调整的重要措施，在对其进行财政补贴时，中央以及省级政府理应承担更多责任，尤其是对小麦、水稻等口粮作物和重要经济作物等影响国计民生的险种。对于地方特色农产品保险，以及尚在试点和推广阶段的指数保险等创新型险种，应由省级政府更多地履行管理、扶持和监督责任，市级政府在财政能力内承担相应事权。而县级政府财政实力通常较弱，在责任划分上应更多地着眼于对地方保费补贴政策的管理和监督。②根据财政能力调整各级政府的补贴结构。目前我国已经取消了产粮大县的县级补贴，相应增加其中央和省级补贴比例，在此基础上应当进一步调整各级政府补贴结构。对位于农业主产区或财政负担能力不足的省份、地区，应适当提高中央财政补贴比例，根据区域内财政收支情况酌情减轻省、市级财政负担，取消县级政府的财政补贴。

（六）提高保费补贴政策执行和管理水平

为提高种植业保险保费补贴资金的使用效率，需要进一步加强保费补贴的规范化管理，建立完善的资金监督机制和科学的绩效评级制度。建议：①制定全面的保费补贴资金管理办法和规章制度，建立健全的资金监督和管理体系。各级地方财政部门应根据本地情况制定科学、详细的保费补贴资金管理办法和规章制度，涉及对资金拨付程序、预算支出项目、内部控制等的具体要求，并在实践中严格照章行事。此外，要积极建立双向监督机制，由财政部、农业部和地方银保监局等联合对保险机构的保费收取、补贴资金使用、损失赔付等方面进行监督。同时加强对补贴资金专项账户的核算和审查，设立独立核算的种植业保险保费补贴资金专款账户，并以定期检查和不定期抽查的方式对专项资金进行审查，以确保补贴资金存放安全和划拨及时、准确。实行资金监管人员轮换制，对补贴资金到账流程、数额、时间等要密切关注，及时向相关部门反映出现的问题。②建立开放、透明的数据信息平台。坚持公开、公正的原则，专项资金接受社会各界监督，以此预防和避免内外部勾结出现虚假投保、违规承保、骗取理赔款的情形，使补贴资金真正落实到实际发生损失的种植业经营者。③构建合理的绩效评价指标体系，健全科学有效的绩效评价制度。遵循环境友好、注重质量等绿色农业的发展要求，加强对种植业保险可持续发展和环境效应的评价，完善以绿色发展为目标的科技创新评价指标体系，建立和健全科学有效的绩效评价制度，并强化绩效评价结果对各级政府部门和各家经办机构的激励和惩戒作用，引领各相关责任方明确和重视应承担的责任，切实提升保费补贴资金的管理水平和使用效率，助推农业现代化发展。

（七）加强保险政策宣传和技术咨询指导

种植业保险作为政策性保险，保费补贴并非政府提供支持的唯一方式。为了提高农户的保险素养和技术素养，使农户树立风险防范意识和生态环保意识，促进种植业保险保障功能的发挥和种植业可持续发展。建议：①加强补贴政策宣传和推广工作。农户对种植业保险及保费补贴政策的了解程度，即政策凸显性是保费补贴制度能否发挥作用的关键因素之一，在已知相关政策的情境下，农户为了获取政策红利，会主动地采取措施。而根据前文所采集的微观数据来看，农户对种植业保险和保费补贴政策的认知尚不充分。基层保险公司与当地政府开展合作组成宣传小组，以村为单位，通过广播电视宣传、开办乡村讲座、发放宣传手册等方式加强宣传教育，同时有效利用微信、手机等互联网传播载体，提高农户对种植业保险和保费补贴政策的认可度。②强化农业信息咨询等技术指导。保险公司应增强与农业、气象、财政以及保险监管部门间的信息沟通和技术合作，搭建灾害预测预警、勘察定损、种植技术、农产品价格行情等保险综合服务平台，为农户提供种植技术和农用化学品咨询、灾害防护指导等种植业保险配套服务，引导农户科学种田，助推农业增收增效，推动绿色农业、集约型农业发展。

参考文献

［1］安玲．我国农业保险的财政补贴问题研究［D］．成都：西南财经大学，2010．

［2］安翔．我国农业保险运行机制研究［J］．商业研究，2004（13）．

［3］白彦锋，胡唯．政策性农业保险的作用机制与效率研究：与农业灾后补贴的对比分析［J］．创新，2014（05）．

［4］柏正杰．农业保险补贴的理论支持：一个政治经济学分析［J］．兰州大学报，2012（04）．

［5］曹艳秋．财政补贴农业保险的双重道德风险和激励机制设计［J］．社会科学辑刊，2011（02）．

［6］常伟．我国农业保险区域差异性财政补贴研究［J］．农业经济，2018（11）．

［7］陈俊聪，王怀明．农业保险与农业面源污染：影响因素及其度量——基于联立方程组模型的情景模拟［J］．上海财经大学学报，2015（05）．

［8］陈克存．我国农业保险指数化产品分析［D］．泰安：山东农业大学，2016．

［9］陈力朋，郑玉洁，徐建斌．消费税凸显性对居民消费行为的影响——基于情景模拟的一项实证研究［J］．财贸经济，2016（07）．

［10］陈璐．我国农业保险业务萎缩的经济学分析［J］．农业经济问题，2004（11）．

［11］陈然．河南省小麦产量保险产品的设计研究［D］．北京：北京对外经贸大学，2015．

［12］陈晓安．财政补贴后的农业保险对农民增收的效果［J］．金融教

学与研，2013（04）.

［13］代俊茹，胡文馨，杨一萌. 我国农业补贴政策的经济效应分析——基于四川省的实证研究［J］. 经济视角，2015（07）.

［14］丁少群，攀夏朵. 适应新型农业经营主体保障需求的农业保险创新发展路径研究［J］. 保险理论与实践. 2018（10）.

［15］杜文岚. 当前我国种植业农业保险存在的问题和对策建议［J］. 财税金融，2015（06）.

［16］段胜，刘阳. 市场失灵、保费补贴与农业保险发展［J］. 广西财经学院学报，2012（01）.

［17］段学慧. 论农业保险财政补贴机制的创新［J］. 农村经济，2011（11）.

［18］范玲. 供给侧结构性改革背景下的农业保险发展对策研究［J］. 求是学刊，2018（03）.

［19］方伶俐，李文芳. 农业保险制度对土地利用效应的经济学分析［J］. 生态经济，2008（04）.

［20］冯文丽，林宝清. 我国农业保险短缺的经济分析［J］. 福建论坛（经济社会版），2003（06）.

［21］冯文丽，苏晓鹏. 我国农业保险"高补贴低覆盖"问题分析［J］. 南方金融，2012（03）.

［22］冯文丽，苏晓鹏. 我国政策性农业保险补贴制度分析［R］. 保险和风险管理国际会议，2012.

［23］冯文丽. 我国农业保险市场失灵与制度供给［J］. 金融研究，2004（04）.

［24］冯文丽，杨雪美，薄悦. 基于 Tobit 模型的我国农业保险覆盖率实证分析［J］. 金融与经济，2014（04）.

［25］符凤霞. 政策性农业保险对农户收入增长率影响研究［D］. 重庆：重庆大学，2017.

［26］付小鹏，梁平. 政策性农业保险试点改变了农民多样化种植行为吗［J］. 农村技术经济，2017（09）.

［27］甘亚冰. 我国现行财政支持农业保险政策绩效评价［J］. 黑龙江

对外经贸，2010（01）．

[28] 高星星．种植业风险区域划分及费率区域划分——以山东省为例 [A]．山东省保险学会 2008 年"改革．创新．提高保险竞争力"主题征文颁奖仪式暨学术报告会论文集，2008．

[29] 高子清，张金萍．我国种植业保险需求调查实证研究 [J]．哈尔滨学院学报，2016（06）．

[30] 谷政，卢亚娟．农户购买天气保险意愿的影响因素分析 [J]．金融发展研究，2016（03）．

[31] 郭颂平，张伟，罗向明．地区经济差距、财政公平与中国政策性农业保险补贴模式选择 [J]．学术研究，2011（06）．

[32] 郭翔宇，刘从敏，李丹．交易成本视角下农户购买政策性种植业保险意愿的实证分析——基于黑龙江省的调查 [J]．农业现代化研究，2016（03）．

[33] 郭晓航．论农业政策性保险 [C]．中国保险学会的学术讨论会会议论文集，1986．

[34] 郭志英，代会琼，盛云芳．政策性种植业保险的实施现状及发展前景分析 [J]．财经界，2016（21）．

[35] 韩俊，秦中春，张云华，丁学东，张岩松．中国粮食供求形势与"十一五"发展趋势分析 [J]．中国发展评论：中文版，2006（02）．

[36] 何小伟．提高农业保险补贴精准性和指向性 [N]．金融时报，2017－12－06（010）．

[37] 何小伟，庹国柱．农业保险保费补贴责任分担机制的评价与优化——基于事权与支出责任相适应的视角 [J]．保险研究，2015（08）．

[38] 何小伟，吴学明．对调整农业保险财政支持政策目标的思考 [J]．中国保险，2018（02）．

[39] 侯玲玲，穆月英，曾玉珍．农业保险补贴政策及其对农户购买保险影响的实证分析 [J]．农业经济问题，2010（04）．

[40] 胡炳志，彭进．政策性农业保险补贴的最优边界与方式探讨 [J]．保险研究，2009（10）．

[41] 黄亚林，李明贤．基于协同度提高的政策性农业保险问题研究

［J］．保险研究，2014（01）．

［42］黄亚林，李明贤．协同学视角下农业保险各主体利益实现的理论分析［J］．农村经济，2014（03）．

［43］黄亚林．农业保险产品创新的制约因素及基于供给侧的策略思考［J］．农村金融研究，2017（09）．

［44］黄亚林．农业保险对农户生产行为的影响及对策探讨［J］．当代经济管理，2015（06）．

［45］黄颖．基于 AHP-DEA 两步法的我国农业保险财政补贴效率评价［J］．上海金融，2015（07）．

［46］黄渊基，王韧，刘莹．基于 DEA-Tobit 面板模型的农业保险补贴扶贫效率影响因素分析——以湖南省为例［J］．农村经济，2018（05）．

［47］黄正军．我国农业保险产品的创新与发展［J］．金融与经济，2016（02）．

［48］简政．江西省农业保险财政补贴问题研究［D］．南昌：江西农业大学，2011．

［49］江生忠，费清．日本共济制农业保险制度探析［J］．现代日本经济，2018（04）．

［50］江生忠，贾士彬，江时鲲．我国农业保险保费补贴效率及其影响因素分析——基于 2010－2013 年省际面板数据［J］．保险研究，2015（12）．

［51］姜丽媛，张樱馨．我国农业保险效率实证研究［J］．上海保险，2014（06）．

［52］姜岩．财政补贴下农业保险制度研究——以江苏为例［D］．南京：南京农业大学，2010（12）．

［53］寇晨欢，冷志杰，贾晓菁．政策性农业保险构建的国外实践及启示——基于立法—机制—补贴的路径［J］．世界农业，2018（07）．

［54］兰晓红．政策性农业保险差异性财政补贴实证研究［J］．农业经济，2014（08）．

［55］黎银霞．美国农业保险财政补贴的经验及启示［J］．环球瞭望，2017（04）．

［56］李慧，孙东升．中国农业指数保险现状及发展展望［J］．农业经济展望，2016（08）．

［57］李军．农业保险的性质、立法原则及发展思路［J］．中国农村经济，1996（01）．

［58］李琴英，崔怡，陈力朋．政策性农业保险对农村居民收入的影响——基于2006－2015年省级面板数据的实证分析［J］．郑州大学学报（哲学社会科学版），2018，51（05）．

［59］李琴英，黄伟洁．河南省玉米区域产量保险费率厘定实证研究［J］．保险研究，2018（02）．

［60］李琴英．论我国农业保险的发展［J］．金融理论与实践，2005（05）．

［61］李琴英，杨鸣莺，陈力朋．河南省种植业保险保费补贴政策的绩效水平评价——基于SE-DEA模型和Malmquist指数分析［J］．金融理论与实践，2019（01）．

［62］李婷，王巧义．农业保险保费补贴资金绩效评价体系的构建——基于平衡计分卡原理的研究［J］．金融与经济，2016（02）．

［63］李晓晖．农业保险政府补贴政策的经验与启示［J］．商业时代，2013（05）．

［64］李晓燕．政策性农业保险的发展探讨［D］．成都：西南财经大学，2008．

［65］李心愉，赵景涛，刘忠轶．我国农业保险开展效率研究——基于企业和区域的视角［J］．江西财经大学学报，2015（02）．

［66］李幸．农业保险对农户福利影响分析：基于信息不对称的视角［J］．西部金融，2014（08）．

［67］李燕，成德宁，李朋．农业保险促进了农业绿色生产率提高吗［J］．贵州财经大学学报，2018（06）．

［68］李彧挥，颜哲，韩爱桂．成本收益视角下政策性森林保险供需分析——以福建省为例［J］．林业经济，2012（08）．

［69］厉伟，姜玲，华坚．基于三阶段DEA模型的我国省际财政支农绩效分析［J］．华中农业大学学报（社会科学版），2014（01）．

［70］梁达芬. 推进政策性农业保险的现实困境和发展对策［J］. 财会研究, 2013（12）.

［71］梁姝娜. 中国居民人均口粮需要量分析——基于中国居民膳食营养素推荐摄入量视角［J］. 东北师范大学学报（哲学社会科学版）, 2014（06）.

［72］廖长林, 熊桉. 湖北省种植业新型经营主体发展与规模经营研究［J］. 湖北社会科学, 2015（11）.

［73］刘从敏, 李丹. 基于DEA模型的黑龙江省种植业保险补贴效率实证研究［J］. 黑龙江畜牧兽医, 2015（16）.

［74］刘从敏, 张祖荣, 李丹. 农业保险财政补贴动因与补贴模式的创新［J］. 甘肃社会科学, 2016（01）.

［75］刘桦灿, 粟芳. 农业保险保费补贴稳定农业保险经营的有效性检验［J］. 上海金融, 2018（10）.

［76］刘欢. 关于完善价格指数农业保险险种的思考［J］. 潍坊学院学报, 2015（03）.

［77］刘吉军. 我国农业保险保费财政补贴存在的问题［J］. 合作经济与科技, 2017（03）.

［78］刘树成. 现代经济词典［M］. 南京: 江苏人民出版社, 2005.

［79］刘蔚, 孙蓉. 农险财政补贴影响农户行为及种植结构的传导机制——基于保费补贴前后全国面板数据比较分析［J］. 保险研究, 2016（07）.

［80］卢飞, 张建清, 刘明辉. 政策性农业保险的农民增收效应研究［J］. 保险研究, 2017（12）.

［81］吕开宇, 张崇尚. 政策性农业保险施行中存在的问题及对策［J］. 经济纵横, 2013（10）.

［82］吕晓英, 李先德. 美国农业保险产品和保费补贴方式分析及其对中国的启示［J］. 世界农业, 2013（05）.

［83］罗向明, 张伟, 谭莹. 政策性农业保险的环境效应与绿色补贴模式［J］. 农村经济, 2016（11）.

［84］罗向明. 中国农业保险发展模式与补贴政策研究［D］. 武汉: 武

汉大学，2012.

[85] 蒙继华，付伟，徐晋．遥感在种植业保险估损中的应用 [J]．遥感技术与应用，2017（02）.

[86] 聂荣，闫宇光，王新兰．政策性农业保险福利绩效研究——基于辽宁省微观数据的证据 [J]．农业技术经济，2013（04）.

[87] 宁满秀．农业保险制度的环境经济效应——一个基于农户生产行为的分析框架 [J]．农业技术经济，2007（03）.

[88] 农业大词典编辑委员会．农业大词典 [M]．北京：中国农业出版社，1998.

[89] 欧阳青东，王聪．农业保险供给与制度创新：以交易成本为视角 [J]．南方金融，2008（07）.

[90] 攀丰，刘小春．农业保险对农民收入的稳定效应——来自省级面板数据的实证检验 [J]．江苏农业科学，2017（10）.

[91] 钱振伟，张燕，高冬雪．基于三阶段 DEA 模型的政策性农业保险财补效率评估 [J]．商业研究，2014（10）.

[92] 邱波．沿海地区种植业保险效率研究——以宁波为例 [J]．保险研究，2016（04）.

[93] 邱鹏．内蒙古政策性农业保险财政补贴问题研究 [D]．呼和浩特：内蒙古大学，2017.

[94] 饶祎平．中美农业保险的经营模式与财政补贴政策比较研究 [J]．世界农业，2017（04）.

[95] 尚福林．国务院关于农村金融改革发展工作情况的报告 [R]．第十二届全国人民代表大会常务委员会第三次会议论文，2013.6.

[96] 尚颖，高懿玟．区域农业保险发展效果比较研究 [J]．上海保险，2018（08）.

[97] 邵建华，陈瑛．入世与我国农业保护的政策取向 [J]．农业经济问题，2001（11）.

[98] 邵永同．美国农业保险财政补贴的经验及对我国的启示 [J]．中国财政，2018（18）.

[99] 盛巧玲．我国财政资金使用监管机制存在的问题及治理对策 [J].

学术交流，2012（09）.

［100］施红．美国农业保险财政补贴机制研究回顾——兼对中国政策性农业保险补贴的评析［J］．保险研究，2008（04）.

［101］粟芳，方蕾．政策性农业保险补贴最优模式探析——基于"千村调查"的研究［J］．财经研究，2017，43（11）.

［102］孙林．我国农业保险制度："保险＋期货"的原理、路径及建议［J］．改革与战略，2017（09）.

［103］孙蓉，奉唐文．保险公司经营农险的效率及其影响因素——基于SBM模型与DEA窗口分析法［J］．保险研究，2016（01）.

［104］孙善功．我国保险市场拓展研究［D］．杨凌：西北农林科技大学，2010.

［105］孙威．我国农业保险补贴问题研究［D］．长沙：中南林业科技大学，2012.

［106］孙香玉．农业保险补贴的福利研究及参保方式的选择——对新疆、黑龙江与江苏农户的实证分析［D］．南京：南京农业大学，2008.

［107］孙香玉，钟甫宁．对农业保险补贴的福利经济学分析［J］．农业经济问题，2008（02）.

［108］谭秋成．作为一种生产方式的绿色农业［J］．中国人口·资源与环境，2015，25（09）.

［109］谭先权，王龙明，何静．农业保险保费绩效评价的案例分析：以南漳县2013年补贴资金项目为例［J］．行政事业资产与财务，2014（10）.

［110］谭毅，袁缘．农业保险缩小城乡收入差距的作用分析：基于动态面板模型的GMM估计［J］．吉林金融研究，2013（11）.

［111］谭毅，袁缘．中国财产保险需求与保险产业集中度——基于动态面板模型的GMM估计［J］．海南金融，2013（04）.

［112］田甜．我国财政补贴农业保险问题研究［D］．南京：南京农业大学，2006.

［113］庹国柱．打造农险2.0版本需要突破的瓶颈问题［N］．中国保险报，2017 - 05 - 09（004）.

［114］庹国柱．略论农业保险的财政补贴［J］．经济与管理研究，2011

（04）．

［115］庹国柱．论农业保险市场的有限竞争［J］．保险研究，2017（02）．

［116］庹国柱，王国军．农业保费增速缘何放缓［N］．金融时报，2015 - 02 - 25（006）．

［117］庹国柱，王国军．农业保险：改革推进与前景展望［J］．中国保险，2015（01）．

［118］庹国柱，王国军．中国农业保险与农村社会保障制度研究［M］．北京：首都经贸大学出版社，2002．

［119］庹国柱，王克，张峭．中国农业保险大灾风险分散制度及大灾风险基金规模研究［J］．保险研究，2013（06）．

［120］庹国柱．我国农业保险的发展成就、障碍与前景［J］．保险研究，2012（12）．

［121］庹国柱．我国农业保险发展的里程碑——论《农业保险条例》的特点与贡献［J］．中国保险，2013（02）．

［122］庹国柱，张峭．论我国农业保险的政策目标［J］．保险研究，2018（07）．

［123］庹国柱．中国农业保险的政策及其调整刍议［J］．保险职业学院学报，2014（02）．

［124］庹国柱．中国农业保险发展报告（2012）［M］．北京：中国农业出版社，2012．

［125］庹国柱，朱俊生．论收入保险对完善农产品价格形成机制改革的重要性［J］．保险研究，2016（06）．

［126］庹国柱，朱俊生．完善我国农业保险制度需要解决的几个重要问题［J］．保险研究，2014（02）．

［127］庹国柱，朱俊生．做农业保险必须弄清的几个基本问题［N］．中国保险报，2016 - 06 - 02（004）．

［128］王成丽．不同补贴方式下农业保险的福利研究——湖北省兴山县烟叶保险的实证分析［D］．武汉：华中农业大学，2009．

［129］王德宝，王国军．我国农业保险的发展成就、存在问题及对策建

议［J］．保险职业学院学报，2014（04）．

［130］王根芳，陶建平．农业保险、自然垄断与保险补贴福利［J］．中南财经政法大学学报，2012（04）．

［131］王根芳．推动农业保险补贴政策改革发展［J］．宏观经济管理，2013（11）．

［132］王国军，王冬妮，陈璨．我国农业保险不对称信息实证研究［J］．保险研究，2017（01）．

［133］王海青．我国农业保险补贴初探［J］．山西财政税务专科学校学报，2005（08）．

［134］王洪波．保费补贴对农业保险需求与供给的影响研究［J］．科技与经济，2016（04）．

［135］王季薇，王俊，叶涛．区域种植业自然灾害保险综合区划研究——以湖南省晚稻为例［J］．自然灾害学报，2016（03）．

［136］王克，张峭，Shingo Kimura. 我国种植业保险的实施效果：基于5省份574个农户数据的模拟分析［J］．保险研究，2014（11）．

［137］王克，张峭，肖宇谷，汪必旺，赵思健，赵俊晔．农产品价格指数保险的可行性［J］．保险研究，2014（01）．

［138］王韧，邓超．基于我国农业保险补贴行为的博弈分析［J］．财经理论与实践，2008（04）．

［139］王韧．欧盟农业保险财政补贴机制及启示［J］．求索，2011（05）．

［140］王韧．我国农业保险差异补贴政策研究：基于各省、直辖市、自治区的聚类分析［J］．农村经济，2011（05）．

［141］王韧，邹西西，刘司晗．基于AHP方法的湖南省农业保险补贴政策扶贫效率评价研究［J］．湖南商学院学报，2016（02）．

［142］王秀芬，王春艳，李茂松．我国农业保险财政补贴机制存在的问题及相关建议［J］．农村经济，2012（11）．

［143］王月金．农业保险研究现状及趋势综述［J］．经济研究，2015（04）．

［144］王仲秋．政策性农业保险减贫效应的区域差异与政策优化研究

［D］. 蚌埠：安徽财经大学，2018.

［145］韦国栋. 面向种植业产业化的政策性农业保险模式研究［D］. 长沙：中南林业科技大学，2013.

［146］吴连翠. 基于农户生产行为视角的粮食补贴政策绩效研究——以安徽省为例［D］. 杭州：浙江大学，2011.

［147］吴扬. 从"负保护"到积极的政策性农业保险运作——当前中国农业保护政策的必然选择［J］. 上海经济研究，2003（03）.

［148］伍中信，张娅. 政策性农业保险中的内生最优财政补贴规模研究［J］. 中南财经政法大学学报，2008（02）.

［149］西爱琴. 农业生产经营风险决策与管理对策研究［D］. 杭州：浙江大学，2006.

［150］西爱琴，邹宗森，朱广印. 农业保险对农户生产决策的影响：一个文献综述［J］. 华中农业大学学报（社会科学版），2015（05）.

［151］夏益国，孙群，盛新新. 以财政补贴校正农业保险市场失灵［J］. 经济纵横，2015（05）.

［152］肖卫东，张宝辉，贺畅，杜志雄. 公共财政补贴农业保险：国际经验与中国实践［J］. 中国农村经济，2013（07）.

［153］谢瑞武. 农业保险助推乡村振兴［J］. 中国金融，2018（06）.

［154］谢亚南. 我国农产品价格指数保险发展问题研究［D］. 南宁：广西大学，2016.

［155］邢鹂. 中国种植业生产风险与政策性农业保险研究［D］. 南京：南京农业大学，2004.

［156］徐斌，孙蓉. 粮食安全背景下农业保险对农户生产行为的影响效应——基于粮食主产区微观数据的实证研究［J］. 财经科学，2016（06）.

［157］许利平. 政策性农业保险运行效率研究［D］. 重庆：西南大学，2012.

［158］杨润林. 建立健全防范农业自然风险的保险机制［J］. 兰州商学报，2000（11）.

［159］杨新华. 我国政策性农业保险补贴优化分析——以安徽省为例［J］. 特区经济，2014（09）.

［160］叶明华，汪荣明，吴苹．风险认知、保险意识与农户的风险承担能力——基于苏、皖、川三省 1554 户农户的问卷调查［J］．中国农村观察，2014（06）．

［161］叶明华，朱俊生．新型农业经营主体与传统小农户农业保险偏好异质性研究——基于 9 个粮食主产省份的田野调查［J］．经济问题，2018（02）．

［162］于晴．农业保险对农民收入的影响效应［D］．济南：山东大学，2018．

［163］余博，郭军．农业保险市场供求失衡成因探析：农业保险排斥性视角［J］．农村经济，2014（04）．

［164］余兰．我国农业保险补贴存在的问题及对策分析［J］．长江大学学报（自然科学版）农学卷，2010（01）．

［165］余洋．基于保障水平的农业保险保费补贴差异化政策研究：美国的经验与中国的选择［J］．农业经济问题，2013（10）．

［166］袁辉，谭迪．政策性农业保险对农业产出的影响效应分析——以湖北省为例［J］．农村经济，2017（09）．

［167］袁祥州，程国强，黄琦．美国农业保险财政补贴机制及对我国的借鉴［J］．保险研究，2016（01）．

［168］岳海．农业补贴实施问题调查研究——以贵州省为例［D］．贵阳：贵州民族大学，2016．

［169］张弛，张崇尚，仇焕广，吕开宇．农业保险参保行为对农户投入的影响——以有机肥投入为例［J］．农业技术经济，2017（06）．

［170］张念勤．中国农业保险研究综述［J］．中外企业家，2013（21）．

［171］张峭．中国农业保险保障水平现状、问题与建议（下）［N］．中国保险报，2017 - 08 - 02（004）．

［172］张秋平，张金鹏，高子清．黑龙江省种植业保险经营模式创新研究——基于日本经营模式的借鉴［J］．对外经贸，2016（03）．

［173］张若瑾．农业保险保费补贴政策的激励实效研究［J］．华南农业大学学报（社会科学版），2018（06）．

［174］张世花，吴春宝．政策性农业保险：政府、保险公司与农民的博

弈分析 [J]. 重庆理工大学学报（社会科学版），2010（07）.

　　[175] 张天明. 浅谈价格指数保险试点对于种植业结构调整的作用 [J]. 经济研究，2017（04）.

　　[176] 张伟，郭颂平，罗向明. 政策性农业保险环境效应研究评述 [J]. 保险研究，2012（12）.

　　[177] 张伟，罗向明，郭颂平. 农业保险补贴，农民生产激励与农村环境污染 [J]. 南方农村，2014（05）.

　　[178] 张晓磊. 农业保险财政补贴制度的完善 [D]. 长春：吉林大学，2018.

　　[179] 张晓云. 外国政府农业保险补贴方式及其经验教训 [J]. 财政研究，2004（09）.

　　[180] 张旭光，柴智慧，赵元凤. 典型国家和地区的农业保险发展模式概述 [J]. 世界农业，2013（01）.

　　[181] 张旭光，赵元凤. 农业保险财政补贴效率的评价研究：以内蒙古自治区为例 [J]. 农村经济，2014（05）.

　　[182] 张旭升. 政策性农业保险试点绩效评估与实证研究——以湖南省为例 [J]. 安徽农业科学，2013（18）.

　　[183] 张跃华，顾海英. 准公共产品、外部性与农业保险的性质 [J]. 中国软科学，2004（09）.

　　[184] 张哲晰，穆月英，侯玲玲. 参加农业保险能优化要素配置吗？——农户投保行为内生化的生产效应分析 [J]. 中国农村经济，2018（10）.

　　[185] 张忠明，钱文荣. 农民土地意愿经营规模影响因素实证研究——基于长江中下游区域的调查分析 [C]. 全国青年农业经济学者年会，2006.

　　[186] 张宗军. 基于综合风险区划的农作物产量指数保险费率厘定——以大豆为例 [J]. 东北农业大学学报（社会科学版），2016（04）.

　　[187] 张祖荣. 当前我国农业保险发展的主要问题及对策建议 [J]. 财经科学，2006（10）.

　　[188] 张祖荣. 农业保险补贴问题的经济学分析 [J]. 江西财经大学学报，2009（02）.

　　[189] 张祖荣. 农业保险的保费分解与政府财政补贴方式选择 [J]. 财

经科学，2013（05）.

［190］张祖荣．农业保险功用解构：由农户与政府边界［J］．资本市场，2012（05）.

［191］张祖荣，王国军．农业保险财政补贴效应研究述评［J］．江西财经大学学报，2016（04）.

［192］张祖荣．我国农业保险保费补贴资金使用效果评价：方法与证据［J］．财政研究，2017（08）.

［193］赵君彦，焦晓松，朱玉涛，朱巍．我国农业保险财政补贴效率的综合评价——基于 DEA 模型［J］．农业经济，2015（05）.

［194］赵君彦，薛凤蕊，王健．国外农业保险政策支持体系及对中国的启示［J］．世界农业，2012（06）.

［195］赵书新，王稳．信息不对称条件下农业保险补贴的效率与策略分析［J］．保险研究，2012（06）.

［196］赵元凤，李赛男．内蒙古农业保险绩效评价研究：基于基层工作人员角度［J］．经济研究导刊，2014（06）.

［197］赵赞，时光，邓家品，张田宇，温静．种植业保险保费财政补贴的绩效评价——以吉林省为例［C］．中国保险与风险管理国际年会论文集，2013.

［198］郑方辉，廖逸儿．财政专项资金绩效评价的基本问题［J］．中国行政管理，2015（06）.

［199］郑军，汪运娣．农业保险的经营模式与财政补贴政策：中美比较及启示［J］．农村经济，2016（08）.

［200］郑军，汪运娣．我国农业保险差异性财政补贴：地区经济差距与财政支出公平［J］．农村经济，2017（05）.

［201］郑军，朱甜甜．经济效率和社会效率：农业保险财政补贴综合评价［J］．金融经济学究，2014（03）.

［202］郑娜娜．政策性农业保险对内蒙古粮食生产的影响研究［D］．呼和浩特：内蒙古农业大学，2017.

［203］中国农业保险保障水平研究课题组．中国农业保险保障水平研究报告［M］．北京：中国金融出版社，2017.

［204］钟甫宁，宁满秀，邢鹂．农业保险与农用化学品施用关系研究——对新疆玛纳斯河流域农户的经验分析［J］．经济学（季刊），2007（01）．

［205］周帮扬，李攀．政策性农业保险的失衡与调适［J］．人民论坛，2018（14）．

［206］周坚，张伟，陈宇靖．粮食主产区农业保险补贴效应评价与政策优化——基于粮食安全的视角［J］．农村经济，2018（08）．

［207］周建波，刘源．农业保险市场中政府责任定位的经济学分析［J］．农业经济问题，2010（12）．

［208］周建涛，梁欣悦，殷颖超．国外农业保险逆向选择和道德风险研究新进展［J］．云南财经大学学报，2015（04）．

［209］周稳海，赵桂玲，尹成远．农业保险对农业生产影响效应的实证研究——基于河北省面板数据和动态差分 GMM 模型［J］．保险研究，2015（05）．

［210］周稳海，赵桂玲，尹成远．农业保险发展对农民收入影响的动态研究：基于面板系统 GMM 模型的实证检验［J］．保险研究，2014（05）．

［211］周县华，范庆泉，周明，李志刚．中国和美国种植业保险产品的比较研究［J］．保险研究，2012（07）．

［212］朱海洋，张晓丽．中国农业保险发展的两难困境及对策［J］．湖南农业大学学报（社会科学版），2004（06）．

［213］朱俊生．农业保险财政补贴的新形势、新要求和新任务［N］．中国保险报，2015－08－10（007）．

［214］朱青青．创新型农业指数保险的实践与应用——以张家港蔬菜价格指数保险为例［D］．南京：南京农业大学，2015.

［215］朱甜甜．农业保险财政补贴效率评价研究［D］．蚌埠：安徽财经大学，2015.

［216］祝仲坤．农业保险中的道德风险：一个文献综述［J］．农林经济管理报，2016（05）．

［217］祝仲坤，陶建平．农业保险对农户收入的影响机理及经验研究［J］．农村经济，2015（02）．

［218］宗国富，周文杰．财政支持能提升农业绿色生产率吗？——基于农业化学品投入的实证分析［J］．中南财经大学学报，2017（01）．

［219］宗国富，周文杰．农业保险对农户生产行为影响研究［J］．保险研究，2014（04）．

［220］左斐．农业保险对财政投入的放大效应分析［J］．保险研究，2011（09）．

［221］Babcock B A，Lichtenberg E，Zilberman D. Impact of damage on the quality and quality of output［J］．American Journal of Agricultural Economics，1992，74（1）．

［222］Barry K. Goodwin and Vincent H. Smith. What Harm Is Done by SubsidizingCrop Insurance？［J］．American Journal of Agricultural Economics. 2013，95（2）．

［223］Beatty T K M，Lafrance J T. A Model of Food Demand，Nutrition and the Effects of Agricultural Policy［C］．Proceedings of the International Food and Agribusiness Marketing Association，2001.

［224］Chakir R，Hardelin J. Hail Insurance and Pesticide Use in French Agriculture：An Empirical Analysis of Multiple Risks Management［J］．Working Papers，2014，9（1）．

［225］Chambers R G. Insurability and Moral Hazard In Agricultural Insurance Markets［J］．American Journal of Agricultural Economics，1989，71（3）．

［226］Coleman J A，Shaik S. Time-Varying Estimation of Crop Insurance Program in Altering North Dakota Farm Economic Structure［C］．Milwaukee：Agricultural and Applied Economics Association，2009.

［227］Gardner B L，R A Kramer. Experience with Crop Insurance Programs in The United States［M］．Baltimore：Johns Hopkins University Press，1986.

［228］Glauber J W，Collins K J. Crop Insurance，Disaster Assistance，and the Role of the Federal Government in Providing Catastrophic Risk Protection［J］．Agricultural Finance Review，Fall 2002.

［229］Goodwin B K. An empirical analysis of the demand for multiple peril crop insurance［J］．American Journal of Agricultural Economics，1993，75（2）．

［230］Goodwin K B，Monte Vandeveer and John Deal. The Federal Insurance Program：An Empirical Analysis of Regional Differences In Acreage Response and Participation ［R］. August 3，2001. 2001 Annual AAEA Meetings，Chicago. Selected Paper.

［231］Griffin P W. Investigating The Conflict in Agricultural Policy Between The Federal Crop Insurance and Disaster Assistance Programs，and Conservation Reserve Program ［D］. Lexington：University of Kentucky，1996.

［232］Grossman G M，Kruger A B. Environmental Impacts of A North American Free Trade Agreement ［R］. NBER Working Paper，No. 3194，1992.

［233］Harrington M J，Lord W G，Appel F. The Agricultural Research，Extension and Education Reform Act of 1998 ［S］. Crop insurance study，section 535，1999.

［234］Hazell P，C Pomerada，A Valdez，eds. Crop Insurance for Agricultural Development：Issues and Experience ［M］. Baltimore：Johns Hopkins University Press，1986.

［235］Horowitz J K，Lichtenberg E. Insurance，moral hazard，and chemical use in agriculture ［J］. American Agricultural Economics，1993，75 （4）.

［236］Horowitz J K，Lichtenberg E. Risk-reducing and risk-increasing effects of pesticides ［J］. Journal of Agricultural Economics，1992，45 （1）.

［237］Jeffrey T Lafrance，J P Shimshack，S Y Wu，Steven Y. The Environmental Impacts of Subsidized Crop Insurance ［R］. UC Berkeley：Department of Agricultural & Resource Economics，2001.

［238］Just R E，Calvin L，Quiggin J. Adverse Selection in Crop Insurance：Actuarial and Asymmetric Information Incentives ［J］. American Journal of Agricultural Economics，1999，81 （4）.

［239］MacGregor R J. The federal-provincial crop insurance program ［R］. Canada：EPAD，1998.

［240］Miranda M J，Glauber J W. Systemic Risk，Reinsurance，and the Failure of Crop Insurance Markets ［J］. American Journal of Agricultural Economics. 79，February 1997.

［241］ Mishra A K, Nimon R W. El-Osta H S. Is moral hazard good for the environment? Revenue insurance and chemical input use ［J］. Journal of Environmental Management, 2005, （1）.

［242］ Nelson C H, Loehman E T. Further toward a Theory of Agricultural Insurance ［J］. American Journal of Agricultural Economics, 1987, 69 （3）.

［243］ O'Donoghue E J, Roberts M J, Key N. Did the Federal Crop Insurance Reform Act Alter Farm Enterprise Diversification? ［J］. Journal of Agricultural Economics, 2009, 60 （1）.

［244］ Peter B. R. Hazell. The Appropriate Role of Agricultural Insurance in Developing Countries ［J］. Journal of International Development, 1992, 4 （6） （November-December, 1992）.

［245］ Quiggin, J. "A Note on the Viability of Rainfall Insurance. " Aust. J. Agr. Econ. 30 （April 1986）.

［246］ Quiggin J. Some observations on insurance, bankruptcy and input demand ［J］. Journal of Economic Behavior and Organization, 1992, 18 （1）.

［247］ Quiggin J. Testing between Alternative Models of Choice under Uncertainty—Comment ［J］. Journal of Risk & Uncertainty, 1993, 6 （2）.

［248］ Russell, Tronstad, Romilee Bool. US Cotton Acreage Response Due to Subsidized Crop Insurance, Agricultural and Applied Economics Association—AAEA, CAES & WAEA Joint Annual Meeting ［R］. Denver, Colorado, 2010.

［249］ Siamwalla, Valdes. Should Crop Insurance be Subsidized? ［A］. Hazell, P. B. R. , P-omareda, C. , ValdesA. Press, 1986.

［250］ Skess R J. Agricultural Risk Management or Income Enhancement ［J］. Regulation, 1999, 22 （1）.

［251］ Smith V, Goodwin B K. Crop insurance, moral hazard, and chemical use in agriculture ［J］. American Agricultural Economics, 1996, 78 （7）.

［252］ Thomas O. Knight and Keith H. Coble. Survey of U. S. multiple peril crop insurance literature since 1980 ［J］. Review of agricultural Economics, 1997, 19 （1） （Spring-Summer）.

［253］ Vincent H. Smith and Barry K. Goodwin. Crop Insurance, Moral Hazard, and Agricultural Chemical Use [J]. American Journal of Agricultural Economics, 78, May, 1996.

[254] Welsch H, Kühling J. Pro-environmental behavior and rational consumer choice: Evidence from surveys of life satisfaction [J]. Journal of Economic Psychology, 2010, 31 (3).

[255] Wu J J. Crop insurance, acreage decisions, and nonpoint-source pollution [J]. American Journal of Agricultural Economics, 1999, 81 (2).

[256] Ye T, Yokomatsu M, Okada N. Agricultural production behavior under premium subsidy: Incorporating crop price when subsistence constraint holds [J]. International Journal of Disaster Risk Science, 2012, 3 (3).